君に日本史を贈ろう

第1巻　原始時代～安土桃山文化

齋藤功明

新日本文芸協会

はじめに

　今日も授業が始まります。私は部活動の指導に明け暮れて授業の下調べもままならないまま教室へ向かいます。教師としてこんな本末転倒ではいけない！と自己反省していても、無情のチャイムが鳴り響きます。教科書を速読ＭＡＸで読んでもチンプンカンプン。冷汗はたらたら。そんな時は当然、準備不足ですから生徒は私の話を聴きません。「静かにしろ！！！」と怒鳴った後は教師としての地獄の時間です。怒られて静かになった生徒が、我慢しながら私の授業を聴きます。しかし私には教えるネタがありません・・・。最悪です。

　こんな幾度とない反省のなかで、私は日本史について真剣にまとめる必要があると考えるようになりました。すると今更ながらにわかってきたことがあったのです。それは「教科書を通読しただけでは歴史の成り立ちがわからない」ということでした。特に教える側にしては、教科書の行間を知ることがとても大切です。もっと言ったら、行間がわからないと授業になりません。ですから、調べて調べて、私にとってはさながら歴史をつなげるように下調べをしました。

　そして、日本史の前半がつながった時に「そうだ！　受験勉強している〇〇ちゃんに、教員採用試験を受けている△△さんに、うちのクラスの××に贈ったら、きっと喜んでもらえるんじゃないか」と思うようになりました。多くの高校生や日本史を教える先生に楽しく読んでいただいて、少しでも多くの高校生が日本史を好きになってくれたらいいなあ、と思います。また、少しでも多くの先生が冷汗を流さずに済んだら良いなあ、と思っています（笑）。

著者

◎ 君に日本史を贈ろう　第1巻（原始時代〜安土桃山文化）
目　次

はじめに 3
Lesson 1　旧石器時代 6
Lesson 2　縄文文化 8
Lesson 3　弥生時代 11
Lesson 4　小国の分立と邪馬台国 13
Lesson 5　ヤマト政権と古墳時代 15
Lesson 6　ヤマト政権の支配機構 20
Lesson 7　蘇我氏の隆盛と仏教伝来 22
Lesson 8　飛鳥文化 25
Lesson 9　大化の改新 28
Lesson 10　天智・天武・持統・文武天皇の政治 32
Lesson 11　律令体制における官僚制の仕組み 36
Lesson 12　律令体制における全国と人々 ... 39
Lesson 13　人民（農民）支配 40
Lesson 14　白鳳文化 43
Lesson 15　奈良時代はじまる 44
Lesson 16　奈良時代、政治の動揺 47
Lesson 17　律令体制の動揺 50
Lesson 18　天平文化 51
Lesson 19　桓武天皇の政治と嵯峨天皇 54
Lesson 20　弘仁・貞観文化 59
Lesson 21　摂関政治のおこり 62
Lesson 22　摂関の絶頂期 67
Lesson 23　醍醐・村上天皇の親政 68
Lesson 24　国風文化 71
Lesson 25　浄土の教え 74
Lesson 26　荘園の発達 76
Lesson 27　荘園と国衙領 78
Lesson 28　武士の発生 80
Lesson 29　武士の成長 83
Lesson 30　後三条天皇の政治刷新と荘園公領制 85
Lesson 31　白河上皇と地方政治 87
Lesson 32　保元・平治の乱 89
Lesson 33　平清盛の政治 93

Lesson 34	平安末期文化	95
Lesson 35	源平争乱と鎌倉幕府の成立	96
Lesson 36	鎌倉幕府の政治機構	100
Lesson 37	将軍・御家人の関係と武士の生活	103
Lesson 38	北条政子の時代	104
Lesson 39	政子の後の鎌倉幕府	107
Lesson 40	鎌倉時代の農商工業	110
Lesson 41	鎌倉新仏教	113
Lesson 42	鎌倉時代の文化	116
Lesson 43	鎌倉時代の学問と美術	118
Lesson 44	蒙古襲来	121
Lesson 45	元寇以降の幕府	125
Lesson 46	鎌倉幕府の滅亡①	128
Lesson 47	鎌倉幕府の滅亡②	131
Lesson 48	建武の新政	133
Lesson 49	南北朝の争乱と室町幕府	136
Lesson 50	足利義満の政治	138
Lesson 51	室町幕府の組織	141
Lesson 52	守護大名の登場	142
Lesson 53	幕府政治の展開	145
Lesson 54	惣の形成と土一揆	147
Lesson 55	応仁の乱と享徳の乱	151
Lesson 56	国一揆と一向一揆と商業の発達	154
Lesson 57	東アジアと日本	157
Lesson 58	室町時代の文化①	162
Lesson 59	室町時代の文化②	163
Lesson 60	室町時代の文化③	165
Lesson 61	群雄割拠	168
Lesson 62	戦国大名の支配	172
Lesson 63	織田信長	176
Lesson 64	豊臣秀吉	185
Lesson 65	豊臣政権の組織と対外政策	195
Lesson 66	安土桃山文化	198

主要参考文献 200
あとがき 201

Lesson 1 旧石器時代

みなさんは、旧石器時代とか新石器時代とか知っていますか。これからその勉強をしていきますよ。

更新世の時代

まず、更新世の時代から入ります。今から３万年前の時代を**更新世**といいました。なんだか地学の授業みたいですね（笑）。この時代は氷河期でした。ですから、陸地の水分も凍るわけで、海に水が流れ出難くなりますよね。そのため、海水面が世界規模で１００ｍも低かったといわれています。そんな状況なのでその当時日本は、北海道の北部や対馬海峡が大陸と陸続きになっていたようです。ちなみに現在のような列島になったのは、後の時間でやりますが、完新世の時代です。

今言ったように陸続きなので、**ナウマン象・マンモス・ヘラジカ・オオツノジカ**などの大型獣が大陸からやってきます。その動物を追って人間も日本にやって来たようです。

この「更新世」は考古学では**旧石器時代**に相当します。

岩宿の発見

戦前まで「日本には更新世に人類はいなかった」とされていました。しかし、１９４６年に群馬県である遺跡が発見され、「やっぱりいた！」ということになったんですよ。それが**岩宿の発見**です。

群馬県にアマチュア考古学青年の**相沢忠洋**さんという方がいました。その方は普段は行商をして生活していました。その方が１９４６年行商の帰り道、群馬県笠懸村（現在みどり市）の土手にあるものを発見しました。それが、槍の先に使われていた石器だったのです。１９４９年その石器は明治大学に持ち込まれて調べられました。

この石器は関東ローム層から発見されています。関東ローム層は１万年以上前に降り積もった火山灰からできている地層です。つまり日本にも１万年以上前の、更

6

新世から人がいた、ということになったのです。

時代

　先ほど言ったように「更新世」は考古学では**旧石器時代**に相当しますので、岩宿の発見は旧石器時代に日本人が存在したことを証明したものでもありました。また、この時代の文化は旧石器時代の文化ですから、**旧石器文化**といいました。さらに、この旧石器時代には土器が存在しませんでしたから**無土器時代**ともいわれています。

　一方、（この後にやる）縄文時代はご存じの通り土器が使用されました。無土器時代はそれよりも前の時代ということで、**先土器時代**ともいわれるわけです。

　では旧石器とは何かというと、石を打ち砕いただけの石器のことです。この後の授業で取り上げる新石器時代は石を磨きます。磨いた道具より古いので"旧"石器というわけです。ちなみに、打ち砕いただけなので**打製石器**といいました。今ならまさにダサイ（ダセイ）石器ですね。なんちゃって。

　こんがらがるとまずいのでまとめますと、更新世＝旧石器時代（打製石器を使う時代）＝先土器・無土器時代、ということになります。

打製石器

　打製石器にも進化の歴史があります。簡単に言ってしまうと、握斧（握槌）→石刃（ナイフ形石器）→尖頭器→細石刃などの細石器、の順に進化していきます。

　石器は当然生活に使用するものですから、生活に適したように作られ、使用されますよ。この時代は**狩猟**と**植物採取**によって生活をしていました。狩猟は先ほどの話のように大型獣を相手にしますので、大きなものが必要になります。最初は握斧（握槌）。これは教科書の絵にあるように、握って使用するもので、今からみると随分大雑把な道具ですね。**ナイフ形石器**は握斧（握槌）よりは進歩したかなあ〜という感じですね。ナイフ形石器も槍先に付けることがありましたが、もっと小さくなるのが**尖頭器**です。今、先生は「小さくなる」って言ったでしょう。だんだんと温暖化によって獲物が小さくなったんだそうです。なんで温暖化だと小さくなる

のか若干不明ですが、とにかく、獲物は小さくなり、武器も小さくなったってわけです。そして旧石器時代の末期になると、長さ3センチほどの**細石刃**などの**細石器**が骨や木の柄にはめ込まれて**槍**ができました。柄にはめ込まれているのは教科書の図を見てくださいね。

　実は、この細石器は北海道でもっとも発達したんです。その細石器が中国東北部からシベリアにかけて見られますので、北海道の人々と大陸の人々が同じ文化圏にいたことがわかるんです。

生活
　更新世時代の人骨が各地で発見されています。その人骨を**化石人骨**というのですが、静岡県の浜北人骨や沖縄県の港川人骨は代表的なものです。また、旧石器時代の住居ですが、旧石器人はさっき言ったように、獲物や植物を求めて生活していましたので移動しながらの生活でした。そのため住居はテント小屋や洞穴だったんですよ。

Lesson 2　縄文文化

　今日から縄文時代ですよ。縄文時代ってみんなにも馴染みがある言葉ですね。

完新世の時代
　約1万年前になると**完新世**になります。また地学の授業みたいですね。更新世では、日本が大陸の半島的な状態にあるという話をしましたね。完新世になるとだんだんと陸地だった所が水没していきます。そして、8千年前になると、だんだんと、日本は現在のような列島になったんです。

　完新世は地球が温暖化します。この温暖化が日本の自然環境に大きな変化をもたらします。シイやカシのように実がなる木が多くなり、それを食すようになったのです。そして小動物が住み着いてきます。大型獣はこの時代になると絶滅しました。この時代は俊敏なイノシシやニホンシカや小型動物の捕獲がメインです。小動物が生息するようになって、狩りの道具にも変化が表れます。それが**弓矢**でした。弓矢

の先には**黒曜石**やサヌカイトで作られた石やじりが付けられるようになりました。

　今言った、黒曜石はこの時代の道具作りに欠かせない石材でした。原産地が北海道の白滝や長野県の和田峠、伊豆の神津島だったのですが、この石を使った道具は全国的に見つかっています。また、ひすいという緑色をした半透明の石があります。半透明の緑色なんて想像するだけでも神秘的でしょ。この石は勾玉など呪術的なことに使われたんですが、これも、新潟県糸魚川流域産のものが青森県の三内丸山遺跡で発見されたりしています。この二つの石（黒曜石とひすい）の産地と実際に使用されていた場所を考えると、当時の人々の交通や交易が広範囲にわたっていたことが想像できます。

　この時代は海面上昇にともなって内海ができました。魚を捕るために**丸木舟**などが使われ、縄文時代も終わりごろになると動物の骨で作った**骨角器**が釣針やモリとして使われました。骨角器は東北地方の貝塚から多く出土しているという特徴もあります。また、縄文人のゴミ捨て場である**貝塚**も多く残されています。

　そして、採取したものを煮炊きすることも始ります。そのために**土器**が必要になったんですね。つまり、土器と弓矢がこれまでにない道具として現れたわけです。

　土器に関しては**大森貝塚**を発見した**エドワード＝モース**が、土器の表面に付けられた模様を「コードマーク」と呼んだことから縄文土器といわれるようになりました。確かに写真を見ると縄の模様がありますよね。焼く前に紐で模様を付けて焼いていたからなんですよ。**縄文土器**を使用していた時代を**縄文時代**。縄文土器を使用していたころの文化が**縄文文化**ですね。

　石器は進化して石を磨いたり加工したものになりました。これが**磨製石器**です。今までの打製石器より新しいので、**新石器時代**ということになります。この新石器時代が日本では**縄文時代**に相当します。弓・土器・磨製石器・・・縄文時代に新発売！

　まとめると、完新世＝新石器時代（磨製石器を使う時代）＝土器がある・・・日本では縄文時代！

9

縄文人の生活

　縄文人は狩りもしましたが、それは一年に数度であり、ほとんどは木の実や栗、きのこなどを食べていました。また、豆の栽培を行うこともあったようです。海辺の民は魚を採っての生活もしました。また、モリなどの道具も使われていました。そして、製塩も行われていたというのですからビックリです。人々に身分の上下はまだ発生しておらず、食べ物は平等に分配されたようです。そんなことで、獣を追って移動する生活ではなく、定住する生活が始まったのもこの時代でした。縄文人は５～７人で１軒の竪穴式住居に生活し、４・５軒の集落をつくっていました。竪穴式住居は地面を５０ｃｍほど掘り下げてそこに屋根を葺き下ろしてできたものですが、縄文に始まり奈良時代まで使われた居住スタイルでした。

　代表的な遺跡は青森県にある、**三内丸山遺跡**です。この遺跡は特に縄文時代前期から中期にかけて栄えたといわれていて、たくさんの住居跡や縄文土器が発見されています。

縄文人の宗教観

　縄文人は動植物をはじめ、樹木などのあらゆる自然物に、見えない存在が宿っていると考えました。これをアニミズムといいます。また、子供が産まれたときや家を建てた時、結婚した時など、日常でも見えないものに感謝をするようになります。そして、祈りました。子どもが生まれた時は手形を取り、繁殖力や生命力の向上には**土偶・石棒**を使用しました。土偶は一般に女性を表現しています。主に使用されていたのは何といっても縄文時代です。試験にも出やすいので覚えておいてくださいね。また、青森県の亀ヶ岡遺跡は土偶で有名ですね。石棒は男性器を表現していました。

　成人の儀式では**抜歯**も行われました。そして、人が死んだ時は、死んだ人が生きている人に禍を起こさないようにと膝を折り曲げ、縄で縛って埋葬されました。膝を折り曲げて埋葬することを**屈葬**といいますね。そういった、目に見えないものに対する考えも起こりだしたんですよ。

Lesson 3 弥生時代

　さあ時代は**弥生時代**です。時は１８８４年、東京都文京区本郷の弥生町から厚ぼったい縄文土器と違う、均整のとれた土器が発見されました。東京の弥生町から発見されたので、**弥生土器**と命名されました。弥生土器を使っていた時代なので弥生時代ということですよね。

　紀元前４世紀から３世紀までが弥生時代です。中国でいうと**前漢**から**後漢**の時代です。また、弥生時代は**稲作**と**金属器の使用**が特徴的です。

金属器の使用

　金属器には鉄器や**青銅器**があります。世界史をやるとわかるのですが、それらが世界的に登場する順番は、石器→青銅器→鉄器の順番なんです。でも、日本の弥生時代はというと、鉄器と青銅器がほぼ同時に渡来したと考えられます。つまり、ほぼ同時に青銅器と鉄器が使われ出したということになりますね。

　しかし、**青銅器**は使われたといっても、銅と錫の合金でできていて、鉄に比べると、重く、鋭くなく、すぐ壊れるので実用的ではありませんでした。そのため、主には祭祀用として使われたんです。逆に、鉄器は軽くて強くて鋭くもできましたので、武器として使うことができたのです。

　さて、青銅器というと出てくるのが、**銅剣、銅矛、銅戈、銅鐸、銅鏡**です。まず、**銅剣**ですが平形と細形があります。**平型銅剣**は非実用物で瀬戸内海中部を中心に広まり、**細形銅剣**は実用的で九州北部に分布しました。**銅矛**と**銅戈**は北九州の北部から対馬・高知にかけてみられます。銅鐸は近畿地方に多くみられます。これは形がお寺の釣鐘みたいですが、よく見ると、当時の生活の様子が描かれていたりするんですよ。先ほど話したように、細形銅剣以外はどれも祭祀に使われたものになります。また、これらの物が、島根県の神庭荒神谷遺跡や同じく加茂岩倉遺跡でたくさん出土しています。教科書でそれぞれの形や場所などを確認し、ノートに地図を書いて整理すると良いですね。

　また、縄文時代と弥生時代の違いというと、土器に焦点が当てられます。確かに

縄文土器と弥生土器は違います。縄文人は皿から壺からさまざまな土器を作りましたが、作物を蓄えるようになっていた弥生人は圧倒的に壺型の土器を多く作りました。そして土器の技術が向上したせいで、薄手の物になりました。**稲作・金属・薄手の土器・・・弥生時代新発売！**

　当時の遺跡分布をみると、水田の遺跡は東北地方を北限としています。北海道にはないんです。ですから、北海道はまだ縄文文化で、狩猟・漁労・採集の生活が営まれていたんです。北海道に残った縄文文化を**続縄文期**。沖縄に残った縄文文化を**貝塚文化**といいました。北海道は擦文土器をともなって擦文文化が成立し、沖縄は貝塚文化がこの後続いていきます。擦文土器とは表面を整えるため木のへらで擦ったような土器のことです。

　弥生文化はその初期の段階を**遠賀川文化**ともいいます。これは福岡県遠賀川流域に遠賀川式土器と呼ばれる高杯などの土器が見つかったことから付いた名前です。高杯は教科書の写真のなかで足が一本だけ付いているものです。弥生人はそれに果物なども盛りつけていたようです。遠賀川では石包丁や木製農具を用いて水田を営んでいました。それがやがて西日本各地に伝播したわけです。

　そういうわけで、弥生時代の稲作は西日本を中心に広まりましたが、弥生時代中期には本州の末端まで伝わっていきます。発掘された遺跡では、青森県垂柳遺跡が有名です。また、後期では、静岡県登呂遺跡や奈良県の唐古・鍵遺跡が有名です。

　この時代の稲作は**湿田**や**乾田**を使い、できた米は高床式倉庫や貯蔵穴に保管されました。**湿田**とは年中湿っている田んぼのことです。だから、畑としては使えませんね。**乾田**とは水はけがよく、水気を必要とせず、時には乾いている田んぼのことです。

　稲作となると道具も考えなくてはいけませんね。湿田に入る時に足がのめり込んでいては仕事になりませんので、田下駄という下駄を使いました。これも写真を見てください。それから石包丁。石包丁は収穫時に稲から稲穂の部分だけを刈り取るために使用されたようです。そして、脱穀となると木臼と堅杵が使われました。また、鍬や鋤では刃先を木製にしたりしていました。また土・角・石・骨でできた紡錘車

（糸を紡ぐ道具）も登場しています。

　稲を作るというのは、社会を変えますよ。稲作は水が絶対必要ですよね。水をどのように使うか。みんなで使う水ですから、水の使い道をめぐってはリーダーが必要となってきます。そして、社会の下層部には奴隷のように扱われた「生口（せいこう）」が出現します。そのようにして社会には身分の差が生まれました。

　さらに、水の争奪によって争いが起こります。敵から自分たちを守るため、集落の形成にも変化が起こります。集落の周りに溝や土塁を巡らす**環濠集落**（かんごうしゅうらく）（代表は佐賀吉野ヶ里遺跡）や瀬戸内海沿岸地域では敵に攻められないような山頂に**高地性集落**を形成することもありました。

　また稲作や作物作りでは、天候という人間ではどうにもできない部分に突き当たります。そのため、神にすがることが行われたのです。さらに、この当時は先祖を拝むということもはじまりました。方々にお墓ができます。死者は丁寧に棺（ひつぎ）に伸展葬で収められるようになりました。たくさんのお墓のスタイルが教科書には出ていますね。特にお墓の上に石を置く支石墓（しせきぼ）やお墓の周りに四角く溝を掘って、その内側か溝の中にお墓を作った方形周溝墓（ほうけいしゅうこうぼ）ができています。古墳への前段階ということです。

Lesson 4　小国の分立と邪馬台国

小国の分立
　弥生時代、だんだんと日本では米のとれる村と取れない村の格差が広がってきます。そして人々は武器を持ち村同士が戦うようになっていきました。力のない国は統合され、力のある国は統合し、次第に**クニ（小国）**を形成するようになります。そしてクニのリーダー、**王**（きみ）が出現します。

中国の歴史書と倭国
　弥生時代のころから中国の歴史書に日本が「倭」として記録されるようになります。

①『漢書』地理志です。この中には、倭の社会は１００余りの小国に分かれていて、**倭人**が朝鮮半島の楽浪郡に定期的に使者を送っていたと書かれています。

②『後漢書』東夷伝には（１）５７年に、倭の奴国王の使いが、後漢の都洛陽に朝貢し、光武帝から印綬を授かった、と書いてあります。この記載を裏付けたのが１７８４年に福岡の志賀島で農作業中に石の下から見つかった**金印**ですね。この金印には「漢委奴国王」と書かれていたわけです。それによって、『後漢書』東夷伝の記載が裏付けられたわけです。そして、（２）１０７年には、倭国王が後漢の皇帝に生口１６０人を献上したとの記載があります。当時は中国の王に認められると、「どうだ！　俺は中国から認められた王なんだぞ」っていう感じで権力を強化したんでしょうね。また、（３）倭国に戦乱が発生していたことが書かれています。先日の授業で環濠集落や高地性集落の話をしましたが、これらの集落は倭国に戦乱があったことを裏付けています。

③『魏志』倭人伝という書物はみなさん聞いたことがあるでしょう。これは、陳寿という人物が３世紀末に中国の歴史書の『三国志』を編纂したのですが、その中に全３０巻に及ぶ『魏書』というのがあって、さらに、その中に『東夷伝倭人の条』という部分があるんです。そこを私たちは通称、『魏志倭人伝』と呼んでいるわけなんです。そして、この『東夷伝倭人の条』には陳寿が日本について伝え聞いたことがたくさん書かれているんですよ。

それではその内容ですが、まず（１）２世紀の後半は大乱が起きたが、３世紀になると**卑弥呼**と呼ばれる女性が諸国に推されて倭の女帝になり、やっと平静になった。（２）２３９年、卑弥呼は魏の皇帝に使いを送り「親魏倭王」の称号と五尺の刀と銅鏡百面を得た。彼女は（３）鬼道という呪術を使い、神のメッセージを聞く能力があった。彼女の（４）弟が政治を補佐した。（５）卑弥呼亡き後は男が王になったが混乱し、**壱与**という女性が王になって争いが収まった。（６）王→下戸（平民）→生口（奴隷）の身分秩序があった、などなどが記されています。

壱与も魏と通交しましたが、２６６年（魏の次に建国した）晋への使者を最後に邪馬台国は消息を消しました。以後約１５０年間中国の歴史書に倭国に関する記載はありません。一体邪馬台国はどこにあったのでしょうか。現在も畿内説と九州説

で争っていますよね。

史料	倭に関して
『漢書』地理志	１００余国分裂
『後漢書』東夷伝	光武帝が奴国王に印綬を与える（５７年）「漢委奴国王」 安帝に倭国王が生口１６０人を献上（１０７年） 倭国の大乱（２世紀中〜後期）
『魏志』倭人伝	邪馬台国の卑弥呼が魏に難升米達を派遣し「親魏倭王」の称号を授与される（２３９年）
好太王碑の碑文	倭と高句麗が交戦（３９１年以降）
『宋書』倭国伝	倭王武が上表文を送る（４７８年）

Lesson 5 ヤマト政権と古墳時代

今日の授業からちょっとずつ、国の歴史っぽくなりますよ。

ヤマト政権誕生

３世紀終わりごろになると奈良では、豪族たちが連合して**ヤマト（大和）政権**をつくりました。ヤマト政権は**大王**と呼ばれるリーダーを中心に神々を祀り、生活が営まれていました。ヤマト政権はどんどんとその勢力圏を広めていきます。当然この時代ですから、戦によって広げていくわけですね。そうなると武器が必要です。武器を作るには鉄が必要。鉄はどこで多く取れるかというと朝鮮でした。そこで朝鮮との国交を活発にします。と、表面的には書かれますが、実はヤマト政権の大王と朝鮮半島が親類関係のような、深い関係にあったと考えられることもあります。

七支刀という刀があります。みんなは知ってますか。この七支刀は刀と書きますが、木の棒に枝が出ているような形をしていまして、全く実用性はありません。では何なのかというと、これはヤマト政権が朝鮮の百済を援護してライバルの新羅を倒した時、百済からお礼に頂いたものなのです。位置的に百済は日本とは反対側に

ある国です。自らの兵隊を送り込んで、朝鮮半島を回り込み、そして助けに行ったんですね。これってよっぽどですよね。そんな百済援助は**白村江の戦い（６６３年）**まで続きます。

古墳時代

３世紀になると大型の**古墳**がつくられるようになりました。ここから古墳時代が始まります。古墳時代は３世紀後半〜４世紀の前期古墳時代、４世紀末〜５世紀の中期古墳時代、６世紀〜７世紀の後期古墳時代に分かれます。

前期古墳時代

前期古墳時代は**前方後円墳、前方後方墳**など大型のものが多いんです。ちなみに、大きさにおいて全国の４４位までは前方後円墳です。特に２００ｍを超えるものは奈良県桜井市の箸墓古墳や天理市の西殿塚古墳などで奈良県の南部にしかありません。他の土地を圧倒しています。このようなことから、大和地方を中心として政治連合ができたことを意味すると考えられます。大和地方を中心にしたので、その政権を**ヤマト（大和）政権**といいます。

特徴ですが、前期の古墳では竪穴式石室が主でした。そして、古墳の上には**埴輪**が並べられていました。斜面には「屋根に葺く」の"葺く"という意味で、葺石という石が敷かれ、土が崩れ落ちないように工夫されていました。埴輪には円筒埴輪、家形埴輪などがありました。教科書の写真を見てください。

古墳内には縁が三角形になっている、**三角縁神獣鏡**などをはじめとする多量の銅鏡や腕輪などなど、呪術的、宗教色の強いものが多く発見されています。鏡には魔を跳ね返す意味があったんですね。そのようなことから、前期の古墳に埋められている人たち、すなわち首長（リーダー）は司祭者的な人だったことがうかがい知れるわけです。

土器は弥生土器の製法を継承した**土師器**という土器が作られました。これは赤焼きといって、やや赤っぽい黄色い色が付いていました。主に日用品として使用されました。

中期古墳時代

　中期には大型古墳の前方後円墳が奈良盆地から河内平野に移っていきます。そして巨大な古墳が出現しました。みなさんご存じの**大仙陵古墳（仁徳天皇陵古墳）**や誉田御廟山古墳もこの時期につくられました。これだけのものをつくるとなると今のお金で２０億円もかかるそうですが、それだけの権力を持つ人物が現われたわけですよね。それがヤマト政権の**大王**です。中期も５世紀になると、岡山の造山古墳などの大型古墳が地方にもつくられるようになります。これは、地方にもヤマト政権の重役を担う人物が現われてきたことを意味しています。また、副葬品の中に鉄製の武器や武具の占める割合が多くなり、埋められる人物の武人的性格が強くなったと考えることができるでしょう。また、**須恵器**の製法、鉄剣、玉、鉄製農具などが朝鮮から伝えられました。

東アジアとの交渉

　日本が古墳時代、中国は３世紀から三国時代に突入し、その後は魏晋南北朝時代という混乱の時代でした。その間に中国周辺のアジア諸国には次々に国家が形成されたんです。

　まず、中国東北部に高句麗という国ができ、朝鮮の北部に領土を広げていきます。そして、３１３年には楽浪郡を滅ぼして勢力を誇り、拡大しました。"郡"というのは中国の出先機関のようなものです。ですので、高句麗は中国の一部を滅ぼして自分のものにしたんですね。

　では、朝鮮半島南部はというと**馬韓・弁韓・辰韓**というそれぞれの小国の連合群が形成されていました。韓は国ではなくて、小国家群のことです。地図を見て場所も確認してくださいね。

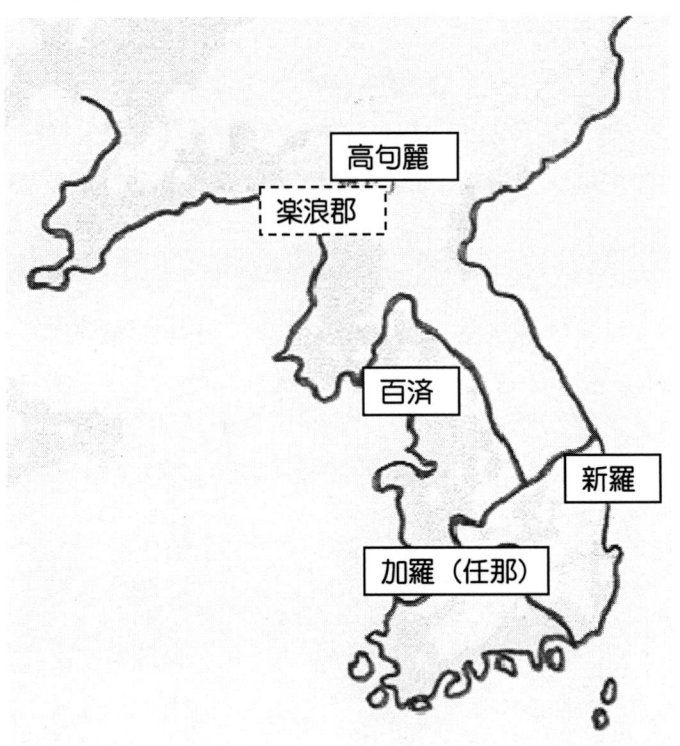

　4世紀になると馬韓から**百済**が、辰韓からは**新羅**ができまして、国家をつくりました。しかし、弁韓は統一が遅れ、まだ小国が分立しているような状況でした。その分立している諸国を総称して、**伽耶諸国**とか**加羅**とかいいました。日本書紀ではこれを**任那**と呼んでいます。色々呼び名を出しましたが「任那」で話を進めていきます。

　任那は古代においては日本の領土だったという説もあるほど、ヤマト政権と密接な関係がありました。そしてここは鉄の産出地でもあったので、ヤマト政権と、鉄を狙う高句麗は戦争になっていきます。この時の戦争のことが高句麗にある**好太王碑の碑文**に記録されています。余談ですが、その碑文には「百済と新羅を倭の国が倒し、支配した」という記録もあるんですよ。また、高句麗は騎馬軍団だったので、勝負している日本は否応なしに騎馬について学びますよね。これが、5世紀（中期古墳時代）の古墳の副葬品に馬具が入ってくる理由なんです。

　そういった朝鮮情勢の中で、『**宋書**』**倭国伝**によると、なんとか立場を優位にし

たいヤマトの**倭の五王**が、あいついで中国の南朝に朝貢した、と書かれています。五王の名前は**讃・済・珍・興・武**と書かれていて、特に、武が４７８年に中国の宋へ「私の先祖はこうして国内を統一してきた」などという、上奏文を送ったということも書かれています。そこで、五人が誰だったかということになりますと、済は允恭天皇、興は安康天皇、武は雄略天皇ということになります。しかし、他の２人は諸説あって、はっきりしていないのが現状です。

このような交流の中で、須恵器などが朝鮮から入ってきたわけですが、注目は漢字です。漢字もこの時代から使われるようになりました。その使用例として、熊本県の江田船山古墳出土の鉄剣や埼玉稲荷山古墳出土の鉄刀の銘文（刻まれた文）があります。今言ったように、剣にはずらずらと漢字が並んでいます。埼玉の鉄剣には獲加多支歯大王と書かれています。熊本には獲□□□歯大王と書かれており、同じ天皇でワカタケルを指すと思われます。これが雄略天皇のことのようです。この刀剣は熊本と埼玉で見つかっています。ということは、ヤマト政権の勢力範囲が南に東に拡大していたことがわかりますよね。

さて、漢字と並んで日本に大きな影響を与えたのが仏教です。仏教の渡来については５５２年説と５３８年説がありますが、どうやら後者の方が有力のようです。いずれにしても百済の聖明王から欽明天皇へ仏像とお経が送られてきまして、仏教が伝来しました。

このような進んだ文化を日本に持ち込んだ渡来人をヤマト政権は韓鍛冶部（鉄等の金属加工の技術を持つ技術者集団）・陶作部（須恵器の作成をすすめた技術者集団）・錦織部（機織りを伝えた技術者集団）・鞍作部（馬の鞍を作っていた技術者集団）という技術者集団に編成して各地に住まわせたんです。これらの渡来人について『記紀』という本には、西文氏の祖先が百済の博士で論語を持ち込んだ王仁、西文氏と共に文筆を担当した東漢氏の祖先が阿知使主、秦氏の祖先が機織りや養蚕を伝えた弓月君として、渡来時の説話が伝えられています。

後期古墳時代

古墳時代の話に戻ります。後期では石室が横穴式になります。横穴になると追葬もできるんです。また、埴輪も**形象埴輪**といって動物や家といった形をしたもの

が多くなりました。九州北部では石人・石馬、茨城や福島では壁画も描かれたりという**装飾古墳**も作られるようになりました。さらに、古墳が小型の円墳などになり、数が爆発的に増えました。こういった狭い地域にできた小型の古墳群を**群集墳**といいます。西日本では、この群集墳が増えたわけですが、そこから、首長層だけで成り立っていたヤマト政権が、農業生産力の向上によって力をつけた有力農民も取り入れて、支配を広げようとした様子がうかがえます。

古墳時代の人々の生活

　古墳時代を通して、人々の生活がどうであったのかを見たいと思います。古墳時代の人々にとって最も大切だったのが、弥生時代と同様に、農耕に関するものでした。さらにその中でも、春に豊作を祈る**祈年の祭り**と秋に豊穣を感謝する**新嘗の祭り**は特に重要でした。現在、私たちは１１月２３日が勤労感謝の日で祭日になってますよね。あれの元々は新嘗祭なんですよ。

　また、「氏神様」なんていう**氏神**のような、氏の先祖を祀るようになったのもこのころですし、**禊**や**祓**という考えもこのころに起こりました。禊は身の穢れを水に入って落とし、身を清めることをいいます。神社に行くと手水で手を清めるでしょ。あれは禊の一種ですよね。祓は厄や災難を祓うことで、今でいうと"お祓い"ですね。また、熱湯に手を突っ込み、火傷の有無で本当かどうか、嘘を付いているかいないかを判断した**盟神探湯**や、鹿の肩甲骨を焼いて、その割れ具合で今後を占う**太占**が行われていました。

Lesson 6　ヤマト政権の支配機構

　さあ今日はヤマト政権がどんな支配機構を持っていたのか、誰が力を持っていたのかなんていうことをやっていきますよ。

　ヤマト政権の中枢は**大王**ですよね。５～６世紀にかけヤマト政権は大王を中心に関東から九州北部に支配体制を形成していきます。そのことは、江田船山古墳出土の鉄剣や埼玉稲荷山古墳出土の鉄剣の銘文のところで説明しましたね。そのヤマト政権はこのころになると**氏姓制度**という支配体制を確立していきます。

豪族たちは血縁などをもとに**氏**（うじ）と呼ばれるグループに分けられ、「〇〇氏は××担当」というように氏単位に職務を行いました。そして、大王の政治補佐などの仕事を行っていました。その氏のリーダーが**氏上**（うじのかみ）で、教科書には「物部〇〇」、「蘇我△△」なんて人名がこの後には出てきますね。また、氏上以外で氏の構成員は**氏人**（うじびと）と呼ばれていました。氏は私有地の**田荘**（たどころ）**（田所）**と私有民である**曲部**（かきべ）を有して農業を行っていました。さらに、私有の隷属民である**奴婢（ヤッコ・奴）**（ぬひ）を所有していました。

　氏の下には**伴**（とも）と呼ばれる朝廷への奉仕者グループがあり、そのグループのリーダーを**伴造**（とものみやつこ）といいました。**伴造**は**品部**（しなべ）という、大王に奉仕する人々を従えていました。**品部**はそれぞれの特技（能力・技術）で奉仕しました。

　そういった氏へ、大王は、政権内の政治的地位を表すものとして**姓**（かばね）を与えます。政権の中枢を担当したのは**臣**（おみ）**・連**（むらじ）の姓を持つ氏でした。臣は大王と古くからの同盟関係にあるメンバーで、葛城（かつらぎ）・平群（へぐり）・蘇我（そが）・阿倍（あべ）などがいました。連は古くから大王家に臣属しているメンバーで、大伴（おおとも）・物部（もののべ）・中臣（なかとみ）・土師（はじ）などがいました。その中でも特に力の強いものを大王が**大臣**（おおおみ）**・大連**（おおむらじ）に任命し、政治を行わせました。その他の姓には筑紫（つくし）・毛野（けぬ）のような、天皇家の子孫と称し、畿内周辺の中小豪族に与えられた**君**（きみ）や、5～6世紀にヤマト政権に服属した一般の地方豪族である**直**（あたえ）がありました。

　大王には直轄領があります。それを**屯倉**（みやけ）といいます。屯倉は**磐井の乱**（いわい）の後にできましたので、まずは磐井の乱の説明をします。九州の筑紫国の**国造**（くにのみやつこ）（次ページ参照）に磐井（いわい）という一族がいました。527年、磐井氏へ継体天皇から「百済を助けるために兵を出しなさい」という連絡が入りましたが、磐井氏は百済の敵国新羅と通じていたため、この要請を拒否します。ヤマト政権はこの磐井氏の行った命令拒否を理由に、物部氏（もののべ）が中心となって1年半の年月をかけ、磐井氏を倒しました。この乱が**磐井の乱**です。そして、この乱を平定して、九州北部に屯倉をつくったんです。以降、ヤマト政権は地方豪族を倒しては屯倉を置いていきました。その征服地にいた人間も服属させますが、それが**名代**（なしろ）**・子代**（こしろ）と呼ばれる部民（部）です。部民（部）というのは大王家や豪族に隷属して生産に従事する労働集団をいいます。これらは、**伴造**に管理されながら大王一族の生活の糧を貢納しました。

６世紀になるとヤマト政権は、服属した地方豪族を**国造**(くにのみやつこ)として、その地方の長官に任じて支配させました。ちなみに"造"というのは地方官という意味です。似た言葉に**県主**(あがたぬし)というものがあります。県主についてははっきりとわからない点が多く、説明が難しいのですが、ヤマト政権の直轄地となった"県"という地域の長官のことです。国造より狭い範囲を管理していたのではないかといわれています。国造・県主は大雑把にいうと大変似たような役職になりますね。

Lesson 7 蘇我氏の隆盛と仏教伝来

蘇我氏の登場
　６世紀ごろのヤマト政権では、**大伴金村**(おおとものかなむら)が継体天皇を擁立して全盛期を誇り、政治を主導していました。しかし、朝鮮での失政を物部尾輿に責められて５４０年に失脚しました。どのような失政なのかというと、百済が５１２年に任那西部の四つの国(**任那四県**(みまなよんけん))の割譲をヤマト政権へ求めて来ると、金村はそれに応じます。しかし、こともあろうに金村は百済から賄賂(わいろ)を受け取ったのです。つまり、金村は任那四県を百済にあげて、賄賂をもらったんです。これが、５４０年の失脚の遠因となりました。そのような朝鮮政策と絡んで、大伴氏に代わり力をつけたのが尾輿の活躍で名を挙げた**物部氏**です。それと、ヤマト政権内で財政を担当し、渡来人との関係で力をつけてきた**蘇我氏**(そが)でした。この後の政権を二者が中心に奪い合っていくことになります。

蘇我氏の活躍
　以前の授業で触れましたが、５３８年欽明天皇(きんめいてんのう)のもとに百済の聖明王から仏像とお経と僧が届けられました。これが**仏教伝来**です。

　渡来人など外国勢力と仲の良かった**蘇我稲目**(そがのいなめ)は仏教を広めようとしますが、**物部尾輿**(もののべのおこし)は大反対です。仏像は稲目に預けられました。稲目はそれを早速安置して拝みましたが、タイミングが悪く疫病が流行り、町に死人があふれてしまいます。それを見て怒ったのが尾輿です。物部尾輿は「仏像のせいで神が怒っている」と言って、仏像を安置した御堂に火を放ち、焼いてしまいました。

しかし、その後も蘇我氏は懲りずに仏教を信仰していきます。時代は蘇我稲目と物部尾輿の息子、**蘇我馬子**と**物部守屋**の時代に移っていきます。蘇我氏と物部氏の争いが続く中で物部守屋が伝染病にかかってしまいました。人々は守屋が病気になったのは仏を焼いた罰だと噂するんです。

　そういった仏教がらみの蘇我・物部両者の争いは皇位継承問題で本格化します。５８７年大臣蘇我馬子は大連物部守屋を滅ぼし、その時の皇子を**崇俊天皇**として即位させました。それ以降、蘇我氏は朝廷で絶大な力を持つようになります。ついには、５９２年、馬子は崇俊天皇を暗殺してしまいました。

厩戸王の活躍

　崇俊天皇に代わって天皇になったのは日本初の女性天皇である**推古天皇**です。この時、推古天皇と蘇我馬子の甥である**厩戸王**が皇太子となります。これがのちの世で名高い**聖徳太子**です。ちなみに「聖徳太子」という呼び名は厩戸王の没後に付けられた名称で、「仏教の徳をおさめた聖人」という意味です。さて、推古天皇は女性ですので厩戸王は摂政の地位に就きます。摂政は天皇が女性や子供の時に天皇に代わって政治をする役職ですね。

　「*世の中は偽り仮にしてただ仏のみ是真ぞ*」これは厩戸王が書いた文章です。厩戸王はこの文章のように仏教を強く信じ、政治の世界に活かしていったんです。蘇我氏も仏教支持派ですから、仏教を大いに広めることができたわけですね。

　厩戸王がしたことでは内政で重要なことが二つ、外交で一つあります。まず、内政から説明します。

①冠位十二階の制（６０３年）

　これは中学でも勉強してきましたね。日本史の基本です。優秀な人材を家柄等に関わらず引き立てようという制度ですよね。位は冠の色で表されました。一番上位が大徳の位です。色は紫ですね。そんなことして、大臣や大連の連中は不満を持たなかったのかなあ、と思いませんか。実は大臣・大連は大徳の上の位でした。さらに、これから出てくる小野妹子が特別に昇進したぐらいで、昇進の記録があまり残っていないのも事実です。そして、姓と冠位がある程度重なっているということも

ありました。冠位十二階は国家の官僚として自覚を求めるためにできたものだから、自覚を促せればOKだったのでしょうね。

②**憲法１７条**（６０４年）
　これも中学でも勉強してきましたね。日本史の基本です。この憲法は役人や豪族の心構えを示したものです。条文は大切ですから良く覚えてください。それにしても、「**和**をもって尊しとなし・・・」なんて、今でも大切な精神ですよね。日本人の心を厩戸王が表してくれたんですね。

　こういった厩戸王の改革は６０８年に始まった**遣隋使**（けんずいし）の影響を強く受けています。遣隋使の帰路に同行し、高句麗から来日した僧**慧慈**（えじ）のアドバイスが大きいようです。また、その遣隋使がらみで日本の外交上際立った外交が厩戸王によって行われました。それが６０７年の小野妹子派遣です。

③隋に対する外交
　隋とは当時の中国ですね。隋は当時世界一といってもいいほどの国力を誇っていました。その第２代皇帝は**煬帝**（ようだい）といいます。彼は１８００ｋｍに及ぶ運河を造ったりできるほどの皇帝でした。その皇帝へ、厩戸王から使わされたのが**小野妹子**です。小野妹子は男ですからね。注意してくださいよ。その小野妹子は何を持って行ったかというと、手紙です。その手紙の内容が強烈です。内容は「太陽の昇る東方の国の天子が、太陽の沈む西方の国の天子に書を差し上げます」というものでした。これって、「日当たりの良い家に住んでいるうちの旦那が、日の当たらない家のご主人に手紙を送ります」ってなもんでしょう。また、「天子」というのはこの世に一人のはずなのに、自分より格下と思ってる人間が、自分と同じ「天子」と名乗ってくるわけです。当然、これに対して煬帝ははらわたが煮えくりかえります。しかし、ぐっと怒りをこらえます。なぜでしょうか？　当時、煬帝は高句麗との激しい戦争のさなかでした。もし、ここで怒って日本を敵にまわし、日本が高句麗と連合でもしたら・・・。隋は非常に微妙な外交バランスの上にあったんです。厩戸王はこの東アジア情勢をよく知っていたんですね。この厩戸王の活躍でヤマト政権は東アジアで独立した地位を示すことができたんです。厩戸王が中国と対等な立場を築いてくださったんですね。

怒りを収めた煬帝は妹子が帰国する際、**裴世清**(はいせいせい)らの使節団を同行させました。妹子は６０８年の裴世清の中国帰国に同伴します。この６０８年の遣隋使に**高向玄理**(たかむこのくろまろ)・**僧旻**(そうみん)・**南淵請安**(みなみぶちのしょうあん)ら多くの留学生や学僧が同行し、中国で隋の滅亡や唐の建国という大きな出来事を経験して日本に帰国しました。僧旻や高向玄理は、唐での経験とシステムを日本に導入するために大化の改新の際にできた、政治顧問である**国博士**(くにのはかせ)という役職に就任しています。何といっても、隋の滅亡と唐の建国を体感した人たちですからね。

Lesson 8 飛鳥文化

　推古朝、厩戸王の時代を中心に６世紀末から７世紀半ばまで栄えた日本初の仏教文化を**飛鳥文化**(あすかぶんか)といいます。なぜ飛鳥文化、というかというと当時の都が奈良県の飛鳥地方（奈良盆地の南部）にあり、そこを中心に栄えた文化だからです。今日はその飛鳥文化を勉強しましょう。

　まず、全体的特徴ですが、①国際性が豊かであるということ。その中でも朝鮮半島の百済の影響を強く受けています。それから、②仏教文化であるということ。この特徴をしっかりと把握してください。

国際性豊か

　まず、国際性豊かという点ですが、以前の授業で話したようにこの時代の日本は大変に朝鮮半島との付き合いが深いです。ですので当然、文化も朝鮮半島の影響を大きく受けることになります。また、間接的にはギリシア・西アジア・インドなどの文化の影響も見られます。じゃあ、どういうところでわかるのかというと、エンタシスの柱と唐草模様の写真が教科書に出ていますね。柱はよく観ると、中部から上部にかけて細くなっているでしょ。こういう形や柱の中部が膨らんでいる形のことをエンタシスっていうんですよ。視覚的な効果などを狙ってできているようです。それから、唐草模様っていうのは泥棒の風呂敷の模様のことですね（笑）。実はどちらもギリシア神殿が発祥の文化なんです。ギリシアのものが日本にあるなんて、なんだか歴史のロマンを感じますね。

仏教文化

　さて、仏教文化はどうして盛んだったのでしょうか？　わかるかな？　ある人物が熱心に信仰したからです。誰でしたか？　そうです！　厩戸王ですね。厩戸王の政治姿勢が強く影響して仏教文化なんですよ。これは、もう勉強したから繰り返しません。では、具体的に文化の内容です。

建築

　飛鳥時代になると、大王や豪族は自らの権威を示すために、これまでの古墳に代わって寺院の建立をするようになりました。今から代表的な飛鳥時代のお寺をいくつか取り上げて話をしますね。

　奈良飛鳥には蘇我馬子が、渡来人の協力によって**飛鳥寺**（法興時）を建てました。それは権力者である蘇我氏の**氏寺**ですし、仏教で初めての寺院ということもあり、後の社会では特別な扱いを受けました。氏寺というのは一族繁栄や一族の政治的結集の目的のために建立した寺のことをいいます。

　そして、大阪にある**四天王寺**。この寺は厩戸王が、物部守屋との争いの時に、四天王という仏様に祈って勝利したために建立したといわれています。

　三つ目は厩戸王が建立した、奈良斑鳩にあります**法隆寺**（斑鳩寺）。そうです、「柿食えば鐘が鳴るなり法隆寺」の法隆寺です。その中門や金堂は現存する木造建築では最古のものです。また、先ほど勉強したエンタシスが柱に使用されております。

　四つ目は**中宮寺**というお寺です。このお寺は法隆寺に隣接する尼寺です。厩戸王のお母さんの宮殿跡をお寺にしたものでした。五つ目は渡来人である秦氏の氏寺であります**広隆寺**。五ついずれもこの時代の代表的建築物です。

伽藍配置

　こういったお寺ができるわけですが、これらは一棟で「お寺」ではなくて、敷地内に何棟かの建物があって「お寺」になっています。それらの建物の配置を**伽藍配置**といいます。伽藍配置には、お寺ごとにそれぞれ特徴がありました。説明します。

日本最古の飛鳥寺では塔が中心の伽藍配置です。塔には何が入っているでしょうか？　実はお釈迦様の骨が入っています。お釈迦様の骨を"仏舎利"といいますので、塔は仏舎利塔といいます。お寺では仏舎利が最も大切なものでしたので塔が中心になったんですね。その塔を囲んで三つの金堂が配置されました。これを**飛鳥寺式伽藍配置**といいます。その後、塔の意味がだんだんに薄れていきます。お寺には本尊があります。日常では本尊をお祈りしていますから、だんだんとこちらの方が大切になってくるんですね。四天王寺式伽藍配置ではまだ塔が中心にありますが、法隆寺式伽藍配置になると中心から外れてしまうんですよ。

彫刻

　次は彫刻です。彫刻では６２３年、厩戸王の菩提(ぼだい)を弔うために、**鞍作鳥(くらつくりのとり)**が造ったとされる**法隆寺金堂釈迦三尊像(ほうりゅうじこんどうしゃかさんぞんぞう)**や百済観音像、広隆寺や中宮寺の**半跏思惟像(はんかしいぞう)**があり、百済から伝わったとされる**百済観音像**などが有名です。釈迦三尊像の"三尊"は"３体の"という意味ですが、左右の２体は脇侍で仏様を守っています。半跏思惟像の"半跏"っていうのはどういう意味かというと、瞑想の時に両足を上げて組み座ることを"結跏(けっか)"というのですが、それに対して、片足のみを上げて組み座ることを"半跏"というんです。写真見ると、みなさん片足を上げているでしょう。そして物思いにふけっている、「思惟」しているってわけです。百済観音像は２０９ｃｍの木造です。大きいですねえ。百済から送られてきたという伝説ですが、どうやら日本で作られたらしいです（笑）。

技能と学問

　特徴のところでもお話したように、日本と朝鮮半島の付き合いは深いものでした。ですから、朝鮮から優秀な学者も日本にやってきました。高句麗のお坊さんの**曇徴(どんちょう)**らが紙や墨などの文具や絵具をもたらします。百済のお坊さん**観勒(かんろく)**は暦や天文地理の書や技能を日本に持ち込みました。

　一方、日本人も負けていません。厩戸王の作と伝えられる、お経（法華経、維摩経(ゆいま)、勝鬘経(しょうまん)）の注釈書の**『三経義疏(さんきょうぎしょ)』**もこのころ作られました。

Lesson 9 大化の改新

　中学、下手すると小学校の時から大化の改新ってやりますよね、どうしてこれがそんなに大事なんでしょうね。

　日本国の天皇家は今上天皇で１２５代続きます。世界一伝統のある皇室です。２位はイギリスの５７代ですので、その差は歴然としています。また、神話とつながる王室も世界では唯一です。

　そんな天皇家にも歴史上ピンチがなかったわけではありません。中でも厩戸王の死後は最大のピンチだったと思われます。そのピンチを救ったのが大化の改新（正確には**乙巳の変**といいます）です。ではそれがどんなことだったのか見ていきましょう。

乙巳の変

　蘇我氏は以前から力を持っていた氏族でしたね。この蘇我氏が厩戸王亡き後力をつけてきます。６４３年**蘇我蝦夷・入鹿**親子の目の上のこぶである厩戸王の息子、**山背大兄王**とその一族が蘇我入鹿によって滅ぼされます。ここに厩戸王の後裔は断絶します。もし、末裔がいればさぞかし頭も良かったのでしょうね。蘇我氏は館を新築し、そこを宮門と呼ばせたり、子供を王子と呼ばせたりしました。この呼び方はみんなもわかると思いますが、天皇の周囲に対して使う言葉ですよね。そうしたふるまいに対して人々は、蘇我氏による「国政の私物化」とささやくようになりました。蘇我氏は大王（天皇）にとって代わる勢いをみせたわけです。

　そんなある日、蹴鞠の会で天皇の息子さんの**中大兄皇子**と家臣の**中臣鎌足**が知り合います。そして、国の立て直しのためにも、蘇我氏を討つ作戦をねりはじめました。その結果、二人は、６４５年に**皇極天皇**の御前で蘇我入鹿を討ち果たします。蝦夷は翌日自殺します。これを**乙巳の変**といいます。乙巳の変後、天皇は孝徳天皇になりました。ここから国の改革が始まりますが、こうした孝徳天皇期の一連の改革を**大化の改新**といいました。

大化の改新

　新しい政権は都を飛鳥から長柄豊碕宮(難波宮)に遷都します。古い勢力がいると改革が進みませんからね。そして、人事ですが、天皇は皇極天皇から日本史上初めての譲位によって、孝徳天皇が即位しました。譲位っていうのは位を譲ることです。つまり、皇極天皇は孝徳天皇に天皇の位を譲った、ということですね。孝徳天皇は群臣たちを大槻の大樹の下に集めて忠節を誓わせました。そして、年号を大化と改めます。新政権の中心の皇太子には中大兄皇子、内臣に中臣鎌足、左大臣に阿部内麻呂、右大臣に蘇我倉山田石川麻呂、国の博士という政治アドバイザーに高向玄理という学者と旻というお坊さんが任命されました。

　６４６年には改新の詔が出されます。日本書紀によりますと４カ条の基本方針が示されたようです。

　①それまでの豪族の私地(田荘)や私民(曲部)を公収して田地や民はすべて天皇のものとする。つまり、公地公民制にするわけです。そのままだと豪族は怒りますよね。ですので、豪族には**食封**という俸禄(今でいう給料)を与えました。②今まであった国、郡、県などを整理し、京・畿内・国・郡・里などの行政区画を定めて地方官を任命することにしました。③戸籍と計帳を作成し、公地を公民に貸し与え、租をとる。つまり**班田収授法**を行うということです。班田収授法については後日やりますから、その時説明しますね。④公民に税や労役を負担させ、庸・調の新税を取りました。

　②のところに「郡」が出てきますね。日本書紀には「郡」しか出てこないんです。しかし、藤原宮木簡などの７世紀代のものはすべて**「評」**の記載で見つかっていて、出土品から「郡」が使われて発見されたものはありません。そして、わが茨城県の『常陸国風土記』には地方豪族の申請で新しい評が設けられたと書かれています。ですので、現在は、「評」が地方の行政機関として設置されたのではないかといわれています。京・畿内・国・郡・里ではなく京・畿内・国・評・里になりますね。

　また、これらすべての改革は、中国に太刀打ちできる新しい文明と国家を建設することを目的としていました。

改新の推移

　改革は進みます。やがて孝徳天皇(こうとくてんのう)が死去し、皇極上皇(こうぎょくじょうこう)が再び天皇になりました。引退した天皇が再び天皇になることを**重祚**(ちょうそ)といいます。重祚は史上２回しかありませんが、この重祚は史上初の重祚でした。（ちなみに２回目は孝謙上皇が称徳天皇になった重祚です。）この重祚で皇極上皇は名前を**斉明天皇**(さいめいてんのう)とします。順当にいけば中大兄皇子が天皇になるはずだったのですが、勢力争いの関係もあって、皇子は遠慮した形になったのです。次の天皇には必ずなるので、とりあえずその前は母親に天皇になっておいてもらうというわけです。

　大化の改新以後の改革で国力を増したヤマト政権は６５８年ごろ、大船団を率いて、秋田・津軽に遠征を行い、蝦夷を征討しました。その将軍が**阿倍比羅夫**(あべのひらふ)です。この遠征には深い意味がありますよ。実は仮想敵国は唐です。改革の中で作り出した軍がどれほど使えるのか、それを蝦夷で試したわけです。ちなみにその後、遣唐使は唐の皇帝に会うときに蝦夷の男女を同行させました。なぜわざわざ蝦夷の男女を同行させたかというと、「大和朝廷は蝦夷を服属させる力を持っている。したがって唐とは対等である」という国力の誇示のためだったんですね。

白村江の戦い

　白村江の戦いですが、少し世界史的話から入りますね。朝鮮には高句麗という王

朝がありましたよね。この王朝は紀元前から続く王朝です。歴代中国の皇帝はここを攻めますが、６世紀中ごろまで７００年間、どの皇帝も攻め滅ぼせませんでした。そんな高句麗もこのころになると内乱で国内がぐらついています。この期にとばかりに、唐は高句麗を攻めようとします。直接高句麗を攻めるには、今までの皇帝が手こずった国ですので、失敗の恐れもあります。そのため、唐はまず新羅と連合して挟み撃ちにする作戦をしました。しかし、新羅にとって百済が背後にあってはおちおち高句麗を攻撃できません。そこで唐は「一緒に百済を滅ぼして、それから高句麗を倒しましょう」と新羅に持ちかけたのです。新羅としてもこれならOKです。６６０年作戦通り唐と新羅の連合軍は百済を攻撃しました。

　百済は完全に劣勢に立たされ、滅亡寸前になります。しかし、百済も粘ります。当時百済皇帝の弟が日本に留学していたのですが、その弟を引っ張り出し、ヤマト政権に援軍を要請します。ヤマト政権もこの戦いに勝てば朝鮮半島で有利に振舞えるという理由で百済の支援をします。時の天皇は斉明天皇でした。斉明天皇は安倍比羅夫らと軍を率いて今の福岡県まで行きますが、残念にも急死してしまいます。そうなると、次は中大兄皇子が天皇になるはずですが、ここでも天皇になることをせず、皇太子のままでヤマト政権の政治を行いました。皇太子が政治を行うことを**称制**といいます。

　ヤマト政権はついに６６３年**白村江**で唐・新羅軍と激突しました。結果は残念ながら大敗です。以後ヤマト政権は朝鮮半島への勢力拡大から日本国内の整備へと方針を変化させます。

　さあ、戦いに敗れたヤマト政権は、唐と新羅が攻めてくるかもしれない、と警戒心を強くします。これはヤマト政権始まって以来の危機です。政権には緊張感が走りました。そこで政権は九州はじめ各地に朝鮮式山城を築いたり、水城と呼ばれる全長１kmの堤（土手付きため池）をつくりました。さらに全国から**防人**と呼ばれる一般人の兵隊を九州各地に集めたりしました。そして中大兄皇子は６６７年に、唐・新羅の攻撃に備えて、交通の便が良い琵琶湖のある大津に都を移しました。これが**大津宮**です。

Lesson 10 天智・天武・持統・文武天皇の政治

　中大兄皇子は６６８年、大津の宮にて、ついに即位し、**天智天皇**になりました。即位の翌年、天皇は、同じ時代を歩んできた中臣鎌足の死に見舞われました。天皇は鎌足の勲功に対して、家臣では最高位の**大織冠**という位を授け、さらに、**藤原**の姓を与えました。この時、この後の日本の政治に大きく関わっていく藤原家が誕生したのです。

　天智天皇は６７０年、全国の人民を調べた戸籍を作りました。それは、できた年の干支をとって**庚午年籍**といわれています。後に６年毎に戸籍が作られるようになります。なんのために作ったかって？　それは税のためです。税を徴収するため、誰がどこに住んでいるかを知る必要があったんです。

壬申の乱

　大化の改新から２０年が経過すると天智天皇は病に伏せるようになります。さあ、後継者は誰になるでしょうか？　候補者は２人です。大化の改新を共に成してきた弟の**大海人皇子**と天智天皇の息子の**大友皇子**です。当時の習わしでいうと、次の天皇の順番は弟になります。実際に、天智天皇も弟の大海人皇子を皇太子にしました。そして、中臣鎌足も大海人皇子の即位を保証していました。母親の血筋などを考えると、到底大友皇子には次の天皇の座は廻ってこない状況だったのです。しかし、天智天皇もやはり息子が可愛いのでしょうねえ。なんとか大友皇子が皇位を継承するように行動を起こします。まず、天智天皇は大友皇子を太政大臣に就任させます。そして、天智天皇は病の床から「次の天皇をあなた（大海人）にしたいから、俺の所へ来てくれ」と大海人を呼び出したのです。長い付き合いの大海人は感づきます。これは、天智天皇の常套手段で、天皇の兄・叔父・義父もこのようなやり方で殺されていました。天智天皇は自分の邪魔になる人は粛清する人だったのです。そこで、大海人は「天皇は大友で結構です」と言って、吉野に身を潜めたのでした。

　６７１年天智天皇が崩御しました。その後、大友皇子を中心とする朝廷は近江朝廷と呼ばれました。ある時大友皇子は、天皇のお墓をつくると言って人を集めます。しかし、集めた人々はなぜか武器を持っています。それは明らかに戦争の準備でした。これを見た大海人は美濃の関ヶ原で地方（東国）の豪族と合流し、中央豪族の

支援を受ける大友を迎え討ちました。これが**壬申の乱**、古代日本史上最大の争いです。簡単にいうと、天皇の座をめぐって甥と叔父が争った（戦った）ということです。この結果、大海人が勝利、大友は破れて自害しました。大海人皇子は天皇への反逆者にならないように、大友が攻撃してくることをじっと待って、正当防衛を旗印に戦ったのでした。やはり大化の改新を生きてきた人間の強さが出たんでしょうね。

　なぜ、大海人皇子が地方豪族の味方をもらえたか。その陰には、天智天皇が白村江の戦い以来、急ピッチで国政の改革に挑み、改革の歪みから地方豪族が多くの不満を天智天皇に対して持っていた、という現状がありました。地方豪族にとっては嫌いな奴（天智天皇）の愛した息子だから嫌いというわけです。天智天皇の負の遺産が息子に影響してしまったんですね。

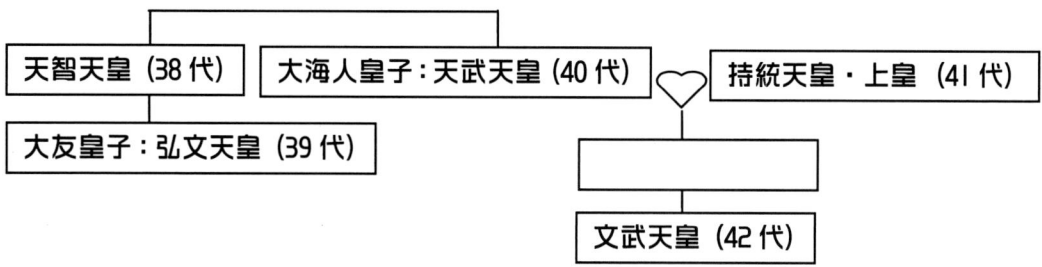

　少し補足になりますが、大友皇子は死んだ後に"弘文天皇"という称号を与えられます。ですので、家系図では大友皇子（弘文天皇）が３９代の天皇になってます。でもね、即位したかどうかは不明なんだそうです。

天武天皇
　大海人皇子は６７３年飛鳥浄御原宮で即位しました。**天武天皇**の誕生です。壬申の乱の結果、大友皇子側についた有力中央豪族が没落したことによって、天武天皇は強大な権力を手に入れたんです。そして天皇と皇族による政治を目指しました。これを天皇とその親戚が政治をするので、皇親政治といいます。「大君は神にしませば・・・」と柿本人麿呂が歌ったように、天皇の神格化がみられ、権威が確立しました。そうそう、**天皇**という称号が使われ始めたのも天武天皇時代からのようです。

天武天皇は皇親政治を推し進めていきます。まず、残存する豪族の力を削ぐために６８４年に**八色の姓**を制定します。これは、元来あった臣・連・稲置の姓の上に、大王家と関係の深い順に真人・朝臣・宿禰・忌寸・道師などを置くというものでした。八色の姓を作ることで、今までの役職ランキングを変えて、天皇中心、皇族中心の世の中をつくったわけですね。ですから、最高ランキングの真人なんかは特に、継体天皇から５世以内の大王家の子孫に与えられたんです。

　また、天智天皇の緩めた公地公民制を再び強化します。以前の授業でやりました「評」、これの上に「国」を設定しまして、中央から役人を派遣しました。また、評の下には５０戸を単位として**里**を作りました。**国＞評＞里**

　それから、天武天皇は唐にならって、貨幣の鋳造を行ったことが、奈良県飛鳥池遺跡から出土した**富本銭**によってわかっています。

飛鳥浄御原令

　天武天皇はたくさんの改革を行った天皇ですが、その人生の最後に行った業績が６８９年の**飛鳥浄御原令**の発布です。これは律令のうちの令について書かれた法典でした。何よりも日本史上初の体系的な律令法であったものですから、試験にも出題されやすいですね。これを基礎に、この後出てくる大宝律令ができるんですよ。

　そもそも律令ってなにかという話ですが、律が刑法。「規律を守れ！」なんて先生に言われるでしょ。あの「律」です。令は行政法と民法です。こうして、いよいよ日本も本格的なシステムによって動いていくというわけです。

持統天皇

　天武天皇の後継者が病気で亡くなり、天武天皇の皇后が**持統天皇**として即位しました。持統天皇は全国の国司に、令にもとづく新しい戸籍を作るように命じます。これが６９０年にできた**庚寅年籍**です。

　さらに、６９４年持統天皇は天武天皇の時代から造営を進めていた、**藤原京**に遷都します。「鳴くよウグイス平安京」の１００年前ですから覚えやすいですね。この都には持統・文武・元明の三天皇が居住し、７１０年までの１６年間日本の都で

した。

　藤原京は、飛鳥京の西北部、今の奈良県橿原市に所在した日本史上最初で最大の都城です。史上最大ですから、この後出てくる平安京よりも大きいんですね。また、日本史上最初の、条坊制という碁盤の目のようになっている本格的な中国風の都城です。また、ここからは大宝律令についてなどたくさんの資料が発見されています。

文武天皇

　持統天皇はその後６９７年、１５歳の孫に天皇の位を譲り**上皇**となります。そして、孫が**文武天皇**として即位しました。そうそう、持統上皇は日本初の上皇ですよ。**上皇**っていうのは引退した天皇のことで、正式には太上天皇といいます。さらに、上皇が坊さんになると太上法皇となるんです。こちらは通常、略して、法皇といいます。ちなみに、法律上、上皇と法皇には身分の差はなかったんですよ。

律令政治

　７０１年、文武天皇のもとに刑部親王、鎌足の子である**藤原不比等**らによって法律が完成します。その法律が**大宝律令**です。日本が国家の仕組みを整えた、歴史上本当に重要な出来事です。

　大宝律令は刑法である**律**６巻と行政法・民法に当たる**令**１１巻からなる法典です。この法典をもとにした政治の仕組みを**律令政治**。また、国を**律令国家**といいます。律令はその後多くの修正や、効力の変化はあったのですが、形式的には１８８５年の内閣成立まで続きます。ですから、大事ですよね！

　それからさらに藤原不比等が７１８年、**養老律令**を作り、７５７年の藤原仲麻呂が施行（実際に効力を発揮する）しました。内容は大宝律令とあまり変わらなかったようです。そして、この養老律令は注釈書（語句の意味の解説や補足）が付いてきます。８３３年、清原夏野らが公式に編集した『**令義解**』です。それから少し後の時代になりますが、８００年代後半にできた、惟宗直本によって私的に編集された『**令集解**』というのもあります。

　こうして日本は、飛鳥時代に法律を整え、律令国家としてスタートしました。それは奈良時代に受け継がれていきます。

Lesson 11 律令体制における官僚制の仕組み

　この時間は律令体制においての官僚制について勉強します。簡単に言うと国のシステムのお話です。日本の制度はなんだかんだ言っても中国から学んだ部分が多いですよね。今回の律令体制は、中国型と日本の氏姓制度を合体させてできています。

官位相当性

　まず、**位階**というものについて説明します。位階というのは役人の個人に付くランキングです。正一位から４４階ありました。

	注意するよみ		
正一位	しょういちい	税の免除	**貴族**（昇殿できる）
従一位	じゅいちい		位田の支給
正二位			
従二位			
正三位	しょうさんみ		
従三位	じゅさんみ		
正四位	しょうしい		
従四位	じゅしい		
正五位			
従五位			
正六位		ここから下位は昇殿できないので	
従六位		**地下人**	

　こういった、ランキング（位階）によって衣類などに制限が加えられ、就くことのできる官職が決まっていました。

　では、官職に移っていきたいと思います。教科書の表を見ながら聴いてくださいね。中央のトップに位置する役職の一つが**神祇官**。これは、大嘗祭など、民間で行われてきた神様関係の仕事を国家的に行う部署です。昔の人は見えないことにも真剣だったんですね。

その神祇官と並んでいるのが、政治を統括する**太政官**です。太政官のトップが**太政大臣**です。官位との関係でいったら、太政大臣はもちろん正一位の方しかなれませんよ。それに次いで左大臣・右大臣という役職になります。そして大納言と次いでいきます。ちなみに、この、太政官の高官にいる連中（上の地位にある人たち）を**公卿**と平安時代から呼ぶようになります。

　その太政官のもとには**八省**が置かれます。八省とは、詔勅の原案を作る中務省、軍人以外の役人の人事を担当する式部省、外交や仏事、僧尼の統括をする治部省、戸籍と税を徴収する民部省、軍人などの人事を行う兵部省、裁判を担当する刑部省、財政を担当した大蔵省、宮中の事務などを行う宮内省の8から成っていました。

　これらの官庁や地方の官司には**四等官**が置かれました。四等官とは長官・次官・判官・主典のことです。先ほどの太政官の例で言うと、太政大臣・左大臣・右大臣は**長官**です。大納言は**次官**です。少納言は**判官**ということになります。もう一つ少納言に仕える大外記なんて役職もあったんですが、これは**主典**になります。

　このように律令制度では、すべての役人には位が与えられて序列づけされます。その一方、朝廷内の官職にはそれぞれにふさわしい位が規定されていたために、役人は位に見合った職に任じられていました。これを**官位相当制**といいました。

例：太政官の場合

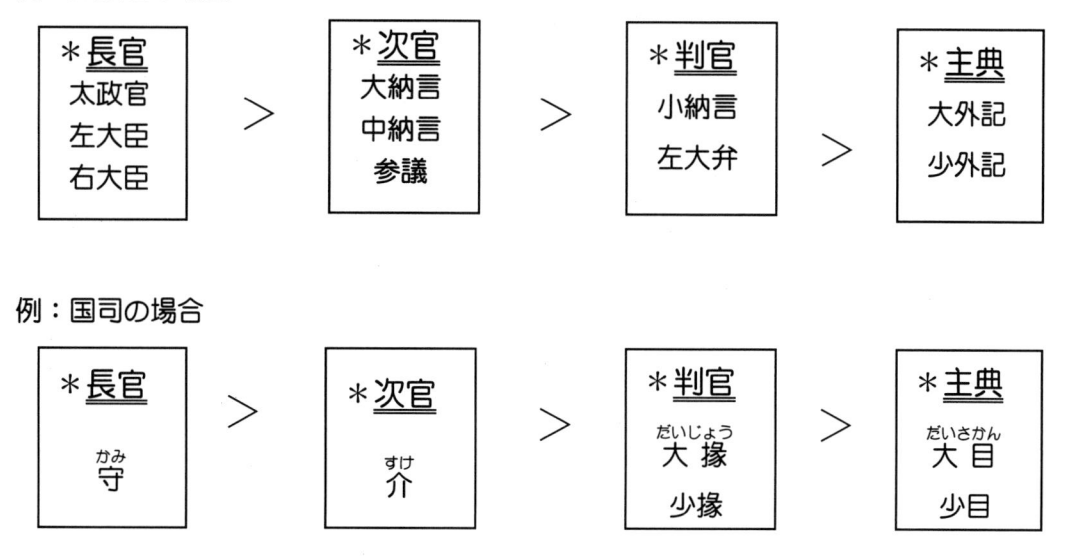

＊長官	＊次官	＊判官	＊主典
太政官 左大臣 右大臣	大納言 中納言 参議	小納言 左大弁	大外記 少外記

＞　＞　＞

例：国司の場合

＊長官	＊次官	＊判官	＊主典
かみ 守	すけ 介	だいじょう 大掾 少掾	だいさかん 大目 少目

＞　＞　＞

位階でいうと、五位以上の官人は**貴族**と呼ばれ、大化の改新以前の「まえみつき」と呼ばれる有力氏族が占め、天皇と密接な関係にありました。また、一定の年齢になると自動的に一定の位階がもらえました。それを**蔭位の制**といいます。親と同じ位置まで昇進できるようになっていたので、一種の"身分"的な意味をもっていたんですよ。さらに、三位以上は特権として税の免除がありました。

　役人システムにおける位は天皇が授与します。こうすると、「位を授ける天皇という人は偉いんだな～」となりますよね。これによってすべての権威と権力を天皇に集中し、天皇を頂点とした国家体制の確立を目指したんですよ。

官吏養成
　こうしたシステムの中で役人の育成が行われるようになります。都には**大学**が、地方には**国学**が置かれました。大学の学生のことを「学生」といいまして、主に貴族の子弟たちでした。学習の内容は**明経道**という儒教の勉強や紀伝道という中国の歴史と文学だったんですよ。そして卒業し、試験に合格すれば官吏（今でいうと国家公務員）になれました。国学は郡司の子弟が原則でしたが、空きがあると庶民でも入学 OK でした。卒業後に試験を受けて、合格すると大学の学生になることもできました。

刑罰
　刑罰に関しても定めができます。律令の律は刑法（刑罰）という意味でしたね。この時代には**五刑**と呼ばれる刑罰ができました。**笞・杖・徒・流・死**の五つの刑です。**笞**は五刑の中では最も軽い刑で、むち打ちです。笞の大きさは手元で約 9mm、先端は約 6mm、長さは約 1m5cm と定められ、受刑者の皮膚を破らないように節目などの凹凸は削られたものが使用されていました。また、執行人は罪人に重傷を負わせたり殺したりすると罪に問われました。**杖**は杖で叩きます。叩く回数は６０～１００回の５段階でした。**徒**は懲役刑です。強制的労働もさせられます。女性の受刑者もいたようです。**流**は島流しです。**死**は死刑の死です。死刑は斬首と首を絞めるものとありました。

　罪の中でも最も重いとされた八つの罪を**八虐**といいます。これをすると基本的には死刑ですよ。じゃあどんなのがあったかというと、①天皇に対して危害を加え

る、②皇居や天皇の墓を壊す、③国家に対する反乱、④家族を殺す、⑤大量殺人や呪い、⑥神社に対する破壊行為、⑦家族への傷害など、⑧主君・師匠・夫への殺人です。これはいくら身分が高くても免除されない厳しい決まりでした。

Lesson 12 律令体制における全国と人々

全国の統治システム

今日はまず全国の統治システムを勉強しましょう。どのようにしてヤマト政権が日本を支配したか、全国を支配したかというところですよ。

地図をよく見てくださいね。全国は**畿内**と**七道**に分かれます。畿内っていうのは当時の国の中心部ですよね。何ていう国がありますか。大和・河内・摂津・山背・和泉の五つですね。七道は道の名前ではありませんよ。現在の北海道のように地方を表す呼び名です。東海道・南海道・東山道・北陸道・山陽道・山陰道・西海道の七つです。そして**国・郡・里**が置かれました。郡は大化の改新のところで話したように、以前は「評」だったようですが、大宝律令の直前に「郡」になったようです。いずれにしても、そういうふうに全国を分割したわけです。そこに、**国司・郡司・里長**が置かれました。

国司には中央の貴族が派遣され、国内を統治する仕事をしました。**郡司**はかつての国造などが任命されました。京や摂津などの重要な場所には職が置かれ統治にあたります。そして、京には左京職・右京職、摂津国には摂津職が置かれたのです。また、九州北部は朝鮮や中国との航路を考える上で非常に重要な場所でした。そこで、今の福岡県に大宰府を置いたんです。

もう少し国について話していきます。国にはどんなものが置かれたでしょうか。中央だと都城なんていいます。都城とは天子がいる都市のことで、中国だと塀で囲まれていましたが、日本は異民族の襲来がないことや逃げにくいということで塀に囲まれていません。そのために都京などと呼ばれたりもします。その都城・都京の代表が平城京・平安京というわけです。地方の国には、これを小さくした**国府**が置かれました。茨城県だと石岡に置かれていました。そこの中央には儀礼（儀式）を

行う**国庁**（国衙）が設けられ、ここで国司は政治をしたわけです。じゃあ、郡はというと、同じような施設で**郡家**（郡衙）が設けられ、田租を蓄える**正倉**が置かれました。

　律令国家とは畿内に本拠を置く有力氏族が、天皇のもとに結集して連合し、畿外の地方豪族を服従させて、天皇支配を強力にした国家体制です。その一端として、こういった国の支配システムの整備に力を入れたんですね。

駅制
　中央と国は色々な連絡がありますよね。そのために都を中心として道が整備され、連絡をしやすくしました。そのシステムを駅制といったんです。連絡に使われる道路なのですが、その道路のことを駅路と呼び、駅路には１６ｋｍごとに**駅屋**を設けました。駅屋とは駅馬と呼ばれる馬・人夫を揃え、旅人の便をはかった施設のことです。そこには馬の世話をしたり、接待をしたりする従業員が必要になります。それが駅戸です。ちなみに、郡家にいた馬は**伝馬**といいます。駅屋の馬は馬鈴という鈴を持った役人しか使うことができず、伝馬は伝符を持った役人しか使えない公用のものでした。馬鈴ってのは馬の首に付けた鈴のことです。時代劇で馬の首に鈴が付いてることあるでしょ、あれです。

Lesson１３ 人民（農民）支配

　ではこの時間は、律令体制下での人々の暮らしについて勉強していきましょう。

班田収授法
　律令国家では民衆は平均２５人が**戸**というグループになります。そのグループのリーダーが戸の主ということで**戸主**と呼ばれました。そして、地区ではさらに５０戸で**里**という大グループになります。そして、戸を単位として**戸籍**と**計帳**に登録されました。**戸籍**は６年ごとに作成されて身分制の基本になったほか、これに基づいて６歳以上の男（２段）・女（2/3）・奴婢（男女それぞれ1/3）に田が分け与えられました。分け与えられる田を**口分田**といいます。そして、田を配分することを**班田**といいました。班田は６年ごとに行われましたが、桓武天皇がこれを１２

年に改めています。ちなみに、この口分田は死ぬまで耕作できましたが、売買は禁止されておりました。死んだ時はすぐに返却せず、次の班田を待って返却しました。また、班田するには工夫もありました。班田するには土地の大きさがわからないと配りにくいですよね。ですから**条里制**という土地区画制を用いました。６４８ｍ四方の正方形に土地を区画して班田しやすくしたというわけです。では、**計帳**は？というと、これは戸籍に基づき毎年作成され、調や庸などの人頭税のデータとして使われた記録簿のことをいいます。戸籍と計帳の区別は試験にも出やすいので区分してくださいね。こういった制度を**班田収授法**といったんですよ。

税

　今まで土地の話をしましたが、政権はただ土地を与えたわけではないんですよ。与えた理由は税です。税を徴収するためです。では、その税にはどのようなものがあったのか勉強しましょう。

　租税には**租・庸・調・雑徭**と呼ばれるものがありました。**租**は田地にかけられた税です。その広さによって税の量が違います。田１反につき、稲２束２把（１０把で１束）と定められていましたが、これは収穫の３％に当たり、ほとんどは国衙の財源となりました。

　庸は都での労働１０日の代わりに、布２丈６尺（約８ｍ）を納める税です。ただし、京と畿内に住んでいる場合は免除されます。**調**は絹など、その地の産物を納入する税です。庸・調は人頭税ですので、その家に公民が何人いるかによって徴税され、中央政府の財源となりました。中央の財源ですから中央に持ってかないといけませんよね。ですから、庸とか調は地方役人がまとめ、農民から選ばれた**運脚**と呼ばれる者によって京都まで運ばれました。これは自弁で往復しなくてはいけないので、農民には大変な負担だったようです。

　雑徭は国司が農民を６０日上限にして、土木工事で労働させる税です。

　ちなみに、公民ですが、**正丁**は２１〜６０歳。老丁（次丁）は６１〜６５歳。少丁（中男）は１７〜２０歳となっていました。

このほかに凶作への備えに粟を納めさせる**義倉**(ぎそう)と呼ばれるものや、春に国家が稲を貸して、秋に利子を付けて返させる**出挙**(すいこ)という制度もありました。みんなは出挙が大変には感じませんよね。だって、借りなければいいですもんね。でも、これには裏があったんです。実は、これは強制的に貸し出されるんです。拒否しても貸されるんですよ。**公出挙**(くすいこ)は国家が貸し出し、国衙の重要な財源になり、**私出挙**(しすいこ)は寺社や富農が貸し出します。**公出挙**は利息が５割、**私出挙**はなんと１０割も取られたんです。これでは農民もたまりませんよね。

　それから**兵役**(へいえき)もありました。戸ごとに正丁約３人に１人の割合で兵士に指定されました。兵士は各地の軍団に配属されます。一部は**衛士**(えじ)と呼ばれる宮中の警備員となり、また一部は大宰府で日本の警備をする**防人**(さきもり)となりました。ちなみに、これをやると庸と雑徭は免除でした。が、大変な重荷でした。「兵士を出せばその戸は滅びる」といわれたほどです。その他にも５０戸に２人の割合で出され、中央政府の雑用に使われた**仕丁**(しちょう)と呼ばれる労役や、先ほど話した運脚などの労役がありました。

身分
　律令では大きく二つの身分がありました。それが**良民**(りょうみん)と**賤民**(せんみん)です。良民は官人・僧尼・一般農民です。賤民は**五色の賤**(ごしきのせん)と呼ばれる五つの身分に分かれていました。五色の"色"は八色の姓と同様に"種類"という意味です。官有の陵戸・官戸・公奴婢(ぬひ)と私有の家人・私奴婢の五つの身分。**陵戸**(りょうこ)は天皇のお墓番です。養老律令によって賤民に分類されましたが、「聖なるものの奴隷」というような意味があって、結婚に関すること以外は良民と同等でした。**官戸**(かんこ)は犯罪によって賤民になったものです。宮内省で使われていました。**奴婢**は貴族豪族の私物で売買の対象とされました。売り買いされたんですね。奴婢のうち、**公奴婢**は朝廷に仕え、雑務に従事していました。**私奴婢**は地方豪族が所有していました。一方、**家人**は奴婢と同じですが売買はされなかったようです。あまり細かく言うとわからなくなると思いますのでこの辺にしておきます。興味があったら調べてください。こうして観ていくと国のシステムを整備してるのがわかりますよね。最初に言ったように大宝律令によって国家の仕組みが整ったんですよ。

Lesson 14 白鳳文化

　さあ、この時間は文化について学びましょう。文化の名前は**白鳳文化**(はくほうぶんか)。時代は7世紀後半から8世紀の初頭です。主に天武・持統天皇の時代ですよ。もっとわかりやすく言うと、大化の改新から平城京遷都に至る時代の文化です。この時代はまだ、朝鮮半島との関わりが強かったんですよね。ですから当然朝鮮の文化の影響を受けています。さらに、唐の影響も受けていますよ。特徴は仏教美術が中心ということです。

初唐文化の影響

　唐の影響という点ですが、唐との関係が深かった厩戸王が作った法隆寺には、唐の影響を強く受けた仏像も残っています。代表的なものに法隆寺阿弥陀三尊像(ほうりゅうじあみだんさんぞんぞう)という仏像があります。県犬養三千代(あがたいぬかいのみちよ)という人物がいました。この人は、役人の奥さんとして宮中に仕え、幼少の文武天皇を育てた人（乳母）です。その功績で文武天皇から 橘(たちばな) の姓をもらい 橘 三千代(たちばなのみちよ)となりました。後の世で大権力を握る橘家の祖という人物です。この橘三千代が毎日お祈りするのに作った仏像（念持仏(ねんじぶつ)）が法隆寺の阿弥陀三尊像です。また、法隆寺夢違観音像(ほうりゅうじゆめたがえかんのんぞう)や１９４９年に焼失してしまった法隆寺金堂壁画などが唐の影響を受けていました。

　また、白鳳文化には有名な壁画もあります。１９７２年に奈良県明日香村で発見された**高松塚古墳**や、同じ明日香村で発見された**キトラ古墳**には天の四方を守る神といわれる四神（東の青竜(せいりゅう)・南の朱雀(すざく)・西の白虎(びゃっこ)・北の玄武(げんぶ)）などが描かれています。

大官寺

　白鳳文化の時代は**国家仏教**といって、仏教を大切に保護しながら国造りをします。仏教によって国を平和に治めよう（それを**鎮護国家**(ちんごこっか)といいます）としたのです。ですから、それらのお寺も官大寺といって、国家が管理するようになっていきます。藤原京の四大寺といわれる官大寺は**大官大寺**(だいかんだいじ)、**川原寺**(かわらじ)（**弘福寺**(ぐふくじ)）、**薬師寺**(やくしじ)、**法興寺**です。薬師寺は天武天皇が奥さん（後の持統天皇）の病気平癒を願って建て始めた寺ですよ。だから"薬師"寺なんですよね。この寺は皮肉にも、持統天皇になって完成します。つくり始めた人と完成した時の人が違いますので注意して覚えてくだ

さい。さらに、平城京の七大寺とはこれに法隆寺と興福寺と東大寺を加えたものをいいます。また、官寺は地方にもつくられました。

白鳳仏

　この時代の仏像を白鳳仏といいます。白鳳仏の代表は何といっても、山田寺本尊の巨大な仏頭です。教科書にも写真が出ていますよね。頭だけで９８ｃｍもあるんですから大きいですね。現在は頭しか残っておりません。体も残っていたらさぞ大きかっただろうなあ〜。これは通称、**興福寺仏頭**といわれる金銅像です。金銅像というのは、銅像の表面に塗金されているものです。先ほどは山田寺と言いましたよね。山田寺？　興福寺？　どっちなの？　って感じですね。この仏頭は１９３７年興福寺本尊の台座下から偶然発見されたんですが、どうやら１１８７年に興福寺のお坊さんが山田寺から奪い取ったようなんです。それで山田寺、興福寺の名前が入っているんですね。

　また、**薬師寺金堂薬師三尊像**というのも有名です。如来様が真ん中でその両脇を日光・月光菩薩が固めています。東大寺の日光月光菩薩と混同しないように注意が必要ですね。

文学

　この時代は先ほども言ったように、朝鮮半島との付き合いが強くあった時代です。特に百済からの亡命者の中で高い中国教養を身に付けた者がいました。そのため**漢詩文**を作ることが好まれました。また、彼らは死を悼む歌などを伝えたため、日本人も葬式などの場面を歌で文字表現するようになりました。特に**柿本人麻呂**が**和歌**の様式を作ったことや、女流歌人の**額田王**が有名です。

Lesson 15 奈良時代はじまる

　今日は７１０年、「なんと立派な！　平城京」の平城京遷都についてやっていきます。

　７０８年に**元明天皇**が「都を移そう！」という詔を出しました。そして**７１０年**、

奈良の**平城京**に都を移したわけです。地図で場所の確認してくださいね。突然、遷都の話をしていますが、遷都には当然理由があります。諸説ありますので今から言うのはその一説です。６６９年以来途絶えていた遣唐使が７０７年に再開されました。そうすると国際化が進むわけです。世界が「素晴らしい！！」というような都が必要になったのではないでしょうか。この平城京は唐の都長安をモデルにしていますが、そういった理由から考えればつじつまが合うように思います。

　平城京は**条坊制**といわれる碁盤の目のようになっております。「天子南面にして座す」というように、都の最北から南を見るように大内裏（天皇のいる所）が位置されていました。その平成宮から真南に向けて朱雀大路が通っています。天皇が南を向いて右手側が右京、左手側が左京です。左京の東側には外京という地区もありました。ここは興福寺や元興寺などのお寺があって、現在だと奈良市の中心街になっています。それと、なぜ条坊制というかということですが、東西に走っている通りを「条」、南北に走っている通りを「坊」といったからなんですよ。それから、東市・西市という官営の市も行われ、市司（いちのつかさ）の監視の下、地方からの産物や役人に支給された糸や布の取引が行われていました。

　平城京は奈良にありますよね。奈良に都が置かれたので、この時代からの８０年間、７代の天皇の時代を**奈良時代**というんです。

　奈良時代以前からそうなのですが、東北や九州の支配がこの時代に進みました。７１２年には**出羽国**（でわのくに）、そして東北支配のために**多賀城**（たがじょう）や**秋田城**（あきたじょう）が置かれたわけです。九州では７１３年に**大隅国**（おおすみのくに）が置かれました。また隼人の平定も行われました。隼人ってのは今の鹿児島県の一部です。また九州の島々の民も「天皇に従います」って言ってきたわけですが、これを「入朝」なんていいますね。

　また地下資源が多種類発見されます。その中でも武蔵国から採れたのが銅です。７０８年だから奈良時代の直前ですね。奈良時代の話をするって言っておいて、奈良時代よりちょっと前です。この銅が大量に朝廷に献上されました。これを記念して元号が和銅となりました。これは、日本に資源が発見された、ってことで、昔の人も喜んでのことでしょうね。その銅を使って日本初の本格的な銭貨の鋳造（ちゅうぞう）（お金（かね）をつくること）をしました。これが**和同開珎**（わどうかいちん）です。以降、９５８年の乾元大宝（けんげんたいほう）まで

に１２種類の銅銭が鋳造されます。これを皇朝（本朝）十二銭といいますが、和同開珎はその一番最初ということになります。ちなみに試験ではよく「日本初の銭は？」という出題がありますが、これは**富本銭**ですので注意してください。

　和同開珎は平城京をつくった人達への給料や平城京をつくるお金として利用されました。政府は和同開珎の流通を目指して、**蓄銭叙位令**を出します。蓄銭叙位令というのは、貯金（蓄銭）がたくさんあると位を上げてあげる、という制度です。しかし、畿内や京ではお金が使われるようになったのですが、その他の地域ではまだまだ、稲とか布の物品による売り買いをしている状況でした。

遣唐使と東アジア

　東アジアといったら、日本にとって欠かせないのが中国との関係です。日本は、隋が滅んで唐になった中国へ、６３０年に最初の**遣唐使**として**犬上御田鍬**らを派遣しました。犬上御田鍬は推古朝の時の遣隋使にも同行した人物です。遣唐使は「四つの船」といわれる４隻の船で行われました。それから１２回渡海し、日本の政治や文化に大きく貢献することになります。唐までのルートですが、最初は北路といって朝鮮半島を経由して中国に入っていました。しかし、白村江の戦い（６６３年）で日本を破った新羅が、６７６年に朝鮮半島を統一すると、今まで高待遇していた日本国使節の扱いを対等国待遇にしようとしたため、日新間が緊張状態になりました。そのため遣唐使のルートは８世紀以降、朝鮮半島を通らず南西諸島や東シナ海を通る南路に変更するようになります。北路の方が自然環境上は安全だったのですが、社会情勢ですから仕方なかったんですね。

　この遣唐使の留学生の中では、我が国の学問に貢献し橘諸兄政権に仕えた**吉備真備**や、法相宗を学んでたくさんの経典を持ち帰り、同じく橘諸兄政権に仕えた**玄昉**という僧、帰国できず中国に貢献した**阿倍仲麻呂**や**藤原清河**などが有名です。さらには、中国から仏教の戒律を持ち込み、東大寺に戒壇を設立するなどの功績のあった**鑑真**など枚挙に暇がありません。戒律ってのは規則のことですね。戒壇っていうのは戒律を授与する場所です。この当時はインチキ坊主がたくさんいて、仏教をきちんとさせることが仏教界としても国としても重要だったんです。そのためには、きちんとしたお坊さんに規則書を贈呈して、きちんとした仏教を広める必要があったんです。ですので、鑑真は戒壇を設立したんですよ。鑑真といえば、その他に**唐招提寺**をつくったことでも知られています。

Lesson 16 奈良時代、政治の動揺

　聖武天皇は仏教を国教として政治の中心に据え、独自の政治を展開しようとしました。聖武天皇といったら仏教というぐらいに仏教に力を入れるわけです。なぜそんなに力を入れたのでしょうか。

長屋王の変

　聖武天皇の世になって、頭角を現してきた人物がいました。これが、**長屋王**です。長屋王は左大臣まで上り詰めますが、王位継承の権利も有しておりました。家系図を観てもわかりますよね。その長屋王のことが邪魔になった人物がいます。それが藤原氏です。特に権力があったのは藤原不比等の娘**光明子**でした。その藤原一族が無実の罪をきせて長屋王を自殺に追い込みます。これが**長屋王の変**です。７２９年のことでした。

　同じ年には光明子が聖武天皇の皇后になります。**光明皇后**の誕生です。（教科書には日本初の臣下での皇后就任、ということで書いてありますが、ずっとずっと昔に前例があったという話もあります。）そして、不比等の息子４人を藤原四子といいますが、その藤原四子と光明皇后が絶大な力を握りました。しかし、四子は全員、７３７年に全国で流行した疱瘡にかかって死んでしまうんです。聖武天皇は、これを長屋王の祟りではないか、と考え、祟りを沈めるために仏教に力を入れるようになりました。

藤原広嗣の乱

　聖武天皇は橘諸兄を重用し、唐から帰って来た**玄昉**や**吉備真備**らを重く用いました。これに対して不満を爆発させたのが**藤原広嗣**です。広嗣は四子の息子です。つまり不比等の孫ですから、藤原氏の復興をかけたのかもしれませんね。これを、**藤原広嗣の乱**（７４０年）といいます。しかし、広嗣は反乱を起こしてから２カ月足らずで、五島列島で捕えられ切られました。この反乱に加え疫病や災害の多発で、聖武天皇はずいぶんと動揺しました。その結果、都を山背の恭仁や摂津の難波、近江の紫香楽に次々と移したのです。

　７４１年には身の不幸を払うかのように、**国分寺建立の詔**をだして、諸国に

国分寺・国分尼寺を建てさせます。そこには釈迦三尊像をお祭りすることもありました。７４３年には**盧舎那大仏造立の詔**を発し、鋳造に着手しました。その造立の最高責任者になったのが行基でした。行基については後の時間でやります。その大仏は陸奥国で採掘された金で最終装飾され、７５２年開眼されました。開眼の時、行基は死んでおり立ち会えませんでしたが、孝謙天皇と聖武上皇が臨席しました。

　さあ、話が政治に戻っていきます。藤原氏は没落したでしょうか。いいえ、大仏云々している間に力を盛り返してきました。何といっても、藤原不比等の関係者が残っています。キーになるのは光明皇后です。この光明皇后に取り入って力を盛り返したのが、**藤原仲麻呂**でした。仲麻呂は、聖武天皇が亡くなり孝謙天皇が即位すると、光明皇太后（この時は天皇の母になっていますので"皇太后"ということになりますね）に取り入ったわけです。仲麻呂は次の天皇である淳仁天皇を幼少で即位させると、裏から政治を操ってやりたい放題します。やがては太政大臣にまでなるわけです。太政大臣は当時は親王、つまり天皇の子息しかなれなかったんですが、仲麻呂はその位に就いたわけなんです。

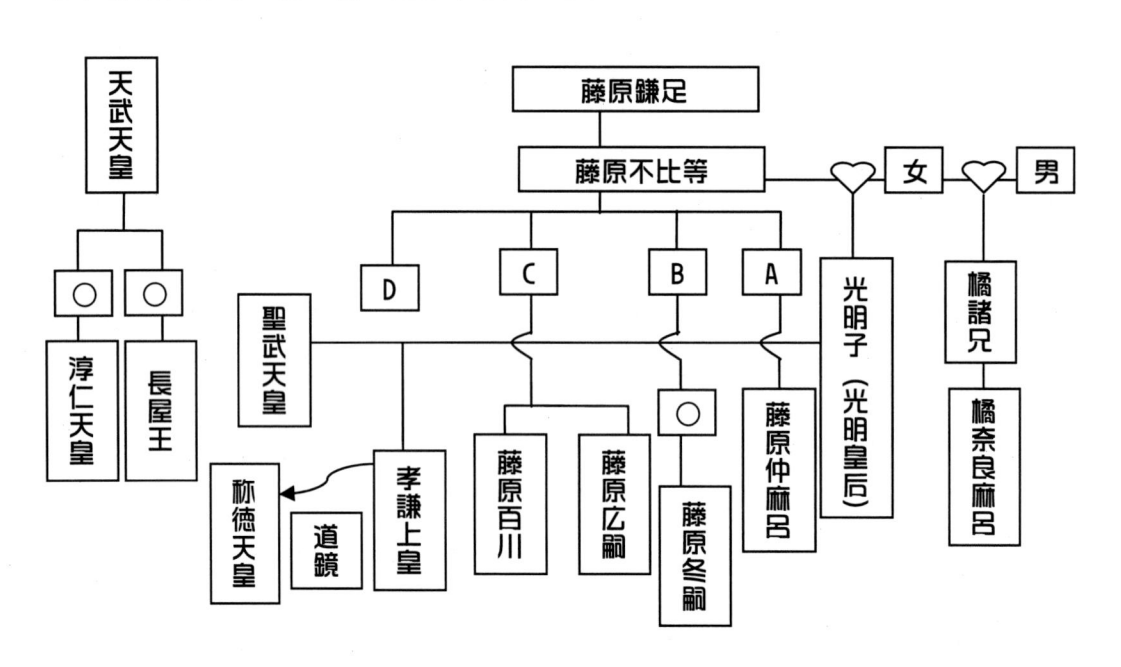

☆　Aは**南家**　　Bは**北家**　Cは**式家**　Dは**京家**

橘奈良麻呂の乱

　それに対し誰も不満を持たなかったか、って？　持つ人がいましたよ。まずは**橘　奈良麻呂**です。しかし、これは反乱の前に計画がばれてしまったんです。残念。捕らわれて獄死してしまいました。これが**橘奈良麻呂の乱（変）**です。

道鏡の出現

　しかしね、仲麻呂の思うままに進みはしません。なぜなら、光明皇太后が亡くなったからです。そんな折に現れたのが法相宗のお坊さん**道鏡**でした。道鏡は孝謙上皇の病を祈りによって治します。それからというもの、上皇は道鏡に入れ込みます。上皇と道鏡は男女の仲になってしまうのではないかと周囲は心配しました。そのことを淳仁天皇が注意すると、上皇と天皇の仲が極めて悪くなります。そして、**道鏡と上皇VS仲麻呂と天皇**という構図で争いが起きます。

藤原仲麻呂の乱

　仲麻呂は道鏡と上皇に軍を向けようとしますが、上皇に先行され琵琶湖のほとりで倒されてしまいました。これが**藤原仲麻呂の乱**です。上皇は再び天皇になります。引退した天皇がもう一度天皇になることを重祚といいましたね。孝謙上皇は**称徳天皇**となりました。そして道鏡が太政大臣に就任したのです。

　そんなある時、７６９年、九州大宰府の神官が宇佐八幡宮の神託を天皇に伝えてきました。曰く「道鏡を次の天皇にすれば天下太平になる」というものでした。次の天皇は一般人の道鏡になるのか。そこで和気清麻呂という役人がそれが本当かどうかを確認しに太宰府へ行ったんです。そして、その神託が間違いであると証言するんですよ。日本人は天皇家の血筋を大事に扱ってきていますが、ここで清麻呂が違うことを言ったら、天皇家は続いていなかったかもしれませんね。ちなみに、清麻呂は道鏡の怒りを買って、大隅に流されました。

　道鏡は大変に力を持ったわけですが、称徳天皇が亡くなると後ろ盾を失い下野（今の栃木県）のお寺に流されてしまいました。そして、２年後にその寺で静かに息を引き取りました。

Lesson 17 律令体制の動揺

　この時代農民は大変多くの税に苦しんでおりました。まあこの時代だけじゃないんですけどね。例えば庸・調は都に納めます。納めるだけでも大変なのに、運脚になったらこれを自費で都まで運ぶんです。帰りの食料がなくて餓死する者もいたほど過酷なものだったんです。そんな状況ですから、農民も考えます。まずは戸籍の偽装。女性は納税免除だったので、女ということで届け出ます。また、土地を離れて生活する者、田を質に入れてしまう者、坊主になる者もいました。当然そうなると税は減りますね。

　そこで政府は７２２年に**百万町歩開墾計画**という計画を立てます。国が農民に食料や道具を与えて新しい田を切り開くというものだったのですが、これでは農民が動きませんでした。そこで翌年７２３年に**三世一身法**を発布します。溝や田を開いた者には３代にわたってその田を自分の物にして良い、今までの溝や池を使って田を開いた者は本代の１代に限って所有を認める、という決まりです。しかし、これも政府に田を返す時期が近づくと荒れ果ててしまいます。

　そこで出されたのが７４３年の**墾田永年私財法**です。ついに朝廷は（身分に応じて墾田の制限はあったものの）自分で切り開いた土地は永久に自分の物にして良いという決まりを作り、開墾を進めました。７４３年ですから「なしてさ～～？？」の年ですね。なしてでしょう？　この年は大仏造立が決定した年です。ですから人々の協力を得ようという目的もあったようです。いずれの理由にしろ、律令体制の基本である公地公民の原則が崩れた出来事でもありました。

　ところで、開墾した貴族や僧侶・神官はどこにいたかというと、都にいる場合が多かったんですね。ですから、直接その土地を支配したわけではないことも頭に入れておいてください。それから、よく試験に出るのですが、**三世一身法を出した時の権力者は長屋王です。墾田永年私財法が出された時の権力者が橘諸兄だ**ということも覚えておいてください。

荘園の発生

　開墾したらその土地は自分のものになる。それを聞いて頑張っちゃったのが、金

持ちである貴族や寺院でした。その財力に任せて奴婢や逃亡農民を使い開墾しまくります。この開墾した土地は輸租田といって、田租（田にかかる税）を国家へ納めるための田でしたので、国司や郡司も積極的に協力しました。そうやって得た土地に事務所や倉庫をつくりましたが、この事務所や倉庫を**荘**といいました。やがてそれが私有地全体を呼ぶようになり、**荘園**と呼ばれるようになっていきました。荘園はやがて形を変えていきますので、この時代の荘園を**初期荘園**と呼んでいます。初期荘園の経営は付近の農民を雇って耕作させたり、浮浪者を使ったりしたようです。この時代は、荘民と呼ばれる、荘園内で暮らす住民はまだいなかったようですね。

Lesson 18 天平文化

　この時間は天平文化についてやっていきます。**天平文化**というのは8世紀の聖武天皇の時代の天平という年号から来ています。平城京を中心とした奈良時代の文化の総称です。

　特徴はいくつかありますが、まず、①律令政治の全盛期の文化だけにゴージャスであるということ、②朝鮮からの影響よりも遣唐使の影響が強いために唐からの影響を強く受けている、③仏教文化である、④貴族文化である、という四つが大事なところですね。

学問・仏教

　聖武天皇の時代の仏教は**鎮護国家**の思想とあいまって、国家の保護下に置かれました。鎮護国家っていうのは仏教の力で国を治める（鎮める）という意味ですね。仏教の研究も進められ**南都六宗**と呼ばれる、六つの学派が形成されました。なんで南都というかというと、京都を後の人が北都と呼んだのに対して、奈良を南都といったからだそうです。先ほど「学派」と言いましたが、これは後世の宗派のように信仰を異にする教団ではなく、あくまで仏教の研究をするグループのことです。一応六つ言っておきます。**三論宗・成実宗・法相宗・倶舎宗・華厳宗・律宗**の六つです。

さらに、お寺も建立されました。白鳳文化のところでやった官大寺制も発展して、大官大寺・薬師寺・法隆寺・**東大寺**・元興寺・**興福寺**・**西大寺**が南都七大寺と呼ばれるようになりました。東大寺は華厳宗の総本山であり、総国分寺と称されます。興福寺は法相宗の中心であり、南都六宗の中心であり、藤原不比等が建立し藤原氏の氏寺となりました。西大寺は称徳天皇が建立したもので、後に叡尊というお坊さんがここから出て、真言律宗の中心道場になります。

　また、この時代の仏教寺院では７５９年に**鑑真**が建立した**唐招提寺**、７世紀に渡来した百済王の氏寺で、薬師寺式伽藍を配置する**百済寺**は有名です。

　忘れてならない仏僧もいます。それが**行基**です。行基はもともと法相宗のお坊さんでしたが、山に入って修行し、色々な術を身に付けて３７歳で社会に布教を始めました。７１０年の平城京遷都のころは百姓がものすごく苦しかったころで、行基の下にたくさん集まったんです。しかし、民間に布教したことが僧尼令に違反している、と朝廷から弾圧を受けてしまいます。そんな行基ですが、三世一身法が発布されてからは、用水施設をつくったりする慈善事業が朝廷から高く評価され、やがてその力が認められるようになり、聖武天皇の大仏造りの中心人物にまでなったのです。その力は人々に**行基信仰**なるものまで起こさせるほどでした。

　写経という、お経を写すこともこのころには行われました。印刷技術もありませんから、仏教を広めようとすると、お経を写すしか方法がなかったのですね。政府は国立の写経所をつくってお経を写させました。これが写経事業で、聖武天皇の大仏造立や国分寺建立と並んだ一大事業とされました。厳しい試験に合格した役人が、１枚に約１時間かけて、１日７枚を書いたそうです。誤字があると罰金も取られたんですよ。そんな写経事業の中でも、光明皇后が玄昉のお経を写経させた**写経事業**が有名です。現存するものが多く、芸術性も高いために公開することも多いようです。

建築
　建築では**校倉造り**と呼ばれる建築方法が流行します。校倉造りとは三角形の木材を組み合わせて壁とした建築方法のことです。**東大寺正倉院、東大寺法華堂（三月堂）、唐招提寺の金堂**などがそれに当たります。

彫刻

　彫刻では東大寺法華堂（三月堂）の**不空羂索観音像**、その両脇を固める**日光菩薩・月光菩薩**、金剛杵という法具で仏を守る神を彫った**執金剛神像、戒壇院四天王像**、唐招提寺の**鑑真和上像**や阿修羅像で有名な**興福寺八部衆**や**興福寺十大弟子像**が有名です。**執金剛神像**とは金剛力士像（仁王像）のことです。金剛力士像（仁王像）は普通２体で表現しますが、東大寺法華堂のものは、それを１体で表現しています。そして珍しいことに、この金剛力士像（仁王様）は裸ではなく甲冑を着けています。何か意味があるんでしょうね。

　この時代の彫刻は**塑象・乾漆像**と呼ばれる技法です。**塑像**は簡単に言うと、粘土でつくった像。**乾漆像**は麻布を漆で固めてつくった像のことです。塑像は東大寺法華堂日光・月光菩薩像、東大寺法華堂執金剛神像、東大寺戒壇院四天王像、新薬師寺十二神将象です。東大寺不空羂索観音像、唐招提寺の鑑真和上像、興福寺八部衆・十大弟子像は乾漆像です。東大寺に関しては、不空羂索観音像以外は塑像ですね。そして、東大寺以外は乾漆像と覚えておけば大丈夫ですね。

絵画

　絵画では**薬師寺吉祥天女**のような仏画や**鳥毛立女屛風**のような世俗画（一般の人を書いた絵）がありましたが、いずれも唐の影響を強く受けています。ちなみに、鳥毛立女屛風は正倉院に保管されております。当初は髪や衣服は鳥の羽毛で飾られていましたが、現在はほとんどがはがれ落ちてしまっています。また、それは、唐のトゥルファン（現在の新疆ウイグル自治区内、当時はシルクロードの要地として栄えた地です）出土の樹下美人図とすごく似ています。この当時の日本がいかに唐の影響を受けていたかを表す作品です。

歴史

　この時代は律令政治によって国の組織的運営が固められた時代でしたね。そういった社会で、国民の思想への働きかけがなされました。それが天武天皇の時代から始まる、歴史書の編纂です。天武天皇のころには『帝紀』『旧辞』と呼ばれる歴史書が書かれました。これを記憶力に優れた**稗田阿礼**が暗誦し、**太安万侶**が書き取って、７１２年に完成させ、元明天皇へ献上しました。これが『**古事記**』です。

そして８～１０世紀にわたって**六国史**と呼ばれる六つの勅撰（天皇の命令）による歴史書が書かれました。『**日本書紀**』『**続日本紀**』『**日本後紀**』『**続日本後紀**』『**日本文徳天皇実録**』『**日本三代実録**』の六つ、中でも日本書紀は代表格で、**舎人親王**が完成させて元正天皇に献上しました。現存する最も古い国の正史です。ちなみに、六国史はすべて漢文・編年体で記されています。編年体というのは年代を追って出来事を記述していく方法のことですよ。

　また、日本の諸国の産物や伝説などを収めた『**風土記**』も作られました。風土記では、わが茨城県の『常陸風土記』や島根県の『出雲風土記』などが有名です。

文学

　一番最初にも言いましたが、この時代の中心は貴族です。貴族の教養として漢詩文を作るというのがありました。『**懐風藻**』という漢詩集は現存する最古の漢詩集です。これは公的な宴会での詩を多く集めたものです。

　和歌では何といっても『**万葉集**』ですね。**山部赤人・山上憶良・大伴旅人・大伴家持**らの歌人たちの歌が収められていますよね。
「あかねさす　紫野行き標野行き　野守は見ずや　君が袖振る」額田王
「いにしへの　古き堤は　年深み　池の渚に　水草生ひにけり」山部赤人
他に、山上憶良は貧しい農民の様子を表現した『貧窮問答集』というものも著しています。

Lesson 19 桓武天皇の政治と嵯峨天皇

光仁天皇

　７７０年称徳天皇の崩御にともなって、天智天皇の孫が６２歳で即位しました。この即位した孫が**光仁天皇**です。この天皇は天武天皇の家系ではなく天智天皇の家系でした。天皇家の系図をみるとわかるでしょ。この光仁天皇の奥さんは朝鮮の百済の王系の女性です。このことに関しては、２００１年今上天皇が記者会見で感想を述べておられます。

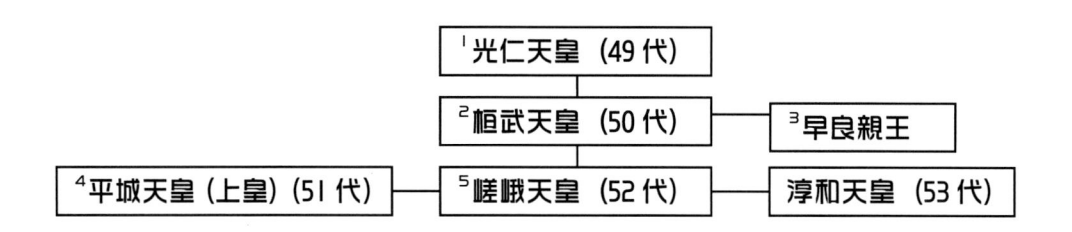

```
        ¹光仁天皇（49代）
             │
        ²桓武天皇（50代）────── ³早良親王
             │
⁴平城天皇（上皇）（51代）── ⁵嵯峨天皇（52代） ── 淳和天皇（53代）
```

桓武天皇

　さて、この天皇が崩御された後の天皇が**桓武天皇**です。桓武天皇は大きく四つのことをしました。①遷都（平城→長岡→平安京）、②勘解由使の設置、③蝦夷征討、④健児の設置。

①遷都

　まず、天皇は遷都を試みます。なぜなら理由は二つ。（1）光仁天皇からの血筋はそれ以前と違っており、反対勢力がいて政治がやりづらい。（2）律令制再建のためには奈良は大きな寺などが多く、仏教徒の力が強い。そのようなことから、784年に新しい都が**長岡京**に移されます。造営のトップは藤原百川の甥の藤原種継という人物でした。

　遷都したのはいいのですが、ここから禍が続きます。なんと、藤原種継が殺されるという事件まで起きてしまいます。その犯人と思われる人々が次々と処刑されるのですが、その中に桓武天皇の弟の早良親王という方も入っていました。この方は捕えられて淡路島に流刑になりますが、無実を訴えて何も食べずに餓死してしまいました。それからです、桓武天皇の息子は原因不明の病気に苦しみます。長岡に遷都して10年、悪いことが続きました。これは早良親王の祟りではないかとうわさされ、陰陽師なども「これは早良親王の祟りです」なんて言ったりしました。

　そんなこともあったので和気清麻呂は都の造営を中止し遷都を提案しました。これによって都は京都へ移ります。この都が**平安京**です。そう、中学の時に「なくよウグイス平安京」って覚えたでしょ。それです。この平安遷都から鎌倉幕府ができるまでを**平安時代**といい、約400年間も続く時代になるんです。また、都としては明治までの約千年の都になります。そうそう、これ以前は現在の京都地方を山背と書いて「やましろ」と呼んでいましたが、桓武天皇が「この国は周囲が山に囲ま

れて自然の城のようだ」ということを言ったとかで、山城という表記に変更しました。また、もともとの遷都理由が旧来の仏教勢力から離れることでしたので、平城京にあった寺を平安京へ移すようなことはしませんでしたので注意してくださいね。

②勘解由使の設置
　都を造るにあたっては大変なお金が必要でした。でもね、思ったよりも地方からお金が入ってこなかったんです。なぜかというと国司が不正をはたらいていたからなんですよ。国司に不正をはたらかせないようなシステムもありました。「国司が交代する際、新任者は前任者のやってきたことをチェック。不正がなければ新任者は前任者にOKの書類を渡す」というものです。この際に渡された書類が**解由状**(げゆじょう)です。解由状をもらった前任者は、それを**式部省**(しきぶしょう)に提出すると、次の官職に就くことができました。でも、これでは前任者と新任者の間にトラブルが起こるんですよ。だから、このシステムがうまく機能しなかったんです。ですので、桓武天皇は**勘解由使**(かげゆし)という役職を新たに設けて（律令の令に定められていない官職を"**令外官**"(りょうげのかん)といいます）解由状のチェックを厳しくしたんです。

③④蝦夷征討と健児の設置
　桓武天皇のころ東北支配は拠点を多賀城に置いていました。しかし蝦夷（東北の人たち）は朝廷に従わないんですね。多賀城も焼かれる始末だったんです。桓武天皇は東北支配のために大軍を送りました。しかし、７８９年蝦夷軍に敗北してしまいます。この当時は農民が兵士でしたが、先ほどの遷都のところでも話しましたように、農民は大きな負担を強いられていたので、兵隊として機能することが大変難しくなっていたんですね。そのために、桓武天皇は「これは兵隊の質が悪くなっている。兵農を分離しないと、兵は弱体化するし、税収入も入ってこない」と判断し、７９２年には兵力をなくせない東北（蝦夷対策）や九州（外国対策）を除いて軍団と兵士を廃止し、新たに郡司の子弟や農民で弓馬に巧みな者を募り「**健児**」(こんでい)と呼ばれる軍隊を編成しました。健児という呼び名は唐の府兵制というシステムから採ってきたようです。健児は国の大小や軍事的な状況に応じて、２０～２００人までの人数が定められ、６０日交替で国府の警備や国内の治安維持をしました。

　さらに桓武天皇は**坂上田村麻呂**(さかのうえのたむらまろ)を征夷大将軍に任命し東北へ派遣しました。田村

麻呂の軍は４万で蝦夷が拠点としていた胆沢(いざわ)地方（今の岩手県）を囲みました。激戦でしたが蝦夷の長のアテルイが降伏したため戦は終了しました。アテルイは立派な人物であったので田村麻呂はアテルイの命乞(いのちご)いを朝廷に申し出ました。しかし認められず京都で斬首となってしまいました。

田村麻呂は８０２年に多賀城よりもはるか北に**胆沢城**(いざわじょう)（現在の岩手県奥州市）を築き、ここに鎮守府(ちんじゅふ)を置いて、東北支配の軍事的役所としました。こうして１００年にわたる東北の戦いは一旦収まり、朝廷による東北支配が進みました。ちなみに、征夷大将軍は後に侍の最高職となります。

＊平安遷都と東北遠征はかなりの負担を民衆に強いたようです。そこで桓武天皇は藤原緒嗣と菅野真道に意見を聞くんです。緒嗣は「これ以上はやらない方が良い」、真道は「拡大した方が良い」。二人の論争は徳政論争といわれましたが、天皇は結局、緒嗣の意見を聞き入れてこの二大事業を中止しました。

嵯峨天皇

さて、教科書で桓武天皇の次に出てくる天皇は嵯峨天皇ですね。嵯峨天皇は二つの大きなことをしています。①薬子の変、②法律の編纂です。

①薬子の変
桓武天皇死後、桓武天皇の子供の**平城天皇**(へいぜいてんのう)が即位します。しかし、３年後には病気のために弟の**嵯峨天皇**に位を譲り、自分は平城上皇(へいぜいじょうこう)となり、以前の都である平城京に住みました。

嵯峨天皇は即位すると、８１０年に平城上皇が天皇時代に設置した役職を廃止しようとしました。そこから天皇と上皇がいがみ合うようになります。平城上皇は平城京に住んですっかりプレッシャーから解放されたのでしょうか、また政治をしたいという気持ちに駆られるようになり、それを後押しして、**藤原薬子**(ふじわらくすこ)・仲成(なかなり)兄弟が上皇を復位させようとします。その結果、平城京と平城上皇の周囲には平安京遷都の反対グループが集まり、都が二つ、帝が２人いるような状況になりました。それはやがて、「二所朝廷(にしょのみかど)」と呼ばれるようになったのです。

では、藤原薬子はいったいどんな人物だったのでしょうか。この人物は女性ですが、天皇の秘書のトップにいました。そのため、天皇からの命令文章などはすべて薬子を通過するようになっていたのです。つまり、天皇の秘密などがわかりやすい役職にいたわけです。そんな役職に薬子がいるということは、天皇にはとてもやっかいなことでした。なぜなら、薬子は先ほど言いましたように、上皇側の人間ですから、天皇の色々な秘密が上皇側に伝わってしまうからです。嵯峨天皇はこれを何とかしようとしました。その結果、薬子を通さずして命令が出せるように、天皇の側近として機密文章を扱う令外官を設置することにしたのです。それが、**蔵人所**です。その長官を**蔵人頭**というのですが、最初の蔵人頭になったのが**藤原冬嗣**でした。

　一方、それを聞いた上皇は本格的に平城京に遷都する詔を出します。このことに、天皇は怒り「これら一連の出来事は薬子と仲成が悪い」と二人を流刑にします。しかし、平城上皇は軍を動員、東国で決起をしようとしました。天皇は坂上田村麻呂を派遣し、決起を阻止します。その中で、仲成は殺されました。これは律令をもとにした死刑の極めてまれな事例となりました。そして、逃げていた上皇は平城京で出家し、薬子は毒を飲んで自殺しました。これが**薬子の変**です。これ以降藤原仲成や薬子を代表としていた**藤原式家**は没落していき、天皇といつも一緒にいる、蔵人頭の冬嗣の家系である藤原**北家**が繁栄（摂関政治）の基礎を築いていきます。

　また嵯峨天皇は平安京内の警備隊を置くことにしました。それが、**検非違使**です。「検非」とは違法という意味で、「違法を検査する天皇の使い」という意味です。

②法律の編纂
　さて、嵯峨天皇の下では法制の整備も進められました。大宝律令以降約１００年、養老律令からも約８０年が経過していますので、社会の変化に対応させたんですね。まず、律令の規定を補足・修正する"**格**"と施行細則（細かい決まり）である"**式**"とに分類・編集して、８２０年に『**弘仁格式**』が出されました。後の話になりますが、清和天皇の時に『**貞観格式**』、醍醐天皇の時に『**延喜格式**』が出されています。この三つの格式を合わせて**三代格式**と呼んでいます。文献がほぼ完全に残っているのは延喜格式のみということです。また、１１世紀になると、弘仁・貞観・延喜の３代の格を分類したりして、『**類聚三代格**』ができました。嵯峨天皇のところですが、関連事項として覚えておいてください。

Lesson 20 弘仁・貞観文化

　桓武天皇はこの前の授業でも言ったように、遷都の際に、平城京にあった寺などを平安京へは入れませんでした。その代わり、山中で修行して不思議な力を持ったような僧侶に、国家護持や現世利益を求めました。

密教

　平安時代初期は遣唐使の影響もあり、唐の文化が日本に大きく影響を与えました。唐の仏教を持ち帰る留学僧もいたのです。その中で何といっても重要なのが密教です。**密教**とは、秘密の術を使用することで仏の世界に近づこうとするもので、病気平癒や願い事（現世の利益）を叶えるといわれています。その有名な方法には**加持祈祷**などがあります。護摩炊きなどはその一種です。

空海と最澄

　桓武天皇の派遣した遣唐使に**最澄**と**空海**の二人の修行僧が同行しました。最澄３９歳は還学生、空海４２歳は留学生でした。還学生は朝廷から砂金２００両、専属通訳と弟子を同伴できました。ですから、最澄の方が空海よりずっと格上だったんですね。

　中国の天台山で学んだ最澄は、８０５年日本に帰って桓武天皇の信頼のもと、比叡山延暦寺で**天台宗**を開きました。法華経を中心に、すべての人々が仏になれると説いたのです。宗派を開くにあたっては当然、トラブルもありました。お坊さんになるためには、全国３か所（東大寺、栃木の薬師寺、大宰府の観世音寺）にある戒壇で戒律を授からなければなりませんが、その戒壇を天台宗内にも設立しようとしたんです。しかし、それが南都から大反対を受けてしまうんですね。最澄は『顕戒論』という書物を書いていますが、この書物はそれらの反対に対抗して書かれたものなんですよ。

　最終的には８２２年に勅許が下りて、戒壇が建立されました。これを大乗仏教独自の戒壇ということで、**大乗戒壇**と呼んだりもします。でも、この時には最澄は死んでしまっていたんです。

＊仏教でも主に、中国や朝鮮、日本に伝わった仏教を大乗仏教といいます。「我々の仏教は、大きな乗物にのるようにして、みんなを救済していく仏教だ」ということで、自分達を大乗仏教といったわけです。

　一方、空海は讃岐出身、１５歳で都に上り、大学に入って役人になる勉強をしていました。その後、仏教の修行を四国で行い、僧となっての遣唐使への参加でした。長安の青龍寺で密教を学び、８１６年日本に戻った空海は、高雄山寺を中心に**真言宗**を開きました。そして**高野山**に**金剛峯寺**を建て、さらには嵯峨天皇から**教王護国寺（東寺）**を与えられ、真言宗の教えを広めました。さらに、教王護国寺に付属して**綜芸種智院**をつくりますが、ここはお坊さんだけでなく庶民にまで開かれた学問の場でした。後に最澄は**伝教大師**、空海には**弘法大師**の称号が贈られました。"大師"とは偉大なる師という意味であり、高僧に対して朝廷が贈る称号です。弘法大師は"弘法も筆の誤り"で有名ですよね。それほど書道も上手でした。余談ですが、空海は橘逸勢や嵯峨天皇とともに**三筆**と呼ばれ、唐風の書体を特徴として、書を書く名人でした。

　話を天台宗に戻します。天台宗はもともと密教ではないのですが、最澄の弟子の**円仁・円珍**が唐へ渡り、本格的に密教を取り入れます。天台宗の密教は**台密**とか**東密**というふうにいいます。ちなみに、呪法で仏の世界に接することができると考える密教に対して、経典を学んで悟りを開こうとする考えを**顕教**といいます。覚えておいてください。

　それでは、もう少し円仁についてお話します。円仁は今の栃木県出身です。９歳で出家し、１５歳で比叡山に入りました。比叡山には、この当時はまだ最澄がいました。円仁は最澄に大変気に入られ、全国各地に同行し、教えを説いたといわれています。そして、その後中国に渡って、苦学し密教を学びますが、その時の９年６カ月の苦学の旅が、日本で最初の本格的旅行記である『入唐求法巡礼行記』にまとめられています。中国で密教を学び、８４７年に帰国した円仁は第３代の天台宗座主（一番偉い人）になり、８６６年**慈覚大師**の名前を戴きました。そして、天台宗を広めていったのです。

　一方、円珍は香川県の出身です。空海の甥っ子といわれていますが、本当かどう

か？？　円珍が比叡山に入ったのは１５歳の時です。その時はもう最澄はいなかったようですね。やがて円珍も中国で密教を学び、８５８年に帰国し、翌年には三井の**園城寺（三井寺）**に入りました。９２７年には醍醐天皇から**智証大使**という名前をもらっています。後に、比叡山と園城寺は分かれ、比叡山は山の中の寺ですから**山門**、園城寺はそのまま寺ですから**寺門**と呼ばれるようになりました。円珍は寺門派の開祖といわれるようになります。

寺院と仏像

　密教は基本的に山中で修業します。苦行をして神秘の力を身に付けるわけですから、とても深い山の中を好むのでしょう。なので、今までのような伽藍配置ではなく、地形に応じた伽藍配置になったわけです。その代表が平安初期の山岳寺院として貴重な、**室生寺**の**金堂**や**五重の塔**です。

　空海の真言宗の中心仏（尊仏像といいます）は大日如来です。それこそ密教の中心として大日如来の造仏が流行しました。ちなみに不動明王っていうのは、大日如来が悪魔を退治するために姿を変えたものだそうです。ですので、これも流行しました。

　仏像の作りでは神秘的で威厳に満ちた表情を特徴とした**貞観彫刻**が一般的になり、一本の木から造る**一木造り**が多くなりました。また、衣紋（衣装のひだやしわの表現）をリズミカルに表現する**翻波式**が発達しました。図の園城寺不動明王の腹の部分はこの衣紋をリズミカルに表現していますね。ですので、翻波式ということになります。

　また、仏の世界を図示し、著したものに**曼荼羅**があります。その種類も数ありますので、具体的内容については専門的な勉強が必要ですね。

　信仰の世界では８世紀（奈良時代）から、仏教と日本の神の調和が起こります。これが**神仏習合**です。「神も仏法によって救われる」なんて言って、神社にお寺をつくりました。このお寺を**神宮寺**といいます。だからよくお寺と神社が一緒の敷地内にあることがありますよね。また、神社でお経をあげる神前読教や、薬師寺僧形八幡神像や薬師寺神宮皇后像のような、日本の神でありながら僧の姿に彫刻されるものもありました。

文学と学問

　前記したようにこの時代は唐の影響を強く受けています。ですから漢詩文が重視されました。そこで、時代のニーズから、大学でも漢詩文集や歴史を学ぶ**文章道（紀伝道）**が中心となったんです。漢詩文集では天皇の命令（勅撰）で漢詩集が編纂されました。これが**勅撰漢詩集**ですね。代表作は嵯峨天皇が作らせた『凌雲集』『文華秀麗集』、淳和天皇が作らせた『経国集』です。

　学問も盛んで、有力貴族は**大学別曹**と呼ばれる大学に付属する寮をつくり、一族の子弟教育に学費の支給や書籍の利用などの便宜を図りました。和気氏の弘文院、藤原氏の勧学院、橘氏の学館院、在原氏と皇族の奨学院などが有名です。

Lesson 21 摂関政治のおこり

　薬子の変って覚えていますか。平城上皇を巻き込んで藤原薬子と嵯峨天皇が争った事件でしたよね。その時に藤原式家が没落しました。そして、最初の蔵人頭であった藤原冬嗣が力を得たんでしたね。それ以後藤原北家が力を持つわけですが、今日はその藤原北家が力をつけていく過程を勉強します。

＊藤原北家が力を持つきっかけとなった事件四つ
①承和の変、②応天門の変、③菅原道真排斥、④安和の変

承和の変

　まず承和の変からやりましょう。内容はさておき、この事件が藤原北家の他氏排斥事件の始まりといわれます。ここを確認してください。

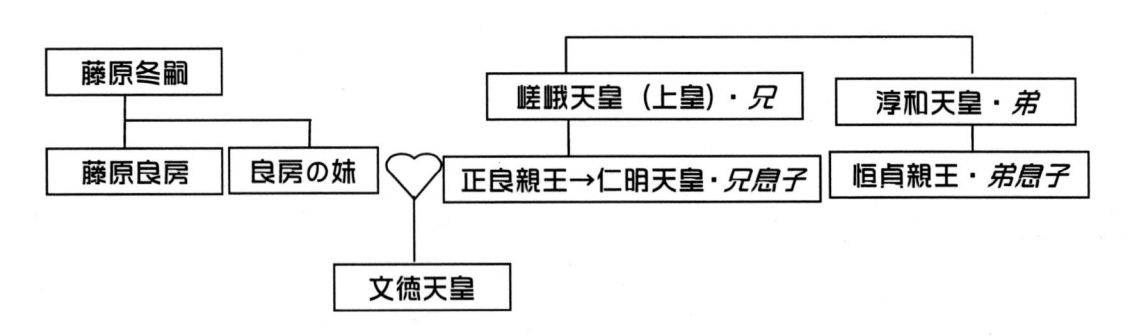

嵯峨天皇の弟は、「淳和天皇」として嵯峨天皇から天皇職を譲られました。譲ったので嵯峨天皇は嵯峨上皇となります。淳和天皇の時代は嵯峨上皇がしっかりした方だったのか、睨みがきく方だったのか、さしたる事件もなく過ぎていきます。そして１０年が経過すると、皇位は正良親王に移っていきます。仁明天皇の誕生です。

　この場合の当時の皇位継順序は兄→弟→兄息子→弟息子の順番でした。家系図を見てください。しかし、この慣例を通していくと、藤原氏の入りこむ余地がありません。なんとか藤原氏としてはこの継承順に狂いを生じさせたいところでした。時代は冬嗣から子の**藤原良房**の時代です。良房の妹が仁明天皇の子供を産みます。良房はこの子を次の天皇にしたくなるわけです。ライバルは淳和天皇の息子の恒貞親王ということになりますね。そこで良房は色々と作戦を考えましたが、なかなか嵯峨上皇が邪魔で作戦がうまくいきません。

　しかし、８４０年嵯峨上皇が病に伏します。この状況になり、良房は自分の娘婿を皇太子にしようと動き出しました。それを察知した恒貞親王の側近の伴健岑と橘逸勢は恒貞親王を東国へ脱出させようとしますが、８４２年嵯峨上皇が亡くなってしまいます。その２日後です。伴健岑と橘逸勢は謀反の罪で逮捕されてしまいました。恒貞親王は皇太子を辞める旨を発表しますが、恒貞親王に関係する人々は流罪や処刑になりました。これが**承和の変**です。次の皇太子は良房の妹と仁明天皇の間にできた息子（のちの文徳天皇）になりました。

　これによって皇位継承が兄→弟→兄の子→弟の子という恒例が崩され、兄→子に継承されるようになります。良房は謀反人を逮捕したということで、ますます権勢を振るうようになりました。

摂政良房

　その後、８５８年文徳天皇と良房の娘の間にできた親王が**清和天皇**となりました。ここに良房は天皇の外戚となったのです。良房はその立場から**摂政**の地位を得ました。摂政とは天皇が幼少や病気の時、天皇を助けて政務を行う役目のことです。天皇が幼少なわけですから、力は摂政の方があるに決まってますよね。

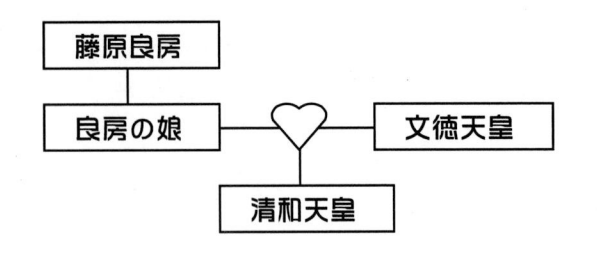

```
藤原良房
良房の娘 ─┬─ 文徳天皇
          │
        清和天皇
```

応天門の変

　８６６年、応天門が何者かによって放火されるという事件が起こります。応天門とは平安京の南の中央正門のことです。そのことで藤原良房はライバル伴氏の一族を犯人にしたて流罪にしました。藤原北家のライバルがまた一人いなくなったわけです。この**応天門の変**によって良房は正式に摂政に任じられました。

　８７２年になると良房が死に、養子の**藤原基経**（ふじわらもとつね）が後を継ぎます。

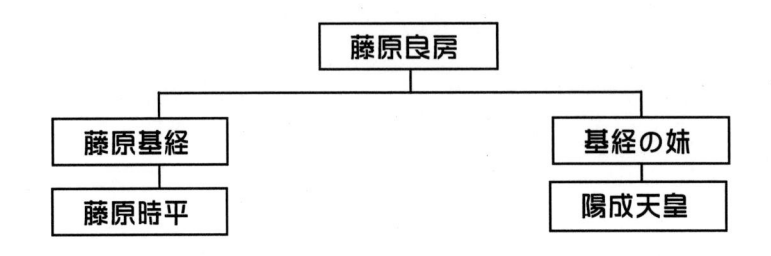

```
          藤原良房
         ┌───┴───┐
      藤原基経    基経の妹
         │          │
      藤原時平    陽成天皇
```

　８７６年藤原基経の妹の子が陽成天皇（ようぜいてんのう）として９歳で即位しました。陽成天皇は元服したころから奇行が目立つようになりました。そのため８８４年廃位され、基経は嵯峨天皇の孫である**光孝天皇**（こうこうてんのう）を担ぎ出し、５５歳で即位することになります。光孝天皇は老齢であったため政治はすべて基経にまかせきりになります。事実上の**関白**（かんぱく）です。関白とは天皇を助けて政治を行う役職のことをいいます。

阿衡の紛議

　光孝天皇は３年で崩御され、次に宇多天皇が皇位に就かれました。宇多天皇は藤原一門ではない天皇でしたが、先帝と同じく基経に全権委任する詔を出しました。この時"関白"という言葉が正式に使われたわけです。これに対して基経は恒例に従って一旦辞退しました。その辞退に対して天皇は「それじゃあ、阿衡（あこう）に任ずる」と言いなおしました。

「阿衡」とは、古代中国の宰相（今でいうと首相）の伊尹の別名のことです。伊尹はライバル国を滅ぼして天下を平定したので、主君から「阿衡」の称号を与えられたのです。ですので、阿衡は官職名なのですが、称号といった方が良いものでした。

　基経は「阿衡は名誉職だ。実際に力のない役職にするなんて、失礼だろう」という難癖をつけて、政務を放棄してしまいます。困った宇多天皇は１１カ月後に基経に謝り、改めて関白の地位を与えました。天皇にとっては屈辱的な事件でしたね。この事件によって基経が関白として政治的地位を確立しました。これを**阿衡の紛議**といいます。

菅原道真の排斥

　そうはいっても基経も人ですから、８９１年に死亡します。その後継者はまだ若く、充分な力がありませんでした。そこにメキメキと力をつけ蔵人頭に抜擢されたのが**菅原道真**です。親政に積極的な宇多天皇は藤原北家を遠ざけるためにも、道真を重用します。道真は平安時代始まって以来の秀才といわれた人物です。当時の官僚は１万人いましたが、そのトップに立つ人物となります。

　当時の日本は周辺で海賊が横行したり、農民の逃亡、税制の問題（戸籍に載っている成年男子に課税するため、戸籍が女だらけになった）などで収入が上がらず国家的な危機にありました。特に寛平２年（８９０年）は「税が尽きた」なんていう報告が出るような時代だったのです。道真はそんな日本の危機を救おうと必死になって改革をします。その改革の一つが遣唐使の廃止です。「唐は混乱状態で学ぶところが少ない」という判断からでした。そんな道真の前に現れたのが恋の歌（和歌）を詠ませたら名人、基経の子である藤原時平です。時平は藤原の御曹司ですから官僚試験は免除です。道真が４４歳で就任した参議という役職に、時平は２２歳で着任しました。

　やがて、道真は時平と同じ右大臣に任じられ、ますます天皇の信任が厚くなります。宇多天皇は皇太子に譲位することを道真とだけ話し合って決めてしまうほどでした。新帝は**醍醐天皇**。宇多天皇は醍醐天皇に譲位する時、時平と道真の二人に政治を執り行わせるように命じました。

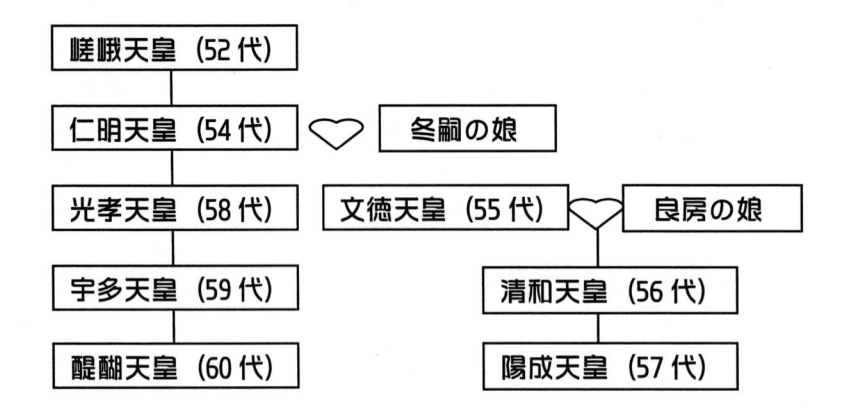

```
嵯峨天皇（52代）
   │
仁明天皇（54代）─♡─ 冬嗣の娘
   │
光孝天皇（58代）  文徳天皇（55代）─♡─ 良房の娘
   │                    │
宇多天皇（59代）      清和天皇（56代）
   │                    │
醍醐天皇（60代）      陽成天皇（57代）
```

　８９９年宇多上皇は法皇になります。法皇になるとは出家することですから、現世とは一線引くということになります。そのとたん道真にとっては後ろ盾を失うことになってしまい、風当たりが強い身になってしまうわけです。９０１年、道真はとうとう九州の大宰府へ左遷されることになってしまいました。

　道真が降格されたと聞いた宇多法皇は醍醐天皇に会おうと御所に駆けつけますが会うことができません。御所の門前に一日中立ち尽くしたといわれています。道真に掛けられた嫌疑は、天皇への謀反ということでした。道真は一言の弁解も許されず、大宰府に移されました。

「こちふかば　にほいおこせよ　むめのはな　あるじなしとて　はるをわするな」
「きみがすむ　やどのこずえを　ゆくゆくと　かくるるまでも　かへりみしはや」
これらは突然左遷になった道真が、都や家族のことを思った歌ですよね。

　醍醐天皇はこの時１５歳。この後、醍醐・村上天皇の親政が入りますが、そこは話の成り行き上、次の時間にします。

安和の変
　親政があったりした後の話です。９６０年代久しぶりに関白の地位に就いた藤原氏にとって、醍醐天皇の息子であり左大臣の**源 高明**は大きな障害でありました。そこで藤原氏は"高明が娘婿を天皇にしようとしている"という疑いをかけて大宰府に左遷しました。これが**安和の変**、９６９年の出来事でした。藤原氏の他氏排斥は道真追放でほぼ終わっていましたが、時代の移り変わりの中で出現した対抗勢力

のトップを排除することで、国政の完全支配の総仕上げを行ったわけです。安和の変以降藤原氏北家は摂関を常設し、代々の天皇の外戚として摂関となり、強大な権力を誇りました。言い忘れましたが、この事件を密告したとされるのが、清和源氏の源満仲です。これによって満仲が藤原家に接近し、虎の威を借りて力を得ました。

Lesson22 摂関の絶頂期

　村上天皇の後を継いだのが冷泉天皇です。冷泉天皇になると藤原家はますます強まります。なぜなら冷泉天皇が病気になったからです。

　安和の変後、９８８年藤原家の三男である**藤原道長**が公卿の仲間入りをしました。藤原道長は大変好人物であったらしく、兄たちの続けての死、叔母の引き立てなどがあり、どんどんと出世しました。このころ紫式部が道長をちらっと見る機会がありまして、「素敵！」なんて思ったようです。

　９９９年、娘の彰子が１２歳になり一条天皇に嫁入りすることになりました。そして見事に彰子が天皇の子（後の後一条天皇）を産みました。ついに、道長が**外祖父**となったのです。ここら辺から教科書の家系図を順に見ていきましょう。

　外祖父は母親方の祖父のこと。今でも「内孫」「外孫」なんて言葉が使われておりますが、その言葉の「外」と同じ意味で「外」といっています。この当時、産まれた子は母親の実家で育てられました。そのため、母親方のおじいさんとの接触が多く、外祖父は影響力を持ったというわけです。

　さらに道長は二女を一条天皇の兄に嫁がせました。兄は後の三条天皇です。一条天皇が病気になると三条天皇に皇位が移り、さらに三条天皇が亡くなると後一条天皇が即位しました。道長はここで摂政の地位に就きました。そして、道長は孫である後一条天皇に三女の威子を嫁がせます。今では考えられない結婚ですね。

　こうして、自分の娘を次々に天皇家に嫁入りさせ、天皇の外戚となり、さらには全国の荘園からの莫大な寄進を財源とし、道長は強大な権力を握りました。そんな

道長が宮中で詠んだ歌が有名な、
「この世をば　我が世とぞ思ふ　望月の　かけたることも　なしと思へば」

藤原実資『小右記(しょうゆうき)』

まさに摂関政治の全盛時代を演出していくわけです。

Lesson 23 醍醐・村上天皇の親政

前回の授業で醍醐天皇と村上天皇の親政を残しましたね。そこを解説していきます。

醍醐天皇

まず最初に**醍醐天皇(だいごてんのう)**がしたことを簡単に言っておきますね。①菅原道真の左遷、②**延喜の荘園整理令(えんぎのしょうえんせいりれい)**発布、③**古今和歌集(こきんわかしゅう)**の作成を紀貫之に命じる、④**延喜格式(えんぎきゃくしき)**の作成開始。

ではどんな人生だったのでしょうか。醍醐天皇は１３歳で即位しましたが摂関を置きませんでした。ですから親政といいます。はじめに宇多上皇からの指示で藤原時平と菅原道真を右大臣・左大臣として登用します。宇多上皇が法皇になると、時平の陰謀で菅原道真を大宰府に送りました。これはもうやりましたね。

荘園整理令

醍醐天皇と藤原時平コンビは国政の改革を行っていきます。そのひとつが日本最初の荘園整理令である９０２年の**延喜の荘園整理令**です。墾田永年私財法で崩れた公地公民(こうちこうみんせい)制を取り戻そうとするのが目的でした。道真のところでやりましたが、この時代は大変な財政危機の時代です。その大きな原因が土地問題だったわけです。

この荘園整理令を説明するにあたって、土地の話を復習していきますね。まず律令制の下では土地を私有することはできませんでした。すべて公地です。しかし、７４３年墾田永年私財法から永久私有地が認められるようになります。ここに割り振られた（班田された）口分田と開発された墾田が両立するようになります。この墾田永年私財法によって公地性が崩れたんですよね。その後、寄進地系荘園が出始

まり、寄進により摂関家の財政は潤いますが、国に税が入ってこない状況になったわけです。寄進と引き換えの不輸不入の権などもありましたからね。また、摂関家の荘園と偽るものもあったそうです。

醍醐天皇と時平コンビは荘園整理令を出して、勅旨田の開発と荘園の寄進を禁止しました。勅旨田というのは、律令制の衰退に対処するために皇室独自の財源として開墾された、税を取らない田のことです。また、地方民が田畑などを寄進することを禁止。墾田も口分田も廃止して、すべて公田に戻し税を徴収しようとしたわけです。二人の思惑は的中し、多くの荘園が延喜の荘園整理令以降衰退していきます。そしてこれ以降（９０８年以降）班田は行われなくなります。

醍醐天皇と藤原忠平

醍醐天皇が２５歳の時、都では菅原道真の祟りが騒がれるようになりました。時平の子供たちも醍醐天皇の子も死んでしまうのです。時平もこの時の亡くなったメンバーの中に入っていました。時平に代わって北家を継いだのは弟の**藤原忠平**でした。忠平は宇多法皇とも仲が良く、大宰府の道真にもたびたび手紙を送っていたので祟りを免れたという話も残っております。

その忠平は醍醐天皇を前面に押しだして、藤原北家の基盤を固めることに専念しました。醍醐・忠平コンビが最初に直面したのは大飢饉です。しかもその年は班田の年に当たります。そこで二人は広く意見を聞こうと、公卿に限らず地方の国司にも意見を求めました。この時の、醍醐天皇への上奏文で有名なのが、備中国司の**三善清行**による「**意見封事十二箇条**」です。三善氏はこの中で地方政治の混乱ぶりを指摘しました。

醍醐天皇は９３０年、８歳の朱雀天皇に譲位するとこの世を去りました。醍醐天皇はさまざまな改革を行いました。それは実に３４年間摂関を置かずに行われました。その親政を**延喜の治**と呼びます。

忠平は、醍醐天皇が崩御すると、「朱雀天皇が幼少のため天皇を助ける」として摂政になります。ここに藤原北家として基経以来の地位を回復したわけです。９３１年に宇多法皇も６５歳でこの世を去ると、もう忠平を止められる人はいなくなり

ました。

村上天皇

　９４６年村上天皇が即位しました。２１歳の即位でした。前年忠平が死去していましたので、摂関を置かないことを決め、親政に乗り出しました。これが**天暦の治**です。天皇は延喜の時代をモデルとして様々な改革に乗り出しますが、廷臣たちは遊び呆けているという現実もあり難航しました。そんな村上天皇の時代は天災や飢饉・疫病により社会が荒廃する時代でもあります。難しい時に天皇になったわけですね。話は飛びますが、和同開珎で始まった皇朝十二銭の最後の乾元大宝は９５８年に村上天皇が出したものなんですよ。そんな天皇も９６７年に崩御され、醍醐・村上の二代の親政がここに終焉します。

国際関係の変化

　８９４年菅原道真の意見で遣唐使の派遣が中止になりましたよね。唐も９０７年には滅亡します。代わって建国されたのが宋でした。しかし、日本は正式な国交を開こうとはしませんでした。が、商人同士の交流は活発で、書籍や陶磁器などの工芸品や薬品が輸入されました。

　また、中国東北部には**渤海**（６９８年建国）という国があり、奈良時代以来日本と交流していました。当初は、唐や新羅に対抗するために日本に使節を派遣していましたが、だんだんと交易が目的になったのでした。渤海からは毛皮や人参がもたらされました。そんな渤海も１０世紀前半には**遼**によって滅ぼされてしまいます。そして、この後の話になりますが、遼の支配下で沿海州に住んでいた女真族（日本・朝鮮では**刀伊**と呼んでいました）に遼は滅ぼされます。実は、この刀伊が１０１９年に日本に攻めて来たんです。案外みんなも知らないでしょ。５０隻の船で博多湾に侵入するんです。これを藤原隆家に率いられた博多の武士が撃退しました。その時はどの連中なのかわかりませんでしたが、後に刀伊だと判明し、これを**刀伊の入寇**といったのです。隆家という人は道長のライバルで、道長と争って左遷されていた人なんですよ。

　朝鮮では１０世紀初めに高麗が起こります。後に高麗は新羅を滅ぼし朝鮮半島を統一します。しかし、日本はこれらの国とも国交を開こうとはしませんでした。

Lesson 24 国風文化

歌合

　このころの貴族は歌をいかに詠めるかということが大事なステータスとなっておりました。そのため、中央政界に君臨するためには歌にも通じている必要があったのです。２チームに分かれて交互に歌を詠ませ、一番ごとに優劣をつけて勝負する、**歌合**(うたあわせ)というものもありました。そりゃあもうお互い勝ちたいわけですよ。ですから助っ人を呼んできて詠ませるなんてこともありました。そして、中には負けたために塞(ふさ)ぎこんで病気になる人も出たくらいなんですよ。

古今和歌集

　ちょっとここで漢字とひらがなの話をしますね。当時のアジア情勢は中国が中心でした。ですから漢字がわからないと外交ができません。ですので、官僚は漢字に通じていることが大変重要だったんです。ひらがなはというと、歌を詠むために使われました。歌は主に恋のための歌です。ですから、女性はひらがなを使いこなして歌を上手に詠めると「素敵！！」なんて言われたんです。公式文章は漢字、ひらがなは「おんなで」などといわれていました。

　先日道真と時平の授業をしましたよね。二人はライバルですが、道真は漢字をよく知る知識人で、時平はひらがなを使いこなすプレーボーイだったといわれています。道真を都から追いやった時平は官僚たちに"新しい時代の幕開け"として日本独自の文字であるひらがなを示そうとしました。そのためにはひらがなが正式な言葉にならなくてはなりません。そこで考えたのが和歌です。

　時平は勅撰というかたちで和歌集を作るように醍醐天皇へお願いしました。勅撰とは天皇や上皇・法皇などの命令で・・・という意味ですよ。時平はひらがなの使い手を集めました。そのメンバーは紀貫之以下三人で、ひらがなの使い手のために出世できなかった下級官僚たちでした。その四名に家々に残る歌を集めさせたのです。歌は万葉仮名で書かれていたのですが、それを１文字１文字ひらがなに直して書き写しました。しかし、先ほどから言っているように歌はほとんど恋の歌なんです。これではひらがなを正式なものにできませんね。そこで時平は四名に新しく歌を詠むように指示するわけです。そしてついに９０５年、３年をかけてできた

『古今和歌集』が醍醐天皇に差し出されたわけです。古今和歌集は勅撰によってできた和歌集ですから、**勅撰和歌集**といわれるわけです。こうしてひらがなは天皇が認めた言葉として正式なものになりました。

　この時代は遣唐使が廃止されたことによって、中国の文化が入りにくくなっていたことが大きなポイントだと思います。ひらがなは心の思うままを表現できるため特に和歌の世界では有効でした。古今和歌集が古今集や万葉集と大きく違うのはひらがなで書かれていた、という点です。古今和歌集はひらがなの普及に大きな貢献をしました。

紫式部と清少納言

　この時代は優れた**かな物語**の作品が次々に現れました。まず、在原業平の恋愛談を綴ったといわれる歌物語の『伊勢物語』や、かぐや姫で有名な『竹取物語』。もちろん、その二つだけではありませんよね。

　この時代は何といっても**紫式部**ですね。式部は結婚すると幼い子を残して旦那が亡くなってしまい、不安を紛らすように物語に没頭したんです。その時書かれたのが『源氏物語』だといわれています。その後、一条天皇の中宮で藤原道長の娘の彰子の家庭教師となりました。このころ貴族は天皇の妃として宮中に入れた自分の娘に、才能ある家庭教師を付ける習慣があったんですね。

　そして、紫式部より前、藤原道隆の娘で皇后の定子に付けられた家庭教師が**清少納言**でした。ある時、定子の兄さんから新しい練習帳が送られてきました。さあ何を書こうか、となった時清少納言は「枕（見聞きしたもの）をしるしてみるわ」と言いました。それが『枕草子』です。草子とは本という意味です。

寝殿造

　平安中期の貴族は白木造（塗料を塗らないこと）・檜皮葺（檜の皮を葺いた屋根）の構造でできた**寝殿造**と呼ばれる家に住んでいました。中央に寝殿（正殿）を置いてその両側にコの字に建物を巡らせました。それで寝殿造といったんですね。寝殿といっても寝る場所ではありませんよ。寝殿では行事や儀式が行われていたわけです。写真を見てみてください。中の仕切りなどにも特徴がありますね。

寝殿

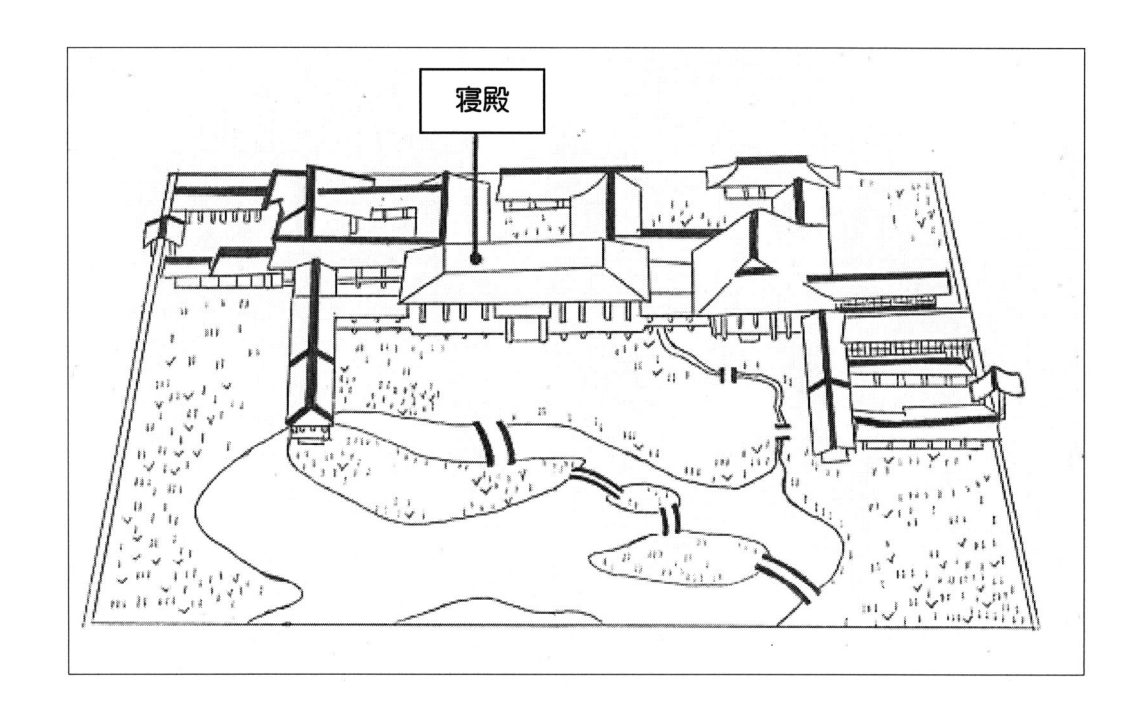

蒔絵

蒔絵って、先生は巻物のことかと思ってました。違うんですね。漆器の表面に漆で絵や文様、文字などを描き、それが乾かないうちに金や銀などの金属粉を「蒔く」ことで器の面に定着させる技法です。その「蒔く」という行為から蒔絵っていうんですね。

貴族の行事

貴族には重要な職務がありましたが、その中でも重要なのが**節会、叙位、除目**等の年中行事を間違いなく履行（りこう）することでした。年中行事とは毎年同じ時期に行われる儀式のことですが、**節会**は宮廷でのお祝いの日（今でいう祝日のような感じの日）に天皇と群臣を集めて行われた公式行事のことで、**叙位**は位を授けることでした。**除目**の"除"は前官を除いて新官を任ずる意味で、"目"は目録に記すことを意味し、大臣以外の官を任命する儀式のことでした。

貴族には通過儀礼として、男が１０代になると元服という儀式がありました。"元"は頭を表します。ですから"頭に服を着せる式"ということになりますね。つまり、冠をかぶせるということなんです。大人になった証明に冠を与えられたん

です。また、女は裳着(もぎ)の式です。"裳"というのは服装の一種です。「大人になったので裳を着ましょうね」というわけです。

書道

教科書には「優美な曲線で・・・」と書いてありますね。ひらがなの影響を受けているのでしょう。ようするに、なめらかな字体ということです。**和様**(わよう)と呼ばれる書道の形を完成させたのでした。和様というくらいなので、和風の書体をしてるんですよ。その代表的な書道家三人を**三蹟**(さんせき)といいます。小野道風(おののみちかぜ)・藤原佐理(ふじわらすけまさ)・藤原行成(ふじわらゆきなり)の三人です。あっ、ちなみに弘仁・貞観文化で三筆(さんぴつ)って出ましたよね。誰でしたっけ？　そうですね。空海と嵯峨天皇と橘逸勢でしたね。

国風文化に欠かせない要素が浄土教かと思いますが、これは次の時間に。

Lesson 25 浄土の教え

平安中期以降天災や疫病が世に流行りました。そんな大変な時期に、ある噂が流れます。「お釈迦様が死んで千年後にこの世が終わりを告げる」という噂です。これを**末法思想**(まっぽうしそう)というのですが、そのような中から色々な考えが出現してきました。代表的な考えが**浄土の教え（浄土教）**(じょうど)ということになります。「最期の時に**阿弥陀如来**(あみだにょらい)がお迎えに来て極楽浄土に往生する。その極楽浄土を願い、心に仏の姿を念じて、仏の名前を唱えること**（念仏）**(ねんぶつ)。これが重要だ」というわけです。念仏とは「南無阿弥陀仏」ですよ。よく昔話で「ナンマイダー、ナンマイダー」なんて言いますが、あれです。余談ですが、「南無妙法蓮華経」(なむみょうほうれんげきょう)は題目といって、日蓮宗で唱えるお経です。あとの授業で出てきますよ。

この浄土の教えを京の町で熱心に布教したのが空也です。**空也は市 聖**(くうや いちのひじり)と呼ばれました。"市"(し)ってのは、市井っていう言葉がありますが、「ちまたの」「まちの」という意味です。"聖"っていうのは「聖者」ということで、合わせると「まちの聖者」という意味になります。それぐらいみんなの中に入って布教したってことです。空也は晩年に西光寺を建てました。後の六波羅蜜寺です。教科書には空也の像が掲載されていますね。これは六波羅蜜寺にある運慶の子の康勝(こうしょう)作の木造『空也

上人像』です。空也が南無阿弥陀仏と唱えると、口から、その一字一字が阿弥陀仏になって出たという伝説をもとに作られているんですよ。決して汚物（お仏）ではありません（笑）。

　ちなみに阿弥陀がお迎えに来る様子を描いたのが**来迎図**。大切な阿弥陀仏を安置するのが**阿弥陀堂**です。阿弥陀堂の代表作は藤原頼通の建てた**平等院鳳凰堂**や道長の建てた法成寺です。平等院鳳凰堂は極楽を表現した御堂というわけです。ちなみにこの御堂の中の阿弥陀仏は**定朝**の作品。定朝は浄土教の隆盛を背景にして**寄木造**という技法を完成した人物です。寄木造とは仏師が各パーツを製作し、それを一つにするという作り方です。プラモデルの仏像版ですね。これによって大型の仏像製作が可能になったわけですね。この定朝のスタイルはやがて**定朝様**と呼ばれるようになりますよ。

　言い忘れておりましたが、頼通の先代の道長は１０２７年に死にます。その時、道長は阿弥陀仏と自分を結んだ９色の糸を握りしめ、極楽往生を願って死んだといわれています。

　少し前後しますが、９８５年に天台宗の僧**源信**が『**往生要集**』で極楽と地獄の様子を説きました。さらに、念仏の重要性を説きました。特に地獄の様子はその苦しみを細かに描いています。当時の人々には戦争や飢餓、災害とマッチするものがあったんでしょうね。また、**慶慈保胤**は厩戸王など極楽往生したといわれる人物の伝記を作成しました。それが『**日本極楽往生記**』です。どうやって極楽に行けたかどうかを判定したのかは不明ですが（笑）、「極楽往生した人はこんな生活をしていた」なんて書いたんですね。ちなみに二人は親密な親交があったようです。それだけじゃなくて、二つの本は中国（宋）へ送られて、向こうの人々にも読まれたようですよ。

神仏習合

　不安が背景に存在する時代ですから、見えないものに対して様々な考えが起こります。１０世紀位になると、単に仏と神が一緒だというのではなく、「神は元は仏だ、だから神は仏が姿を変えたものだ」という思想が起こりました。例えば、天照大神は大日如来の生まれ変わりだというものです。こういった考えを**本地垂迹説**

といいました。

生活風習
　身近な生活にも様々な祈りなどの、見えない世界が広がります。安倍晴明(あべのせいめい)って名前聞いたことありますか。日本史上最強の霊能者といわれていますよね。彼は**陰陽道**(おんみょうどう)という信仰の陰陽師です。映画にもなりましたよね。彼らは吉凶の占いもしました。そのため、日常でも方位とか日を気にするようになるわけです。

　朝のテレビで"今日の占い"なんてやってますよね。平安の人たちも「今日は出歩かない方がいいよ」なんて占いました。そうすると外出を控えるわけです。このように日を診て、悪い日だと外出しないようなことを**物忌**(ものいみ)といいました。また、学校が東にあるのに「東に行かない方がいいよ」なんて占いに出ることもありますよね。みなさんだったらどうしますか。西に行ったら地球は丸いので学校に着くって？？　それでは何日かかるかわかりませんよね。そういうときには、例えば、南に行くんです。そうして、少し休んで、北東に向かうわけです。つまり、いったん別の場所に行って、方位をずらして目的地に行く。こんなことをしていたんです。これを**方違**(かたたがえ)といいました。

　また、藤原氏の摂関政治絶頂の時代に、政治的に非業の死を遂げた人々の怨霊が祟りを及ぼし、疫病を流行させるという考えが広がりました。そういった怨霊をしずめるために始めたのが**御霊会**(ごりょうえ)です。この行事の始まりは早良親王を祀(まつ)ることでした。やがて発展して、疫病を防ぐお祭りになっていきます。京都の祇園祭はその代表です。

Lesson 26 荘園の発達

　荘園って、７４３年の墾田永年私財法のところでもやりました。覚えていますか。この法律は開墾した土地は自分のものになるという法律ですから、資金に余裕のある人は私財を投じて開墾をするわけですね。そして、広大な土地を自分のものにすると、管理小屋が必要になった。この事務所（？）を荘といったんですね。それで、開墾された土地を荘園と呼ぶようになったわけです。思い出しました？

今言った荘園は初期のもので、墾田されてできたので**墾田地系荘園**。ちなみに荘園の持ち主（**荘園領主**）が自分で開墾したものが**自墾地系荘園**。農民から買い占めたのが**既墾地系荘園**といいます。

　これらの墾田は寺田・神田・職田（偉い役人さんがもらった土地）以外は国に税を納めなければなりませんでした。当たり前ですよね。墾田永年私財法は「開墾したら土地をあげる、そのかわり税を納めてね」って始まったものですものね。その税を**田租**といいます。ところが、寺社や貴族は朝廷に働きかけて、免税の特権をもらいます。これを**不輸の権**といいました。

　＊政府から出される許可書（**太政官符・民部省符**）によって不輸が認められた荘園を**官省符荘**といいます。また、国司の許可書によって国司の在任中のみ不輸が有効であった荘園を**国免荘**といいます。

　さらに、国司によって派遣される検田使や収納使などが荘園に立ち入れないような権利まで手に入れてしまいます。後の時代では警察権までも拒否するようになりました。これを**不入の権**といいます。

　地方では有力者（地方豪族）が一般農民や浮浪者を雇って開発を行いました。そういう人たちは**開発領主**と呼ばれていました。力があるといっても所詮地方の豪族です。国司や郡司の干渉を排除したくなる（不輸不入の権が欲しくなる）わけです。そこで、地方の有力者たちは、中央の力ある人に土地の名義を預けるという方法をとりました。実際は地方の有力者の土地でも、「中央の有力者の〇〇さんの土地」ということになると、国司も郡司も手を出せませんよね。そうして、地方有力者は不輸不入の権を獲得したわけです。

　荘園を預かった人を**領家**といいます。領家もさらに力のある人に預けます。それをさらに預かった人を**本家**といいます。一般的に本家が荘園領主ということになりますが、本家でも領家でも実質的に荘園を支配している人を**本所**といいました。また、本家のほとんどが摂関家でありました。

　預けた開発領主は下司や公文と呼ばれる**荘官**として荘園の管理をしました。こ

ういった荘園を**寄進地系荘園**といいます。じゃあ、本家は何の得もないのかって？当然、名前を使わせてもらっているので、お礼という名の贈り物がたくさん、開発領主から届くに決まってます。先ほど言ったように本家は摂関家です。つまり摂関家には大きな贈り物が届くわけです。これが摂関家の力をさらに大きくしていったんです。

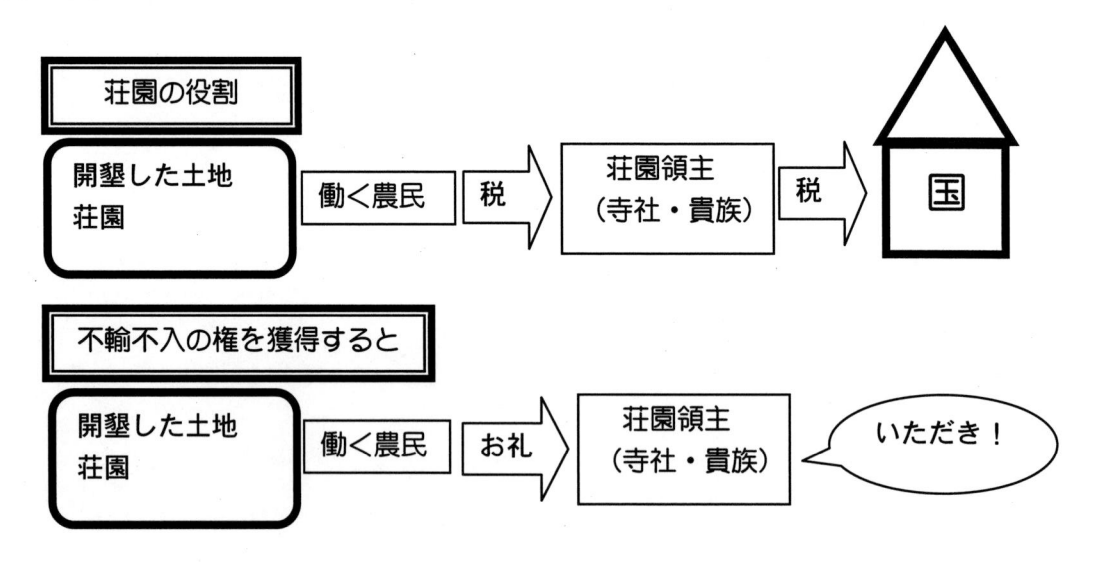

```
荘園の役割
開墾した土地 → 働く農民 →税→ 荘園領主 →税→ 国
荘園              (寺社・貴族)

不輸不入の権を獲得すると
開墾した土地 → 働く農民 →お礼→ 荘園領主   「いただき！」
荘園              (寺社・貴族)
```

ではそんな中で、地方の国を預かっている国司はどんな仕事をしたのか、民と一緒に苦しんだのか、というところを次の時間にやりましょう。

Lesson 27 荘園と国衙領

９世紀から１０世紀になると農民は浮浪・逃亡します。戸籍も偽籍が多くなり、税収が減ります。また、班田が実施されない地域もあって、国の財政が大変厳しくなるわけです。そうして、１０世紀には律令制がほぼ崩壊してしまいます。

そのため、収入がなくなった朝廷は、一時、勅旨によってできた**勅旨田**や官人の給料のもとにした**官田**、大宰府管内に設定された**公営田**などをつくり、直接財源を確保していました。

荘園と国衙領

　醍醐天皇の時代の９０２年を最後に班田も行われなくなり、１０世紀には朝廷は国司に一定の税を請け負わせる代わりに、「国内の支配は任せる」というように制度を変えました。それまでは、中央政府が監督して、国司は政治を行い、税に関しては郡司が行ってきたのですが、大転換をしたわけです。当然、国司の役所**(国衙)**は以前よりも重要になり、郡家は衰えていきました。

　さあ、国司は国衙を整えていかなければなりません。なんたって、郡司がやっていた仕事もやらねばならないわけですからね。国司は都から有能な人財を連れて一緒に現地へ赴任しました。そして、現地に土着した前国司（土着国司）と地方豪族を役人**(在庁官人)**として組織しました。また、盗賊や海賊を組織している前国司や地方豪族もいましたので、これを軍事担当にしました。これが武士になっていったりするんです。追捕使や押領使なんて、後の授業でやりますが、その役目に就くのは、それらの中でも有力な連中でした。

　さて、次に国司がやらねばならない仕事は税の確保です。しかし、先ほど言ったように、戸籍も偽籍になっていたりで、人を税の対象にすることは難しい状態です。そのため税の対象を人ではなく土地に課したりしました。土地にすれば逃げませんからね。その際に、国司はかつての口分田やら墾田で国司が支配しているものを**名**と呼ばれる単位に区分し、**名**を単位にして課税していくことにしました。そして、国司は名単位で地方豪族と有力農民に作物や米を作らせ税を取るわけです。この地方豪族や有力農民を**田堵**といいます。中でも有力なものを**大名田堵**と呼びました。田堵や大名田堵は田んぼに自分の名前を付け「〇〇**名**」と呼びました。わたしなら「斎藤名」ということになりますね。そういった土地を**名田**といいます。これは先ほど言ったように、土地の大きさに合わせて税を取っていたので納税者かどうかがわかりやすいようにしたわけです。やがて名田は田堵の所有物のようになり、名田に対する権利を強めました。さらに時代が過ぎて平安時代になると、田堵は**名主**と呼ばれるようになります。

国司の横暴化

　国司は任国の支配を任され、課税率もある程度自由になり、定められた額を中央に送れば良いわけで、巨利をむさぼれるおいしい仕事になりました。ですので、み

んな国司になりたがったのです。なかには自分は都にいて赴任せず、給料をもらうだけの国司もでました。こんな国司を**遙任**国司といいました。そうなってくると、現地に行く国司にも呼び名が付きます。現地に赴任する国司は**受領**といわれました。遙任国司は現地に行かないので代理が必要ですよね。その代理を**目代**といいます。目代が仕事をした役所が、**留守所**といいました。このころは私財を出して、朝廷の儀式・寺社や内裏の造営を請け負い、国司の任期を延長（**延任**）したり、もう一度国司になる（**重任**）者が現れました。これらを**成功**といいます。

　国司はやりたい放題だったので度々訴えられました。９８８年尾張の国司、**藤原元命**を朝廷に訴えた**「尾張国郡司百姓等解文」**はその代表例です。ちなみに下級者が上級者に出す文章を"解"といいます。この訴えで藤原元命は国司の職をクビになりました。

Lesson 28 武士の発生

武士の発生

　国司や荘園領主は獲得した権利を自分たちで守ろうとしました。そんな時、もめごとを武力で解決してくれたのが**武士**です。武士とは武力をもって地方を支配し公権力に仕えるもののことでした。摂関政治にかげりが見え始めたころ都では**京侍**と呼ばれる武士が天皇や貴族を警備するようになりました。地方では力をつけた在地の武士が活躍を始めました。特に朝廷の力が及ばない未開の地で、馬を飼うのに適した草原の多い場所に多くの武士が登場します。だから、この後も関東平野や東北の馬の産地を中心に武士の乱が起きるわけですね。

　大集団の武士（武士団）は**棟梁**をリーダーとして、その下に**家子・郎党**で組織されました。**家子**とは棟梁の一族のことです。**郎党**は棟梁や上級武士に従う中下流の武士のことでした。この武士団は時として、盗賊や反乱の鎮圧を仕事とする令外官である**押領使・追捕使**に任命されて、地方の治安維持につとめたりしました。

桓武平氏・清和源氏

　そういった武士団の中でも勢力が強く、日本の二大勢力といわれたのが**源氏**と

平氏（平家）でした。平氏は桓武天皇の流れを汲んでいます。ですから**桓武平氏**。一方源氏は清和天皇の流れを汲んでいます。ですから**清和源氏**といいます。

承平・天慶の乱

　さて、その武士の大きなもめごとで最初のものが**平将門の乱**です。この当時は国司の横暴によって、民衆が大変苦しんでいた時代です。そして、９３７年には富士山が爆発し、未曾有の大飢饉が東国に起こった時代でもありました。また、東国は中央の人間にとってはまだ「未開の地」であり、目下に見られていたため、朝廷からの搾取がさらに過酷なものになっていました。そんな時に東国に登場したのが平将門です。平将門は下総国（今の茨城県や千葉県）を中心に活躍する桓武平氏でした。一族の争いを平定し、たくさんの弱者を助け、人々に慕われる猛者の将門でした。そんな将門に、ある時、隣国の常陸国（今の茨城県）の豪族が国司の横暴を訴えて助けを求めてきました。この豪族のお願いを聞き入れることは国司に反旗を翻す事になりますが、将門はこれを漢として引き受けます。将門はなんと、常陸国の国司を倒してしまうんです。そして、国司の印と蔵のカギを奪い取ったのです。印とカギは天皇からその国の支配を任された標として送られているものです。いわば、権威の象徴ですよね。それを奪ったわけです。その後、将門は周辺の民を朝廷の圧政から解放するために戦をし、国司から次々と印とカギを奪い取りました。

　将門は高度な製鉄技術を利用して、それまで真っ直ぐだった刀に反りを入れ、馬上からの攻撃をしやすくしていました。いわば新兵器です。それから、関東平野の広大な地で生産した馬を巧みに操っていました。この二つが将門の強さの秘密だったのです。強い将門は東国に新政権を樹立しようとしました。そこで、天皇に負けない権威・裏付けを必要としたのです。そこで利用したのが、八幡大菩薩と菅原道真です。ある時、八幡大菩薩の使いという巫女が将門軍の前に登場します。八幡大菩薩は天皇の先祖といわれる仏様ですね。その巫女は、「八幡大菩薩は『将門に天皇の位を与える』と言っている」と告げるのです。民衆はボルテージが上がるでしょ。そして、将門は自分を**新皇**と名乗り東国に独立国家を立ちあげるのです。そして、その即位式には朝廷にもっとも恐れられる菅原道真を登場させます。「八幡大菩薩に将門を紹介したのが道真である」と巫女が紹介したんです。道真の怨霊伝説は朝廷にとっては恐怖中の恐怖でしょう。さらに、瀬戸内海では藤原純友が乱を起こします。もう、朝廷はピンチの中のピンチになるわけです。

それに対して、朝廷は全国の寺社に将門を呪うように命令を出します。そして、持っている兵が少ないので、前代未聞の御触れを全国に出しました。それが「将門を殺したら、貴族にする」というものです。将門を殺すと、貴族になれ、特権を持つことができるという、中央ならではのおいしい話を宣伝したのです。その餌に釣られて、常陸国の豪族**平貞盛**（平清盛の先祖）と下野国の豪族で押領使の**藤原秀郷**が立ち上がりました。そして、将門はこの二人に倒されることになるのです。なんで強い将門がこの二人に倒されてしまったかというと、将門の優しさがそこにあったのです。当時の兵は戦だけしていれば良いわけではありません。農繁期になると農業をしなければ生活していけないわけです。将門は農繁期のために「地元に帰って農業をやってきな。終わったらまた集まってくれよ」と兵隊を地元へ帰してしまっていたんです。ですから、戦いの時、将門の軍は４００人しかいなかったのです。貞盛と秀郷の軍は２９００人いましたので、これではさすがの将門も勝負にならなかったんですね。

　将門は最終的に敵の矢に射られて倒されたといいます。そして京都で首をさらされてしまいました。このあとの将門の怨霊伝説は有名ですよね。さらされた首が故郷岩井を目指して飛んで行きますが、力尽きて東京に落ちてしまいます。そこが今の将門の首塚になった場所です。江戸時代には「怨霊を祭ると物凄く助けになってくれる」ということを知っていた徳川家康が大切に将門をお祭りし、味方にしたといわれます。神田明神なども将門を祭った神社です。その後の時代に、道路建設のため首塚を移動しようとしたら関係者が何人も亡くなった、なんてのは有名なお話ですね。そんな将門は今も東国を守護する神として人々から信仰を集めています。

　さて、同じころ、伊予国（愛媛県）では**藤原純友**が瀬戸内海の海賊を組織して官物や私財などを奪っていました。これが**藤原純友の乱**です。摂津（大阪）や播磨（兵庫）の国府を襲って、しまいには大宰府まで焼き払ってしまいました。藤原忠平は小野好古や源基経を派遣し、その乱を平定しました。

　この二つの乱を**承平・天慶の乱**といいます。京都の貴族たちにとっては武士の力を思い知らされる事件となりました。

Lesson 29 武士の成長

　前回の授業では、武士が世の中に存在感を示した、というところをやりましたね。その武士がどんどんと力をつけていく時代を今度の授業では行います。

　承平・天慶の乱以後、都では治安が悪化して宮中では身辺警護に武士を雇う(やと)ようになってきました。このように内裏(だいり)の警備にあたる武士を**滝口の武士**(たきぐちぶし)といいました。これらの武士の詰所は、清涼殿の東北にある滝口と呼ばれる場所にあったから「滝口の武士」といったんですよ。武士は中央の貴族とも関わりを強めていきますが、中でも清和源氏については、源満仲が安和の変（９６９年）で藤原氏と関係を強め、以降満仲の子の源頼光・**源頼信**(みなもとよりのぶ)兄弟も摂関家の侍となって力を蓄えていきました。

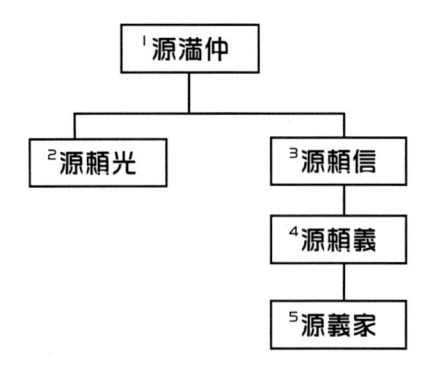

```
¹源満仲
├─ ²源頼光
└─ ³源頼信
    └─ ⁴源頼義
        └─ ⁵源義家
```

平忠常の乱

　時は摂関の絶頂期、藤原頼道の時代。上総国（千葉県）で**平 忠常**(たいらのただつね)は乱を起こしました。**平忠常の乱**です。１０２８年のことでした。彼は国司を襲い、自分が上総の国の頂点に立つなどしていました。朝廷はもちろん忠常を倒したいのですが、源氏の権力が増すことを大変恐れ、最初のうちは源氏を使いませんでした。しかし、連戦に次ぐ連敗。そこで源満仲の子で道長に仕えていた**源頼信**(みなもとよりのぶ)を投入することになるわけです。源頼信は持久戦ののち忠常に勝利します。１０３１年忠常は降伏し、頼信と京へ行く途中、病で亡くなりました。源氏はこののち東国に勢力を拡大していきます。源氏の勢力拡大が嫌だったのに、源氏の力を借りなくてはいけなかった摂関政治は、源氏の勢いと対照的に全盛期の力を失い始めました。

前九年・後三年の役

　さて、東北はどうだったでしょうか。東北は坂上田村麻呂の遠征以来、朝廷に恭

順の意を表明し、長く平和が続いておりました。東北には陸奥国と出羽国の二つがあったわけですが、それを取り仕切ったのは多賀城にある陸奥の守です。そこに**藤原経清**という人物が登場しました。この人は奥州藤原の祖といわれる人物です。中央で繁栄する藤原氏の支流であり、中央では全く力を持てない人物でしたが、関東などの役人を経てやっと多賀城に赴任できたのでした。

１０５０年、奥州の豪族、安倍頼時が度重なる重税に反対して、陸奥国の国司を襲いました。これが**前九年の役**の発端です。この出来事は安倍氏直系の娘をもらっていた経清の運命を大きく変えることになっていきました。

＊ちなみに「役」というのは外国人との戦に対してつかうものです。当時は蝦夷を外国人と考えていたことがうかがえます。今の教科書は「同じ日本人なのにおかしいのではないか」というので"合戦"とかそれに類する言葉を使ってますね。

その乱の平定に派遣されたのが、平忠常の乱で武功を上げた源頼信の息子**源頼義**です。またもや源氏ですね。朝廷・源頼義 VS 安倍頼時です。経清は奥さんが安倍氏ではあるのですが、自分の身分を考えると朝廷には逆らえません。ということで頼義の側、つまり朝廷側で参戦します。朝廷・源頼義・藤原経清 VS 安倍頼時。

そんな時ある事件が起きました。「頼義の軍内に、安倍氏の奥さんをもらっている者がいて、その人間が安倍氏に情報を漏らしている（簡単に言うとスパイ）」という噂が流れ、ある武士が処刑されました。経清は、単に奥さんが安倍氏の者だというだけで、スパイ扱いされ、処刑されたことに怒り、「どうせ俺も疑われる」と考え、安倍氏に寝返るのです。朝廷・源頼義・藤原経清 VS 安部頼時⇒朝廷・源頼義 VS 安部頼時・藤原経清。

激戦の末頼時は死ぬのですが、息子の**安部貞任**中心に安部軍の結束は強固でした。困った源氏軍は、安部氏とライバル関係にあった清原氏を利用します。頼義は清原氏に莫大な贈り物をして味方しました。朝廷・源頼義・清原氏 VS 安部頼時・藤原経清。安部氏は攻撃を受け、最後の拠点を失い滅亡してしまいました。

朝廷を裏切った藤原経清は見せしめのために、切れ味の悪い刀で斬首されました。経清には幼い息子がいました。その子の名前が**藤原清衡**です。清衡は母親（経清の奥さん）が清原氏の奥さんになるということで命を助けられ、清原氏の息子になり、清原清衡と苗字が変わりました。旦那を殺した人の所に嫁に行くことを、とても不思議に感じるかもしれませんが、この時代は良くあったことのようです。

　時が経ち、清原一族の当主が亡くなります。２３歳になった清衡は弟の家衡と相続争いになりました。これが**後三年の役**の始まりです。弟との戦いに、清衡は陸奥の守である**源義家**に助けを求めます。義家は源頼義の息子で、陸奥国の国司になり東北へ赴任していました。源義家にすれば、この出来事は東北に勢力を伸ばす絶好のチャンスです。そこで、義家は清衡に味方をし、家衡を圧倒しました。しかし、歴史とは面白いものです。義家はこの後、この一件を朝廷に報告するのですが、「勝手に私闘をした」として国司を追放されてしまいます。朝廷は源氏の力が強くなりすぎるのを恐れたのかもしれませんが、それにしても人生とはどうなるものかわからないものですね。

　清原清衡はその後、実の父親の姓である藤原を名乗り、**藤原清衡**と名を改めました。そして、平泉を中心に奥州を平定したんです。これから続くのが**奥州藤原氏**ということになります。

Lesson 30 後三条天皇の政治刷新と荘園公領制

後三条天皇の親政

　平忠常の乱、前九年・後三年の役と地方で戦乱の続く中、**後三条天皇**が即位しました。藤原頼通は天皇家と外戚関係を築けずに没したため、１７０年ぶりに藤原家と外戚関係にない天皇の出現となりました。

　即位後すぐに天皇は荘園に関しての改革を行います。その改革のために出された命令が１０６９年に出された、**延久の荘園整理令**です。以前に授業でやりましたが、荘園は不輸・不入の特権獲得のために寄進され、寺社や摂関家の力を増大させました。そのため、国司らの税の徴収が困難になり、国家に財政危機を引き起こしていたんですよね。

では、延久の荘園整理令の内容ですが、（１）「以前の荘園整理令（１０４５年）の時に言われているのだから、当然新しい荘園なぞ作ってないだろうねえ」ということで、１０４５年以降にできた新しい荘園の停止、（２）所有者の不明な荘園、政治の妨げになる荘園や券契（太政官などから荘園の許可を受けたという証拠）が不十分な荘園の停止、（３）従来の荘園整理令よりも強固に実行するために、それまで地方諸国の国司たちに依存していた職務を全て**記録荘園券契所**（きろくしょうえんけんけいじょ）という中央の役所で行う。というものでした。記録荘園券契所とは延久元年（１０６９年）に**大江匡房**（おおえまさふさ）らによって設置された役所で、（１）や（２）の審査を行う機関として設置されました。

　延久の荘園整理は審査の対象となる荘園を摂関家領や大寺社領にまで拡大した所に特徴があります。石清水八幡宮領は３４か所の荘園のうち、実に１３か所の荘園が停止されてしまいました。このように、摂関家・大寺社は経済的に大きなダメージを受けたんですよ。後三条天皇は摂関家を外戚に持っていませんでしたから、思い切った改革ができたんでしょうね。

　それから、この時代は枡の大きさが固定されていませんでしたので、税を徴収するのに不便をきたしていました。そこで後三条天皇が枡の大きさを規定します。この時定められた枡を**宣旨枡**（せんじます）といいます。これが鎌倉時代までの正式な枡の大きさになります。今でいうと1.2リットルの枡でした。ちなみに、室町時代以降は私的な枡が出回ってしまい、再び枡の統制が行われるのは豊臣秀吉の時代になります。

荘園公領制
　荘園整理によって、貴族や寺社の支配する荘園と国司が支配する公領**（国衙領）**が明確に区分されました。１１・１２世紀は各地に荘園も増えていましたが、国衙領も多くありました。国司は国内を**郡・郷・保**に区分けし、勢力を拡大する地方豪族を国衙領の郡司・郷司・保司に任命して税を集めさせました。また、税の管理収納を行う役所である税所（さいしょ）、田畑の管理を行う田所（たどころ）が設置され、目代の指揮下で、在庁官人が仕事を進めました。先の話になりますが、１２世紀半ばの鳥羽・後白河院政期には荘園の寄進も盛んになりました。この寄進地系荘園は不輸不入の権を有していたために、だんだんと国衙の支配から独立していくんです。つまり、公領を構成する郡・郷・保と並ぶ行政区画として荘が出現してきます。これが**荘園公領制**（しょうえんこうりょうせい）というわけです。

Lesson 31 白河上皇と地方政治

　今日は後三条天皇の後を継いだ白河天皇の話を中心にしていきたいと思います。

院政の開始

　後三条天皇はやがて、息子(**白河天皇**)に天皇職を譲り上皇になりました。後三条天皇には白河天皇以外に二人の息子がいましたので、皇位を譲る際に、白河天皇へ「弟二人を次期、次次期天皇にしなさいね」と約束させました。そして１０７３年には後三条上皇は崩御されました。余談ですが、この年は藤原頼通の死去と同じ年です。

　１０８６年、歴史に転機が訪れます。白河天皇の弟の皇太子が亡くなったのです。順当にいけば下の弟が皇太子ということになりますが、親心から白河天皇は自分の子に天皇を譲ろうと考えだします。白河天皇はこれより以前、最愛の奥さんを病で亡くしていました。奥さんのことが大好きだったのでしょう、亡くなった時は、数か月寝室から出られないほどだったそうです。そんな大好きな奥さんとの間にできた子ですから、天皇を譲りたくなったんでしょうね。

　白河天皇は天皇の位を息子に譲ったので上皇になります。息子の名前は堀河天皇です。わずか８歳の即位でした。白河天皇は上皇になりますが、ここで大事なのは「天皇の権力は保持したかった」、という点です。ですから、白河天皇は位を譲っても天皇家の家長として天皇を後見し、権力は譲りませんでした。そこで、京都には天皇のいる朝廷がありましたが、上皇のいる離宮にも**院庁**という役所を開設したのです。そして、ここで政治を行いました。これが**院政**の開始です。すなわち、上皇・法皇が政治を行ったのです。院政時代というと白河・鳥羽・後白河上皇・法皇の１００年余りになります。この時代は、院庁が出す命令書を**院庁下文**、上皇の命令を**院宣**といいましたが、院庁から多くの命令が出されました。

　それから三人の上皇はともに厚く仏教を信仰しました。そのために出家して**法皇**となっています。また、お寺も建立しました。その代表が、白河上皇が天皇時代に鴨川のほとりに建築した**法勝寺**です。白河上皇は奥さんが大好きだったということを先ほど言いましたが、愛した奥さんの弔いに阿弥陀仏を造立し、法勝寺に納め

たそうです。やがて、法勝寺の近辺には他に五つの寺が建立されました。すべてに勝の字が入っていましたので、これら六寺を合わせて**六勝寺**といいます。六勝寺には法勝寺の他に堀河天皇の造った尊勝寺などがありますので、白河天皇だけがつくったわけではありません。

院政期の社会

　ところで、天皇と院はどっちが上なの？？　と疑問を持ちませんか。天皇は律令国家では最上位に位置します。天皇より上はいないんですね。しかし、家としてみたら、上皇あるいは法皇は家長として天皇より力があるわけです。ですから上皇や法皇が力を持っていたんです。そして、上皇の側近（親類など）は**院の近臣**と呼ばれ上皇・法皇に気に入られて、権力を持ちました。

　院を支えたものには二つあって、一つは公領です。院は知行国主の制度や院宮分国の制度が広がり、収入を得ました。もう一つは、寄進地系荘園からの収入でした。まずは、公領の話から説明します。

知行国主と院宮分国

　公領についてですが、まずは、国司の任命についてです。本来国司の任命は天皇（朝廷）が行います。しかし、この時代は違います。どうしても国司になりたいAさんがいたとします。そのため、Aさんは院庁にワイロを持って挨拶に行くんですね。（天皇の所ではありませんよ。）主旨はもちろん「国司に取り立ててほしいのです」って内容です。そうすると院庁の役人はこれを上皇に上申するわけです。「上皇様、Aという者が国司になりたいと贈り物を持って来ています」上皇はその話を天皇にするわけです。「おい、息子（天皇）！　〇〇国の国司はどうなってる？」天皇は「父上様（上皇）、Bに決まってますが・・・」なんて言うと、それを上皇は「おい息子（天皇）！　Aに国司をやらせろ」などと言って、無理矢理国司の人選を変更したりするわけです。Aさんはめでたく国司になります。じゃあ任命したのは誰かというと、上皇ですね。この上皇のように、土地を与える立場を**知行国主**といいます。知行とは「与える」という意味です。翻訳すると「国を与えた主」・・・ですからこの場合は上皇ということになりますね。また、与えた国を**知行国**というんです。知行国って後の授業でも出てきますからよく覚えてくださいね。こういったことが何度もあると、天皇はいちいち上皇に国司をひっくり返されては困ります

から、上皇にあらかじめ伺いを立てるようになるわけです。こうして、院（上皇）の力がますます強くなります。もちろんたくさんのワイロが上皇に入って来たのです。

　次は、院宮分国制の説明をしますね。上皇などの娘などで嫁にいけなかったりする人もいますね。上皇はその娘の行く末を案じて、（ワイロでも食べていける）院と同じ待遇にしました。これを女院（にょいん）といいます。国司を推薦する権利を女院に与えるとともに、当該国から送られてくる官物を収納するという制度を**院宮分国制**（いんぐうぶんこくせい）といいます。

　また、寄進地系荘園が特に盛んなのは鳥羽法皇の時代です。鳥羽法皇は娘の八条院に荘園を１００カ所与えています。これが**八条院領**で、後に大覚寺統が継承しました。同じような例として、（先の話になりますが）鎌倉時代に後白河法皇が長講堂というお堂に、９０の荘園を寄進します。これが、**長講堂領**で、後に持明院統に継承されました。

寺社と僧兵

　院政時代は仏教を大切にしましたので、おのずと寺社に権力が集中します。また、権力があれば寄進地系荘園が寺社にも集まります。寺社は大きな力を持ちました。そして、兵力を持つようになったのです。それが**僧兵**です。下級僧侶が兵隊になったんですね。次第に僧兵たちは自分たちの要求を強く表すようになったのです。「願いをきかねば仏罰が当たる」なんて言って、御神木や神輿（みこし）を先頭に**強訴**（ごうそ）したんです。「強訴」ってのはその名の通り強硬に訴える行動、です。たまんないでしょ、神仏が先頭で来るんですから。中でも有名なのが**興福寺（南都）**（こうふくじ　なんと）と**延暦寺（北嶺）**（えんりゃくじ　ほくれい）でしたね。興福寺は平安末期に春日大社を支配下に入れて、御神木を先頭に強訴しました。白河法皇は「僧兵は鴨川の水とすごろくの目のように、思い通りにならない」と詠んだほど、僧兵には苦慮したようです。白河法皇は僧兵を抑えるのに武士の力に頼りましたので、ますます武士が中央に進出していくことになったのです。

Lesson32　保元・平治の乱

　さあ、時代は天皇よりも武士が力をつけていきますよ。武士の時代がやって来ま

す！

白河法皇と武士

　白河上皇は自分の警護に武士を使いました。これを**北面の武士**といいました。院の御所の北側に詰め所があったから北面の武士といいます。今日の話では平氏が活躍しますが、北面の武士はほとんどが平氏で構成されていました。余談ですが歌人で有名な**西行**法師も以前は北面の武士だったそうです。上皇はこのように武士を用いたんです。そして、生涯、武士のコントロールに苦慮していきます。

源氏と平氏

　武士は源氏と平氏が二大勢力でしたよね。この時代の源氏と平氏の様子をまず見ていきましょう。東国に勢力を広げる源氏は、その棟梁の源義家が大人気です。義家は後三年の役以降沈んでいましたが、白河法皇のおかげで復活していました。東国の武士はこぞって、義家に土地を寄進して保護を求めました。しかし、義家の後、一時内紛のため源氏は勢力を落としてしまいます。代わって、院と結び、力をつけてきたのが平氏です。"北面の武士"でしたね。中でも伊賀や伊勢で活躍した伊勢平氏が発展しました。平氏の中で、平正盛は源義家の子源義親が出雲で反乱を起こすと、それを鎮圧し、さらに正盛の子忠盛は瀬戸内海の海賊討伐で活躍しました。そうして鳥羽上皇にも気に入られ、院の近臣として重く用いられるようになりました。そして、忠盛の子の平清盛は平氏の絶頂期を築き、武士の世の中の礎を築いていきます。

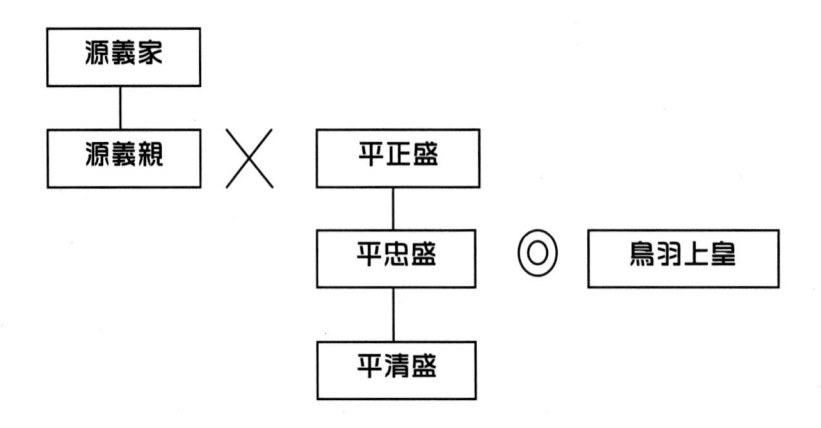

```
┌─────────┐
│ 源義家  │
└────┬────┘
┌────┴────┐       ┌─────────┐
│ 源義親  │── × ──│ 平正盛  │
└─────────┘       └────┬────┘
                  ┌────┴────┐       ┌─────────┐
                  │ 平忠盛  │── ◎ ──│ 鳥羽上皇│
                  └────┬────┘       └─────────┘
                  ┌────┴────┐
                  │ 平清盛  │
                  └─────────┘
```

　そして、武士の世の中をつくるきっかけとなったのが**保元・平治の乱**でした。

分裂

　１１４１年鳥羽上皇は出家して**鳥羽法皇**になります。そして、**崇徳天皇**を無理矢理退位させます。これがまた不思議な話です。家系図を見てください。白河法皇がいますね。白河法皇には愛人みたいな女がいました。白河法皇はその女性が妊娠したと知ったら、こともあろうに孫の鳥羽天皇にその愛人を与えるんです。ちょっと現代では考えられません。そしてその女性が産んだ子が崇徳天皇。だから鳥羽法皇にとって崇徳天皇は生まれた時から嫌いだったわけです。と言うと歴史は面白いのですが、先生は、ちょっと違うと考えています。先生は先日、子供の運動会を見に行きました。子供ってかわいいですよね。まして、愛する人の子供だったら可愛さも百倍でしょう。白河法皇はとてもその女性を好きだったようです。その女性の産む子にも天皇をさせてあげたいと思ったのではないでしょうか。しかし、もう孫の代に天皇は移ってしまっている。残念ですよね。そこで白河法皇は女性の名義だけでも鳥羽天皇の嫁としておけば、生まれた子供を天皇にできるかもしれないと考えたのではないでしょうか。先生はそう思います。

　話を戻しますね。崇徳天皇は退位しますから、崇徳上皇となるわけです。まず、ここで天皇の位をめぐる、鳥羽対崇徳の構図ができます。

　それから、鳥羽法皇は崇徳上皇の子ではなく崇徳上皇の弟を天皇（近衛天皇）として即位させます。そして、近衛天皇が亡くなると今度は近衛天皇の兄を天皇（**後白河天皇**）にします。そういう事情で鳥羽法皇と崇徳上皇の争いに後白河天皇が入ってきます。**鳥羽・後白河 VS 崇徳**になるわけですね。

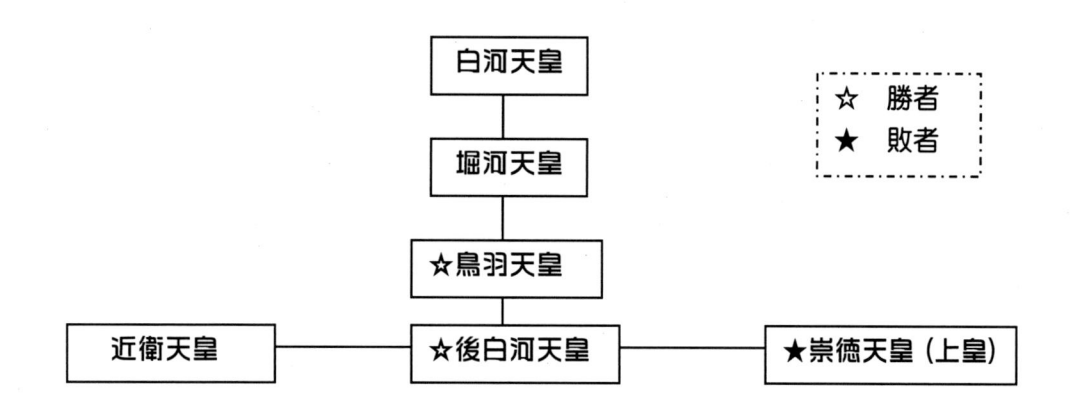

```
            ┌─────────┐
            │ 白河天皇 │
            └────┬────┘
                 │
            ┌────┴────┐
            │ 堀河天皇 │
            └────┬────┘
                 │
            ┌────┴────┐
            │☆鳥羽天皇│
            └────┬────┘
                 │
┌─────────┐ ┌────┴────┐ ┌──────────────┐
│近衛天皇 │─│☆後白河天皇│─│★崇徳天皇（上皇）│
└─────────┘ └─────────┘ └──────────────┘
```

☆ 勝者
★ 敗者

次に藤原家。藤原家の氏の長者、藤原忠実には**忠道**と**頼長**という息子が二人いました。忠実は藤原家の氏の長者の証しである朱器台盤を、兄を差しおいて弟の頼長に譲ろうとしました。ここに藤原家の氏の長者をめぐる兄弟の争いが起きます。

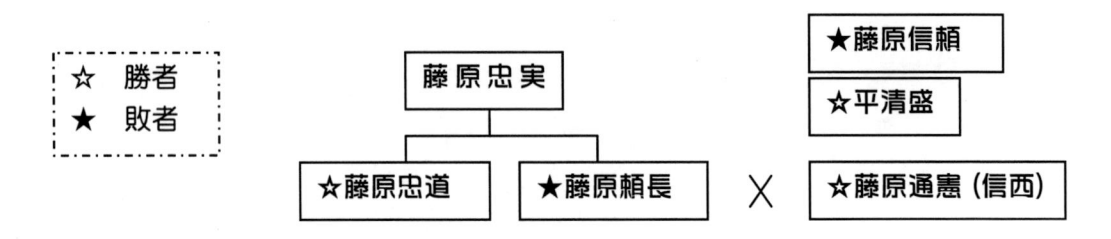

```
┌─────────────┐                              ★藤原信頼
│ ☆ 勝者      │         藤原忠実             ☆平清盛
│ ★ 敗者      │      ┌────┴────┐
└─────────────┘  ☆藤原忠道  ★藤原頼長  ×  ☆藤原通憲（信西）
```

また、**藤原頼長**と**小納言藤原通憲（信西）**の権力闘争がありました。頼長は前天皇の**崇徳上皇**を担ぎ出し、通憲は**後白河天皇**を立てました。これに、源氏も平氏も一族が別れて戦いました。一族が別れる理由は何かというと、勝っても負けてもどちらかに血筋が残るでしょ。そういうことです。ちなみに、これから権力の中心に座る平氏の棟梁**平清盛**は通憲側・天皇側に付きました。

保元の乱

さあそしていよいよ、１１５６年７月２日鳥羽法皇が亡くなると後白河天皇が崇徳院の葬儀の参列を拒否し内乱に発展していきます。これが**保元の乱**です。

勝ったのは、通憲側・後白河天皇側でした。崇徳上皇は讃岐（今の香川県）に流刑になりました。通憲は厳しい弾圧を源氏に行いました。なぜかというと、藤原家はもともと源氏と仲が良いんです。通憲は藤原家の長者を敵にしたでしょう。だから敵の友達ということで、源氏も敵なわけです。

その勝った側（通憲側・後白河天皇側）に**藤原信頼**という人物がいました。この人物は後白河天皇に大将の位を求めます。しかし、通憲がこれを拒みます。このことで藤原信頼は通憲を恨むようになりました。

平治の乱

何とかして通憲を倒したい信頼は誰に頼ったでしょう？　これが、源氏に頼るわけです。昔からのよしみですね。保元の乱で勝った側にも源氏の武士がいます。そ

れが**源義朝**です。信頼は「一緒に通憲を討たないか」と義朝を誘います。が、何といっても保元の乱の後に源氏は大打撃を食っており、相手のバックに平清盛がいたのではとても戦えません。そこで信頼が仕掛けた作戦とは、平清盛が**熊野詣**に出かけている間に、義朝と信頼でもって通憲を殺してしまおうというものでした。そうして、１１５９年、平清盛が熊野に出かけると義朝と信頼は通憲を殺してしまいます。ここまでならまだしも信頼は、天皇を引退していた後白河上皇と、二条天皇を軟禁します。これはもう謀反の状態ですね。

藤原信頼		藤原通憲（信西）	平清盛
源義朝	×	源頼政	

　後白河上皇と二条天皇は女装して、軟禁されていた場所から逃げ出します。当時は特に女子供は何かがあったら避難させる習慣があったので成功できたのかもしれません。その脱出してきた天皇が命令を出します。「義朝と信頼を討て！」

　打倒信頼・義朝の中心となったのは平清盛です。また、信頼や義朝のあまりの所業に憤り、（この後の授業でも出てきます）源頼政などのように、源氏の中からも清盛につく者が現れます。こうなると義朝も信頼もなすすべはありません。二人とも殺害されました。これが**平治の乱**です。こうして権力が平清盛のところへ回ってくるのでした。

Lesson３３　平清盛の政治

　保元・平治の乱で、中央から源氏が一掃されました。平清盛は西国一帯の武士を家人とし、権力を一手にします。また、清盛の奥さんの妹は後白河上皇の子を産みましたからますますラッキーです。清盛はトントンと出世していきます。ついには武士で初めて太政大臣にまでなるのです。それ以前の武士は地下人と呼ばれ、昇殿もできませんでした。それが、今や**公卿**にまでなったわけです。公卿っていうのは以前の授業で説明しましたね、大臣・大納言・中納言など位が三位以上の人をいいます。武士はほぼ日本の中心に上って来たというわけです。そして、清盛が六波

羅に住んでいたことから六波羅政権なんて呼ばれるようになるんです。

　清盛がどれくらい権力があったか、というとこんな話があります。あるとき清盛の息子たちが鹿狩りに出かけました。帰り道で摂政の乗った牛車と出会います。当時の礼儀では清盛の息子たちは馬から降りなければなりません。しかし、息子たちは降りませんでした。そのため摂政方に捕まってボコボコにされるわけです。それを聞いた清盛は「今までの平氏の功労を考えたら少しは配慮できるはずだろう」と腹の虫が収まりません。結局平氏の軍で摂政を襲い、髷を切り落してしまいました。

　先ほど言ったように、清盛は**太政大臣**になります。１１６７年のことでした。ちなみに太政大臣は今でいう総理大臣のようなものですが、貴族や天皇の関係者以外で就任したのは清盛が初めてです。太政大臣になった清盛は**高倉天皇**に娘の**徳子**を嫁がせました。清盛の娘が皇后となったわけです。さらに、高倉天皇と徳子の息子が**安徳天皇**として即位すると、清盛は外祖父となり好き放題の生活をしたわけです。

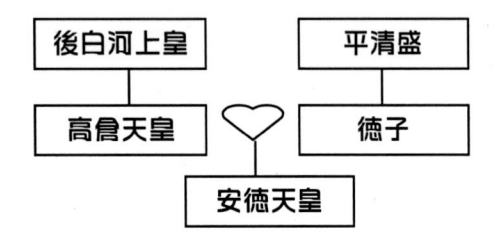

```
後白河上皇        平清盛
   │              │
高倉天皇  ♡  徳子
       │
    安徳天皇
```

経済基盤
　全盛を誇る平氏の経済基盤ですが、日本全国の約半分の知行国と５００あまりの荘園を保有していました。こういったことから経済基盤に関しては摂関家にすごく似たものでした。

　また、清盛はそういった中で、摂津の**大輪田泊**（今の神戸）を修築し、**日宋貿易**に力を入れます。日宋貿易は正式な国交ではありません。注意してください。取引きでは、宋銭や陶磁器が輸入され、砂金・硫黄・刀剣などが輸出されました。

　しかし、そんな平氏の独占支配が強すぎてしまい、後白河上皇はじめ貴族たちは反発を強めます。そして１１７７年「清盛討つべし」との話し合いが京都東山鹿ケ谷の僧俊寛の山荘で持たれました。主な参加者は後白河法皇や法皇の近臣藤原成親

等でした。しかし、この密議が摘発されてしまいます。これを**鹿ヶ谷陰謀**といいます。その後、後白河上皇は幽閉され発言権を失い、やがては院政が止められるという事態に発展します。その結果清盛はなんと、１１８０年６月、先ほど話した大和田泊に遷都をするのです。しかし、さすがに、遷都は大寺院・貴族などが強く反対し、約半年後に都は平安京に戻されました。

Lesson 34 平安末期文化

　平安末期の文化の特徴は、①従来の貴族文化が最後の花を咲かせたこと、②武士の勃興と地方の経済力向上による、地方文化の開花があげられます。

文学

　まずは歴史物語として『**大鏡**』があげられます。白河院政時代に書かれた歴史物語です。大鏡となぜ命名されたかというと「歴史を明らかに映し出す、すぐれた鏡」という意味で付けられたようです。藤原北家、特に藤原道長の栄華について書かれています。

　そして、女流文学の流れを汲み、女性に読んでもらえる歴史書といえる『**栄華物語**』。内容は藤原北家について書かれております。しかし、物語性を重視するので、史実とのずれが目立つようです。この点で歴史書としては大鏡にかなわないところがあるようですね。

　次に説話集では『**今昔物語集**』。国語の授業でやってますよね。「今は昔・・・」で始まるあれです。インド・中国・日本の１千あまりの説話が集まっています。実際に数遍を除いて、「今は昔・・・」で話が始まっているようです。ところで、説話集の"説話"って何かというと、物語とか民話とかいう意味らしいです。

　また、**軍記物**と呼ばれる合戦を取り上げた話も書かれました。余談ですが日本最古の軍記物は将門の乱について書かれた『将門記』です。平安末期では、後三年の合戦を書いた『**陸奥話記**』が有名です。

さらに、この時代には詞書き（絵の説明文）と絵を織り交ぜて物語を進行させる**絵巻物**として優れた作品が現れました。絵巻物に似たもので、**扇面古写経**というものもありました。それぞれには、民衆の生き生きとした様子が描かれていました。扇面古写経って何かという話になると思うので説明します。扇面古写経とは扇形の紙面に大和絵で下絵を施し、その上に法華経を書写し、何面かを重ねて中央で折りとじたものです。まあ、扇子に絵を描いてその上にお経を書いたと思ってください。

後白河法皇が民間の流行歌謡である今様を集めて編纂した『**梁塵秘抄**』。それから、平清盛が厳島神社に納めた、飾りたてられたお経、これを装飾経といいますが、中でも、**平家納経**は素晴らしいものです。教科書の写真を見てください、きれいでしょう。

建築

建築では、先ほども出ましたが、平清盛が瀬戸内海の平和と平氏の守り神として修造した、**厳島神社**。この神社を造ったことで宋との貿易がより盛んに行われるようになりました。この神社は、台風が来たりすると海が荒れるでしょう、そういう時は無理しないように、壊れるようにできてるんですよ。無理すると土台までダメになるでしょう。よく考えて造られてます。余談ですが、以前の修学旅行で厳島神社を参拝したら、そこで結婚式を挙げている夫婦がいましてね、とてもきれいでしたねえ〜。

続いては、北の雄、奥州藤原氏の都**平泉**に造られた**中尊寺**です。その中に**金色堂**がありますが金でできていて、それはそれは美しいものです。平泉には**毛越寺**（この寺は天台宗です）もありますが、中尊寺も毛越寺も浄土の教えが生きたお寺です。

Lesson35 源平争乱と鎌倉幕府の成立

今日の授業はいよいよ、みんなが知っている源頼朝の登場です。

源氏の棟梁であった源義朝が殺害され、平氏の一人勝ちの時代が来たところまではやりましたね。さあ、この平氏のやりたい放題にすべての人が賛成した、あるい

は黙っていたわけではありません。平氏に腹を立てていた人物の代表は後白河法皇です。後白河法皇は幽閉されてはおりましたが、源氏に目を付けて復活の日を虎視眈々と狙っておりました。

以仁王

まず、**源頼政**という人物を思い出してください。この人は平治の乱の時に源氏を裏切った人ですね。前の時間にも説明しましたが、裏切ったというか、清盛のすることのほうが義朝のすることより正しいと思って、清盛に味方した人物ですね。すごく清盛とは近しい関係にあった人物なんですが、この人が打倒平氏の先陣を切ることになります。清盛を裏切った理由は諸説あるのですが、ここでは省略します。いずれにしても清盛のやり方がおかしいと判断したんでしょう。その頼政は、後白河法皇の子の**以仁王**に打倒平氏の令旨（皇太子・親王・女院の出す命令）を願い出ます。以仁王は順番からいったら次の天皇になる人でした。しかし清盛の力で安徳天皇が即位したことによって、自分は天皇になれそうにありません。清盛に対する恨みがあったのでしょうね、以仁王は頼政の願いを聞いて１１８０年４月、全国の武士に平氏打倒の令旨（以仁王の令旨）を下します。そして、５月に頼政は挙兵しました。

さあ、清盛はどうしたでしょう。自分に近しく信頼していた人物に裏切られたわけですから、それはもう怒ります。「全国の源氏を打ち滅ぼせ！」となったわけです。ちなみに頼政はこの戦で敗死してしまいました。

頼朝の挙兵

ちょっと時代を遡ります。平治の乱で敗れた義朝には数人の子供がいました。そのうち、長男は殺され、次男は戦死しましたが、後世で有力な三人の子が残されました。**源頼朝、源範頼、源義経**です。清盛は義朝の奥さんで、超美人だったといわれる常盤御前を保護し、幼かった義経を引き取りました。一方、頼朝のことは殺すはずでした。しかし、頼朝は当時まだ１３歳であり、清盛の義理の母に「あまりにも小さくて不憫だから、殺さないでくれ」と頼まれて、伊豆蛭ヶ小島に流刑としました。義理の母は尼さんでしたから命を取りたくなかったんでしょうね。範頼は浜松に、義経はその後鞍馬山にお坊さんとして預けられました。義経の幼少時

の名前は牛若丸ですね。ちなみに鞍馬山は現在の京都府にある山ですが、パワースポットとして有名です。先生も先日行ってきました。「あ〜この辺で義経が修行したんだろうなあ〜」なんて思いながらね。

　さあ、いよいよ頼朝も以仁王や後白河法皇からの命令で立ち上がることになります。１１８０年**石橋山の合戦**です。しかし、立ちあがった頼朝ですが、この戦に敗れてしまい、命からがら船に乗って安房へ逃び延びます。安房は現在の千葉県です。安房である武将から「源氏のゆかりの地で、天然の要害の地である鎌倉に行かれよ」という進言を受けて、その後は鎌倉を源氏政権の拠点にしました。

　ここからの源平の合戦にはたくさんの逸話があって、時間にきりがありませんから、かいつまんでお話します。地図で確認しながら聞いてくださいね。

　再び立ち上がった頼朝は、富士川で平氏と向き合います。富士川の合戦です。この合戦は水鳥の羽音に平氏の軍がびっくりして逃げ出し、頼朝が勝利します。というと、平氏の軍が弱虫みたいですが、そうではなかったようです。平氏は「水鳥が飛び立つというのは敵が奇襲をしてきたからだ。わが軍は態勢が整っていないのでいったん退こう」と判断したとも考えられます。

　その勝利の後に頼朝と合流したのが、異母兄弟の弟である義経です。九郎義経という言い方をしますが、"義朝の九男"という意味だそうです。

　富士川の合戦の敗北を聞いて激怒したのが清盛です。しかし清盛は原因不明の熱病にかかり、やがて亡くなってしまいます。遺言は「葬式はいらぬ。それよりも頼朝の首を墓前にささげなさい」でした。１１８１年、６４年の生涯に幕を閉じたのです。

　１１８３年の倶利伽羅峠の戦いは頼朝の従兄、**源義仲**(木曽義仲)が活躍します。木曽義仲の木曽とは長野県の木曽谷のことで、義仲が木曽谷で育ったのでそう呼ばれました。奥さんの巴御前と一緒に戦います。この戦いで、牛の角に松明を括りつけて走らせ平氏の軍に突入させた話は有名です。ちなみに、義仲はこの後京都に上りますが、京都で乱暴をはたらき後白河法皇の不興を買います。そして後白河法

皇が頼朝に命令し、義仲を討たせます。義仲は宇治川の戦で破れ、亡くなりました。西行はこの時のことを「木曽人は　海のいかりをしずめかねて　死人の山にも　入りけるかな」と詠んでいます。

　話は源氏対平氏の話にもどります。**一の谷の戦い**は義経の奇襲です。谷の下に陣取った平氏の軍を義経が崖の上から奇襲するわけです。まさか背後の急な崖からは攻撃してこないだろうと思っていた平氏は、一気に敗戦します。そして四国の屋島へと逃げていきました。

　次の**屋島の戦い**も義経の奇襲です。嵐の海を渡って、平氏軍の気付かぬうちに後方に回り込み、平氏軍を壊滅します。そして最後は**壇ノ浦の戦い**になります。1185年長門の壇ノ浦、今の下関と北九州を挟む関門海峡での合戦です。ここは狭い海峡なんですが、潮の流れが急で結構事故が多発する地域です。この海上で、午前中は潮の流れによって劣勢に立つ義経でしたが、午後には流れが変わります。我慢していた義経は一気に攻勢に出ると平氏軍を滅ぼしました。ここに平氏は滅亡しますが、それと一緒に安徳天皇、天皇の母で清盛の娘徳子と三種の神器も海に落ちていきます。三種の神器は天皇の象徴ですね。どうしても天皇の象徴を源氏に渡したくなかったんですね。ちなみに徳子は救助され仏門に入りました。

　この合戦には後日談があります。この当時海戦になると船の漕ぎ手は狙わないというルールがありました。船の漕ぎ手は一般人だったからです。しかし、義経は弓でそれを攻撃しました。つまりルール違反をしたんですね。どうもたどってみると、義経はルール違反をすることが多かったようです。そのことから、「源氏は後世で平氏に復讐をされるのではないか」と頼朝は考え、徹底した平氏狩りをし、また義経の処遇にも苦慮したといわれています。

　頼朝と義経兄弟の確執は有名ですよね。義経は悲劇のヒーローになっていきます。さっき言ったようなこととプラスして、後白河法皇が兄弟を引き裂くような工作を仕掛けたんです。(後白河法皇にしたら、武士に勢いづかれるのは困りますからね。)例えば、義経は頼朝の支配下の人間ですから「お兄さん、後白河法皇が位をくれると言うのですが、もらっても良いですか」と断りを入れなくてはいけないわけです。それを知っていて、頼朝に内緒で義経に位を授けたりしたわけです。義経は最終的

に、平泉の地で奥州藤原氏とともに頼朝の手で滅ぼされることになります。海を渡ってチンギスハンになったっていう噂もありますが、それはどうだか・・・(笑)。１１８９年に頼朝は義経をかくまった藤原泰衡(ふじわらやすひら)を攻め、奥州藤原を滅亡させて東北にも鎌倉の勢力を拡大していました。

Lesson36 鎌倉幕府の政治機構

　１１８５年壇ノ浦で平氏を滅ぼした源頼朝は**１１９２年**に征夷大将軍となり、**鎌倉幕府**を開きました。これって「いい国造る源頼朝」ですよ。中学でやったでしょう。

　なんで、１１８５年に平氏を滅ぼして１１９２年に幕府を開くことになったのでしょうか？　ちょっと不思議ですよね。時間がかかってますね。この理由は後白河法皇にあります。頼朝は征夷大将軍の役職を欲しがりました。侍の頂点の役職ですからね。しかし、武士に調子に乗られるのが嫌で法皇はこれを拒みます。そのために頼朝は法皇が死ぬのを待つことにしました。で、１１９２年になったわけです。

　じゃあ、なんで１１９２年が大切な年なんですか？　というと、ここから江戸時代が終わるまでの６００年ぐらいに渡って日本を武士が仕切っていきます。その最初の年になるからなんですよ。今までは地下人なんて呼ばれていた武士がついに天皇を差しおいて政治の頂点に君臨するわけですね。

　そうそう、幕府ってどういう意味？　って思う人もいると思うので説明しておきます。「幕府」とは、もともと、戦の時に王に代わって指揮を執る将軍の陣地をいいました。それが転じて武士の政策発信地や機関のことをいうようになったんです。

　さて、鎌倉幕府はどのようにできていたでしょうか。教科書の表を見ながらいきましょうね。鎌倉幕府の中心機関は三つ（政所、問注所、侍所）１です。＋１は公事奉行人という役職ですが、さして重要ではないので、三つの部分とその下に置かれた守護・地頭・京都守護などについて説明していきます。

政所

　政所は財政事務を取り扱い、その文章を作成します。政所の別当（長官のこと）は公家出身で、頼朝によって京都から鎌倉へスカウトされた、大江広元が就任しました。ちなみに、この後やる、守護・地頭は大江広元の根回しのおかげで朝廷から設置することを公認してもらえたんですよ。

問注所

　問注所はすべての裁判事務を取り扱います。そのトップを執事といったのですが、執事は大江同様に公家からスカウトされた三善康信でした。執事とは別当中の別当という意味だったようです。

侍所

　侍所は成立する順番が紛らわしいので注意してください。１１８０年に石橋山で頼朝が敗れましたよね。その時に、頼朝は武家政権樹立の下準備として武士たちと主従関係を結び、結束を固めたんです。そしてその武士を組織・統制するために侍所を作ったんです。ですので、幕府ができる前からあったんですよ。そして、１１８３年に頼朝が後白河法皇から東国支配を認められ、１１８４年に設置されたんです。侍所のリーダーも別当です。初代別当は和田義盛でした。

守護・地頭

　１１９２年よりも７年前、１１８５年になりますが守護と地頭という役職が配置されました。これは、"義経が地方に潜伏しているのを発見するために"という名目で後白河天皇に認めさせ設置されました。その際に頼朝は１段当たり５升の兵粮米を徴収する権利を獲得するのですが、この動きは公家や寺社から大反発を招き、さすがの頼朝もこの権利を放棄します。それで、守護には主にその国内の御家人の指揮と治安維持に当たらせることとしました。そして、地頭は元平氏の土地（平家没官領）を中心とする謀反人の所領に限定して配置しました。

守護

　さて、守護についてもう少し詳しく勉強していきましょう。守護は幕府が与えた役職です。それは一国に１名、有力御家人の中から任命されました。戦時の大切な仕事は国内の御家人の統制です。では平時（平和な時）はというと、１２３２年の

御成敗式目によってそれがはっきりしたんです。内容は①大番役の催促（京都御所の警備をする仕事を**京都大番役**といいまして、その役の派遣を御家人に要請することをいいます）、②謀反人の逮捕、③殺害人の逮捕、です。①から③の重要な仕事をまとめて**大犯三カ条**といいました。

　この時代、国司がいましたよね。「国司も一国に１名赴任するんでしょう」という話になりますね。この時代、確かに朝廷から国司も任命されます。ですからツートップ状態になるのですが、国司は現地に行かず（つまり遙任）現地に影響力が弱く、あきらかに守護が主導権を握っている状況です。そう考えると、国司が不要になるまでの過渡期ということもできます。

地頭

　地頭についてですが、まずは寄進地系荘園を思い出してください。「荘園を開発した人々（開発領主）は自分の土地を守るために寄進を繰り返しましたね。そして、荘官となった」みたいなことを勉強しましたね。この開発領主に武士が多かったわけです。この地位では生活が不安定で困ってしまうわけです。そこに目を付けたのが頼朝で「あんたの土地は俺が保障する」って言って、この人たちを地頭にしたんです。そうすると武士の生活も安心でしょ。これが**本領安堵**です。（地頭になる武士は開発領主ばかりとは限りませんでしたが。）そういうわけなので地頭の任命は荘園や公領単位のケースが多かったんです。

その他の地方職

　さらに京都には在京御家人統率や警備、朝廷との交渉の任務を負った**京都守護**、九州には九州の御家人統率と警察の任務をつかさどる**鎮西奉行**を置きました。また、東北は藤原氏を攻め滅ぼして、**奥州総奉行**を置き、守護を置かずに直接支配をしました。

公武二重政権

　では、頼朝がどの位の支配をしたかの話をします。頼朝は幕府を開きましたが、京都には依然として公家政権が存在します。このため幕府が支配したのは頼朝に与えられた旧平氏の領土である**関東御領**と頼朝の支配地（知行国）である**関東御分国**でした。基本的にそれは東日本にありましたので、頼朝の時代は東国支配が中心でした。

Lesson 37 将軍・御家人の関係と武士の生活

　今日の授業では将軍と御家人の関係がどうなっていたのか、鎌倉武士はどんな生活をしていたのか学んでいきましょう。

将軍・御家人の関係
　源頼朝が武家政権をつくりました。将軍になった、といったって自動的にみんながついてきてくれるわけではないですよね。友達なら別ですが、そこには何かしらお互いの利益がないと関係って成り立ちません。じゃあ、将軍とそれに仕えた人たちにはどんな利益関係があったのでしょうか。

　まず最初に**御家人**の説明からします。簡単に言いますが、御家人ていうのは将軍に忠節を誓った武士のことをいいます。じゃあ、鎌倉御家人になる目的って何かってことになりますよね。その目的は先祖伝来の所領（土地）を御家人の持ち物だ、と認めてもらうことにありました。先祖伝来の土地を日本で一番強い武士が認めてくれるわけですね。いずれにしても将軍に土地を守ってもらうことを**本領安堵**といいましたね。地頭のところも復習しておいてください。そして、勲功があった者は新たな所領をもらいます。これを**新恩給与**といったわけです。さっき「先祖伝来」って言いましたが、もちろん新たに手に入れた、新恩給与した土地も守ってもらいますよ。これら将軍にやってもらうことを総称して**御恩**というんですね。

　そういった御恩と引き換えに、御家人が行う義務を**奉公**といいました。奉公の内容は、京都大番役・鎌倉番役・戦時の軍役ということになります。

　こういった、土地を介した御恩と奉公の主従関係・縦社会を**封建制度**といいます。付け加えて言っておきますが、武士でも御家人にならなかった人もいます。その人たちを**非御家人**といいました。数は御家人の方がずっと多かったようです。

鎌倉武士の生活
　では武士の生活はどのようなものだったでしょうか。まず、武士は堀や土塁で囲

まれた小規模な城のような、**館**(たて)と呼ばれる場所に住んでいました。館の敷地内には禅宗様で建てられた家がありました。禅宗様は文化のところで説明します。そして、館の内側や近辺の、**門田**(かどた)という直営地を下人に耕作させていたんです。

　それから、何といっても武士ですから、武芸が下手では仕事になりません。御恩と奉公の所でもやりましたように、いざとなったら兵隊になりますので、武芸の練習をするわけです。それが騎射三物といわれる**犬追物**(いぬおうもの)・**笠懸**(かさがけ)・**流鏑馬**(やぶさめ)などです。犬追物は漢字の通り犬を追って弓で射る競技です。竹垣で囲んだ馬場に１５０匹の犬を放し、それを１グループ１２騎で射るわけです。しかし、日本人は残酷なことを好みませんから、刺さらない矢を使用して射ました。笠懸は走っている馬の上から１カ所の的を射る武芸です。群馬県の桐生競艇場のある**笠縣町**(かさかけまち)は源頼朝がこの地で笠縣をしたことから名が付いたようです。流鏑馬は笠懸と基本的に同じですが、的は三つあります。

　武士の一族は**惣領**(そうりょう)と呼ばれる統率者のもとに結集していました。惣領とは現在は長男のことをいいますが、この時代は長男ではなく、その一族で一番力のある者が選ばれていました。惣領以外を**庶子**(しょし)といいます。庶子は所領を分割相続されました。それは男女の区別なく分割されたんです。結構女性の社会的地位も高かったようですよ。そして、戦があると惣領が一族を統率して出陣しました。こういったシステムを**惣領制**(そうりょうせい)といいます。

　またこのころから、武士の道徳性が生まれてきます。「弓場の道」「もののふのみち」と呼ばれるもので、根本は主従道徳と軍功による一族の繁栄を願うものでした。

Lesson 38 北条政子の時代

２代頼家
　頼朝は１１９９年に相模川の橋の落成式を見に行った帰りに落馬したことが原因で亡くなりました。享年５３歳でした。さあ、そこから新しい時代が始まります。力を持ったのは頼朝の奥さん**北条政子**(ほうじょうまさこ)でした。２代将軍になったのは**源頼家**(みなもとよりいえ)です。しかし、彼には統率力がありませんでした。何より自分勝手な行動が目立ったとい

われています。政子と政子の父親である**北条時政**とが計画して頼家から政治の実権を奪い、１３人の有力御家人で政治を行う合議制にしてしまいました。

　このような状況に不満を募らせていた源頼家に情報が入ります。有力御家人の安達景盛に美人な嫁さんが来た、という話でした。頼家はこともあろうに、景盛の留守中にその嫁さんを寝取ってしまいました。景盛と頼家の関係は政子の取り計らいでことなきを得ますが、御家人との関係は大きく溝が深まってしまいます。誰も言うことをきかなくなった頼家に、頼家の奥さんの父親、つまり義父の比企能員が近づきます。頼家はそのうち病気になりました。次の将軍は当然頼家の子に継承するはずですが、北条氏が後見してきたのは弟の実朝です。実朝に継承しよう、ということになります。怒った頼家は比企能員と一緒になって、政子を討とうとしました。しかし、この計画は事前に北条家にばれてしまい、失敗に終わります。頼家は修善寺に幽閉されてしまい、比企一族は北条氏によって滅ぼされました。

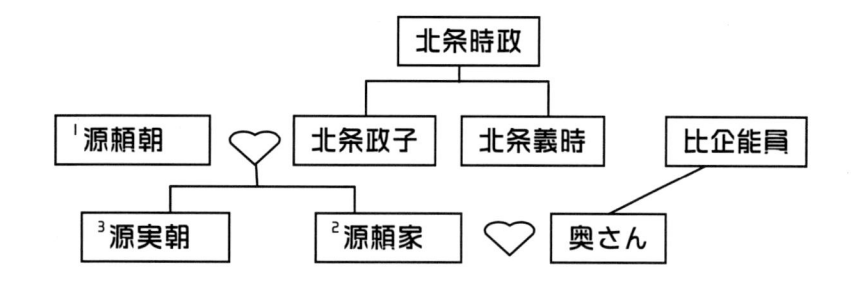

３代実朝

　頼家に代わって将軍になったのは、３代将軍**源 実 朝**です。将軍が決まった後に頼家は殺されました。そして、北条時政は**執権**と呼ばれるようになり、力を得ました。執権とは将軍を助け政治を行う役職です。その後、時政は自分に逆らう御家人を次々と殺し、挙句の果てには自分の後妻の娘の旦那さん（義理の息子）を将軍にしようとしました。政子は、「これではまずい」と時政を幽閉し、時政の息子（自分の兄弟）の**北条義時**を２代目の執権にします。義時は侍所の別当和田義盛を１２１３年の和田合戦で破り、政所と侍所の別当を兼任し、執権の地位を固めました。さらに、これ以降、執権は北条氏の間で世襲されるようになりました。

　１２１９年１月、実朝は鶴岡八幡宮で武士として初めての右大臣の位を戴く儀

式をしました。その帰り道、階段を下りてきた実朝は木の陰から飛び出してきた男に襲われ暗殺されます。飛び出してきた男の名は**公暁**。２代将軍頼家の息子でした。自分の親が不運に見舞われたのは頼家のせいだと思っての犯行でした。

４代頼経

もともと政子は鎌倉幕府を権威づけし、幕府を安定させるために、京都とのパイプを欲しがっていました。そこで皇族から将軍を迎えようとしたのですが、後鳥羽上皇が許可しなかったので、天皇家からランクを落とし、４代将軍は京都の九条家から迎えられた**藤原頼経**になりました。九条家は、公家のベスト５の家柄でした。公家の家柄でベスト５内の家柄を摂家といいます。ですので、頼経は**摂家将軍**と呼ばれました。将軍は９才でしたので、政子は「将軍は幼いので私が育てる。政治は執権に任せる」ということをいいました。以降鎌倉幕府は執権が切り盛りをすることになります。その後、頼経はどうなったかというと、将軍の権力を強めようとしだすんですが、そんなことが許されるわけもなく、１２４４年に将軍を息子の**頼嗣**に譲らされ、出家することになりました。

承久の乱

いままで話してきたような一連の幕府内のごたごたを、復活のチャンスととらえた人がいます。それが、**後鳥羽上皇**です。上皇は武士の手に移った権力を朝廷へ取り返そうとしたんですね。北面の武士以外に**西面の武士**を新設し、武力強化を図っていました。そんな時に起きた実朝の暗殺事件をチャンス！　と思い、１２２１年義時追討の命令を全国に下します。これが**承久の乱（変）**です。この時、動揺する幕府軍に対して政子が「誰のおかげでここまでなったと思ってんだ！！　頼朝公に恩返しをしろ！！」と発言をするわけです。このシーンは『吾妻鏡』に出ていますので、興味があったら読んでくださいね。これによって御家人が結束を固め、圧倒的な力（１９万の軍勢）で上皇を打ち破ったわけです。勝った幕府軍は、京都まで攻めのぼっていた北条泰時と時房軍を六波羅に留め置きます。そして朝廷の監視や西国御家人ににらみをきかせるために力を使いました。これが後に**六波羅探題**と呼ばれるようになります。

承久の変の首謀者だった後鳥羽上皇は隠岐に島流しになりました。その他にも皇族が絡んでおりました。幕府は土御門上皇を土佐に、順徳上皇を佐渡に流刑にし、

仲恭(ちゅうきょう)天皇に替えて後堀河(ごほりかわ)天皇を立てました。

　そして、上皇方についた武士の所領３千か所が没収されました。それらはほとんどが西国のものです。その没収した土地には軍功のあった御家人を地頭として設置しました。これにより東国武士が西国へ進出することになります。幕府の支配が全国に及ぶようになったというわけです。また、この時に設置された地頭のことを**新補地頭**(しんぽじとう)と呼びますが、新補地頭は取り分の前例がないので、**新補率法**(しんぽりつほう)と呼ばれる取り分の割合に従って収益を配分しました。新補地頭が出ましたので、以前からある地頭とそれを区別するために、以前からあった地頭を**本補地頭**と呼ぶことになります。ちなみに、承久の乱後の守護はほとんどが北条一門となっていきます。

　１２２４年北条義時が亡くなります。翌年は政所の別当大江広元(おおえひろもと)が亡くなり、同年幕府を支え続けた政子が死去しました。政子は６９歳、一心に幕府のために生きた人生でした。

　余談ですが、“変”は政治的な陰謀や、政権担当者を狙った場合。“乱”は天皇や幕府に対する反乱。現政府に対する反乱や武力による抵抗。これは大変あいまいな部分が多いですが、おおよその目安にしてください。

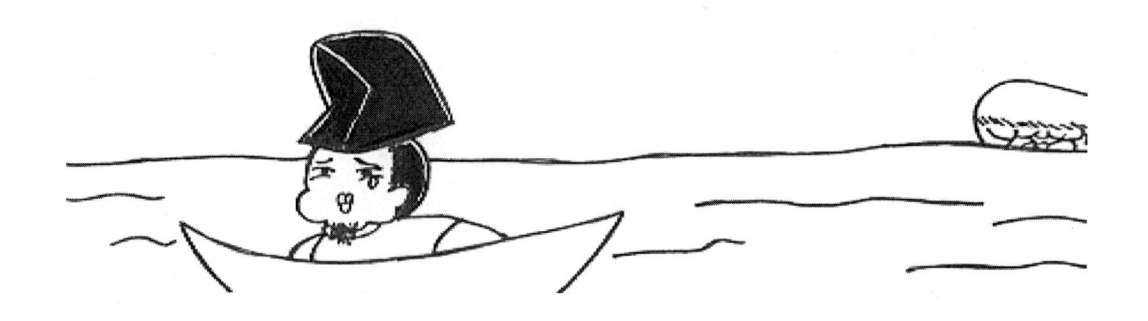

Lesson 39 政子の後の鎌倉幕府

　今日は政子がお亡くなりになった後の鎌倉幕府について勉強していきます。

北条泰時

　執権の名前は覚えていますか？　復習しておきましょうね。時政→義時まではやりましたね。そして義時が死んで、第3代の執権になったのが義時の息子の**北条泰時**です。1225年泰時は執権の地位強化のために、補佐役の**連署**を置きました。公文書に執権とともに署名と加判をしたので、連ねて署名する、"連署"といわれたんです。この連署の初代は、承久の乱の際に泰時とともに幕府軍を率いて京にのぼった、泰時の弟の**北条時房**です。

　泰時の時代から会議は執権・連署の責任において、**評定衆**11人が加わり話し合いが行われました。評定衆というのは、泰時が設置した幕府の最高機関です。構成していたのは北条一門と公家出身の大江・三浦・安達らの有力御家人たちでした。

　しかし、そういうシステムとは裏腹に、天災などから土地をめぐる争いが増加してしまいます。また、御家人同士の争いや地頭と荘園領主の争いなどで、武士に関わる争いが多くありました。話し合いにも限度があります。そこで、泰時は考えました。法律の整備です。この法律は武士にもわかりやすく、そして力のあるものもないものもある程度平等でなければいけません。そういう考えに基づいてできたのが、1232年の武家法最初の成文法である**御成敗式目**でした。この御成敗式目は武家法の基本として、武家社会の慣習や道徳であるどうりを基準に北条泰時が制定したものです。戦国時代に**分国法**っていうのが出てきますが、それなどは御成敗式目を基本にしています。また、承久の乱後には争いを防ぐために、全国の守護に命じて、田の面積を調べ、土地の所有権をはっきりする**大田文**を作らせました。大田文は国別に国衙領・荘園すべての面積と領有関係がまとめて書かれた記録簿です。御家人の軍役賦課の際の目安にもされました。また、従来国衙が有していた権利を幕府が掌握したという見方もできます。

北条時頼

　次に教科書で取り上げる執権は第5代執権の**北条時頼**です。時頼の政策は簡単にいうと北条氏の地位を固めることにつきます。

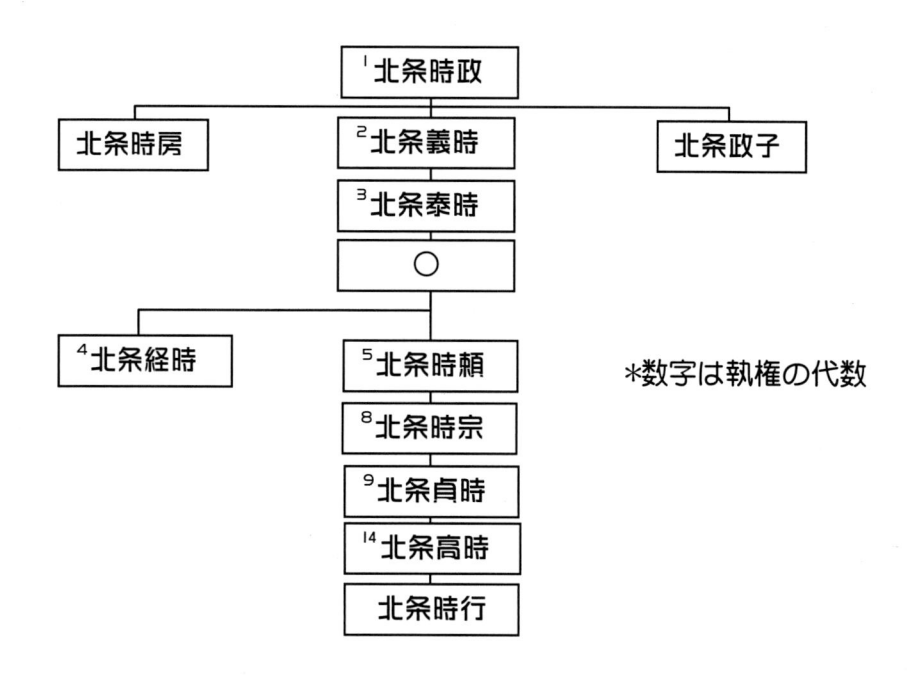

```
                    ┌─────────────┐
                    │¹ 北条時政    │
                    └──────┬──────┘
        ┌──────────────────┼──────────────────┐
┌───────┴──────┐   ┌───────┴──────┐   ┌───────┴──────┐
│ 北条時房     │   │² 北条義時    │   │ 北条政子     │
└──────────────┘   └───────┬──────┘   └──────────────┘
                    ┌──────┴──────┐
                    │³ 北条泰時    │
                    └──────┬──────┘
                    ┌──────┴──────┐
                    │      ○      │
                    └──────┬──────┘
        ┌──────────────────┴──────────────────┐
┌───────┴──────┐                   ┌──────────┴───┐
│⁴ 北条経時    │                   │⁵ 北条時頼    │
└──────────────┘                   └──────┬───────┘
                                   ┌──────┴───────┐
                                   │⁸ 北条時宗    │
                                   └──────┬───────┘
                                   ┌──────┴───────┐
                                   │⁹ 北条貞時    │
                                   └──────┬───────┘
                                   ┌──────┴───────┐
                                   │¹⁴ 北条高時   │
                                   └──────┬───────┘
                                   ┌──────┴───────┐
                                   │ 北条時行     │
                                   └──────────────┘
```

＊数字は執権の代数

　では具体的にどのようなことをしたかということですが、まず、義時の孫で有力な北条氏の嫡流（跡取りと正妻の間にできた長男）である名越光時を排斥します。名越光時は、将軍を強制的に辞めさせられ鎌倉で生活していた第4代将軍藤原頼経と結んで、北条時頼を排斥しようと画策していました。北条時頼は名越光時を出家させ伊豆に流刑にします。そして藤原頼経を京都へ追い返しました。

　次に時頼は、評定衆のメンバーで有力御家人の三浦安村が、京都にいた頼経を鎌倉に戻そうとしたことに対して、1247年鎌倉の戦闘で自殺させました。これを**宝治合戦**といいます。これによって時頼は北条氏の地位を不動のものにしました。

　1249年になると、時頼は増え続ける土地の争いを公平かつ迅速に裁くための専門機関として、評定衆の下に**引付**を新設しました。そして、そのメンバーとして**引付衆**を任命しました。引付の会議では、引付衆の中から頭人と呼ばれるリーダーが選出され、そのもとに数名の引付衆が加わって判決原案を作成し、原案が評定衆にかけられて決定されていました。

　1252年には5代将軍であった頼嗣を京都に追い返し、後嵯峨天皇の第一子を将軍として迎えます。これによって、念願だった将軍家と天皇家の完全なパイプを

作ることに成功したわけです。ちなみにこの将軍は皇族なので**皇族将軍**とか**親王将軍**と呼ばれました。鎌倉幕府は摂家将軍から皇族将軍になり、幕府滅亡まで続きました。そして天皇と将軍は父と子、または兄弟の血縁で結ばれ、日本は二分されました。京都の天皇・上皇と鎌倉の将軍、2人の国王がならびたったわけです。では、どちらが主導権を持っているかというと、それは将軍だったわけですね。というか、将軍の側近である執権北条氏が力を握ったわけです。このような時頼の活躍による北条氏の力を端的に表すのは土地です。この当時の全国の土地の大半は北条氏のものとなりました。

Lesson 40 鎌倉時代の農商工業

今日は武士と荘園との関係などから話していきます。

地頭の荘園侵略

先日、地頭についてお話をしました。今度は地頭と荘園と税の関係を説明します。

この時代、荘園領主と地頭が土地問題でもめます。なぜでしょうか？ 荘園領主と地頭が何なのかを少し復習してみましょう。荘園領主とは貴族、寺社、摂関家などの中央の力のある人たちなどで、主に寄進をうけて荘園の持ち主になった人たちですよね。一方、地頭は、頼朝が「荘園の管理をするように」といって荘官を新たに就任させたんですよね。荘官は武士が多かった、なんてやりましたよね。

さて、この問題では荘園領主は常に地頭に悩まされます。地頭は武士で武力がありましたからね。それを解決するために、まず、**地頭請**という制度を行いました。地頭請とは地頭が荘園領主に「決められた額（一定額）を払う」代わりに、「領地の経営をすべて行う」というものでした。そのため、地頭は荘園領主に税のうちの一定額を支払い、残りをすべて自分の手に入れていました。

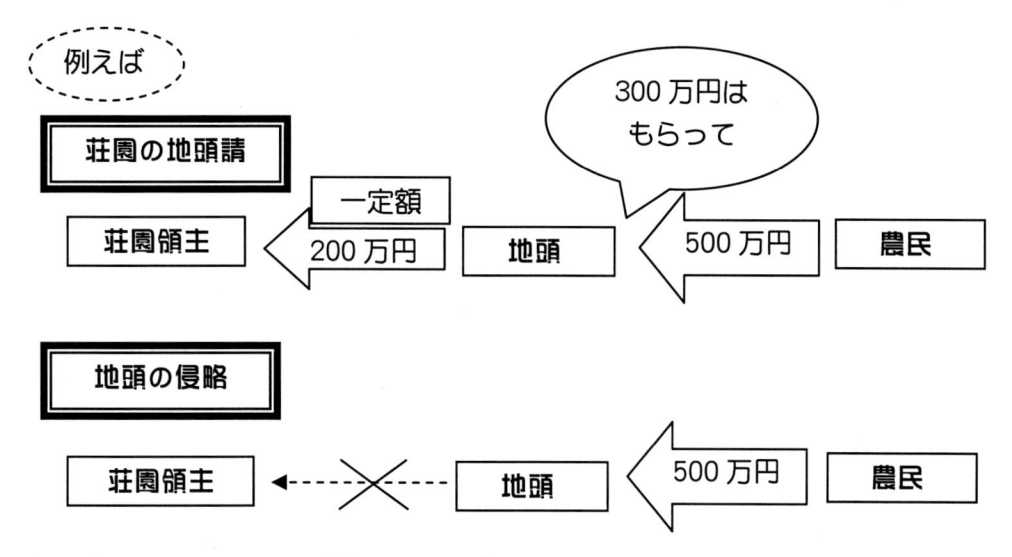

```
例えば

荘園の地頭請
荘園領主 ←―一定額 200万円― 地頭 ←―500万円― 農民
                                    ↑
                                「300万円は
                                 もらって」

地頭の侵略
荘園領主 ←---×--- 地頭 ←―500万円― 農民
```

しかし、やがてはその「決められた額」さえも払わなくなるわけです。地頭もやくざな人間ですねえ。特に承久の変以降は地頭が断然有利になります。仕方ないので出したのが**下地中分**です。下地中分とは領主と地頭で領地を分けて支配する方法のことです。（下地というのは田畑のことです。）

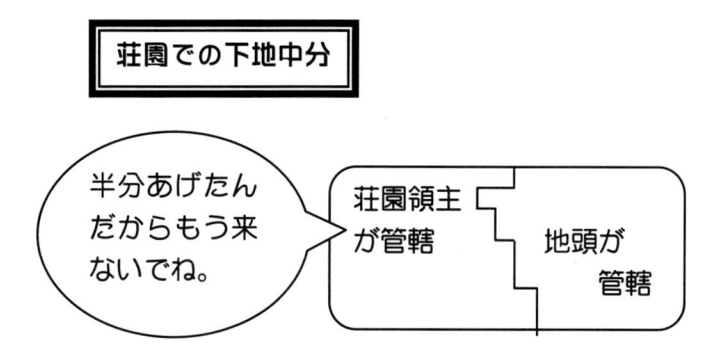

```
荘園での下地中分

「半分あげたんだからもう来ないでね。」  荘園領主が管轄 | 地頭が管轄
```

下地中分の支配地域は話し合いなどで決められました。この話し合いでは、朝廷の荘園領主と幕府の地頭とが同じ土俵で行われます。そこにあった身分の違いとか、荘園領主の権威は次第になくなってしまうんです。こうなってくると武力がものをいうようになり、やがて中分さえも地頭が侵すようになっていくわけです。

荘園の話をしておりましたが、国衙領（公領、国司の管理した土地）も力によってだんだんと地頭に侵略されていきますので、ちょっと頭に入れておいてください。

農業の発展

こういった争いの要因には、農業生産力の向上がありました。農業生産が増大し、

以前より多くの富が得られるようになったのです。人々はその富を奪い合ったというわけです。なぜ、農業生産が向上したのでしょうか。その理由には（1）肥料の質の向上が挙げられます。刈敷という刈り取った草を田畑に直接敷き込む方法や、草木灰といって草木を焼いて灰にした肥料を使うようになりました。また、（2）牛馬を利用した農耕や、鉄製農具の使用などの農耕具の向上もあります。さらに、（3）水車の発達による排水技術の向上です。これは水の管理を可能としました。米を作った後の土地から水を排水できるようになったのです。そのため、米を作った後には麦が作れるようになりました。鎌倉時代は畿内と西日本一帯で麦を裏作とする**二毛作**が行われるようになったのです。

また、穀物とは別に、染料として藍、紙の原料の楮、灯油の原料の荏胡麻などの栽培と加工がされました。

＊東日本に二毛作が広がったのは室町時代になってからです。そして、畿内と西日本は室町時代になると三毛作の時代に入っていきます。室町時代には肥料は馬の糞であります厩肥・人間の糞の下肥が使われるようになりました。鎌倉時代と比較しておいてください。

商工業の発達

さっき農業技術の話をしましたね。この時代は農業技術が進歩したって言いましたよね。じゃあ、農業技術が進歩するとどうなるでしょう？「作物がたくさん採れる。」その通りですよね。じゃあその結果どうなった？　そうです、物が余るようになるんですね。その余った物を売り買いする、交換するという行いがされるようになります。それが**定期市**です。特に月3回10日目ごとに開かれる**三斎市**も現れました。それによって貨幣の使用も活発になりました。ですので、貨幣が必要となり、宋から貨幣を輸入したってわけなんです。そのことを表すように、1976年韓国沖合で漁の網に青磁っていう韓国の焼き物がひっかかり、引き上げられました。それがきっかけで古い沈没船が発見されたんです。調査の結果、沈没船は1323年に中国から日本に向かった船だと判明しました。この船の長さが29mで、陶磁器18,600余点、銅銭28t、そのほかにもたくさんの荷物を積んでいました。でかい船に多くの荷物です。13～14世紀はそういった大型船を使うくらい、空前の渡海ブームの時代だったようです。色々なものが取引されましたが、宋

から輸入された宋銭がかなりの量でした。ちなみに、今、宋銭が発見されたとしても、古銭としては高く売れないそうです。それくらい宋銭は大量に輸入されたということなんですよ。

　この貨幣の使用という行為がまた、色々な所に影響を与えていくわけです。市ではお金で納める**銭納**がされます。荘園からの送金を銭納にすると泥棒が出る可能性があります。そこで日本人は考えました。送金に**為替**を使うようになったのです。為替って、つまりお金の代わりになるものですね。それから、「危険なら私が輸送しましょう」って言って、年貢や商品の輸送・保管・さらには委託販売するような業者も現れました。まるで宅急便みたいですが、これを**問丸**といいました。また、サラ金みたいなのもできました。それを**借上**といいました。武士や農民には土地を借金のかたに取られてしまう人もいたんですよ。

Lesson 41　鎌倉新仏教

　平安時代の末から鎌倉時代にかけて戦乱が相次ぎ、民衆は末法到来を強く意識しました。しかし、天台宗や真言宗は鎮護国家の仏教であったので、広く民衆の悩みとか苦しみを解放することができなかったんです。そこで、一般民衆を救うことを目的とした新仏教が現れます。今日は鎌倉時代に現れた新仏教についてやっていきたいと思います。

　新仏教について先に宗派名と開祖の名前を言っておきますね。
①浄土宗・法然、②浄土真宗・親鸞、③時宗・一遍、④臨済宗・栄西、⑤曹洞宗・道元、⑥日蓮宗・日蓮。

浄土宗・法然と浄土真宗・親鸞
　法然は比叡山延暦寺で修行の後、山を下りて東山で**浄土宗**を開きました。そのころ**親鸞**は比叡山延暦寺で２０年間修行していました。しかし、悩みは消えず、つまり悟りに至らなかったんですね。そこで、厩戸王に祈りを捧げていましたら、厩戸王の霊が下りてきて「法然の所へ行きなさい」と告げたのです。法然を訪ねた親鸞は法然の教えである**専修念仏**の道を歩むことを決心します。専修念仏っていうの

は、厳しい修行や学問はしなくて良いから只々**念仏**を唱えろっていうことです。念仏ってのは"南無阿弥陀仏"ですよ。人は専修念仏によって救われるっていうわけです。そうして活動していると、京の町にも念仏を唱える人が多く出てくるんですね。そうしたら、今までの仏教の連中は面白くないでしょう。それで弾圧されるんですよ。法然は讃岐に、親鸞は越後に逃げました。親鸞は越後で結婚します。流罪の身を世話してくれた女性がいたんですね。法然は１２１２年に亡くなります。一方、親鸞は熱心に越後で布教したために、越後に教えが広まりました。そうすると、また京と同じようにされるわけです。だから、奥さんの実家茨城県に移り住むんです。このおかげで関東にも教えが広まったんですよ。教えは何といってもね、「念仏を唱えれば救われる！」ってわけでしょう、だから悪いことした人たちが言うわけですよ、「俺は悪いことしてたのに救われるの？」ってね。で、親鸞は言ったんです。「そんなあなたたちを阿弥陀仏は救おうとしているんだ。」その考えが**悪人正機説**です。親鸞はやがて京の町に戻り布教を続けました。やがて京の町の人たちも手軽に救われるこの教えを信じるようになっていったんです。そのようにして広まった親鸞の教えを**浄土真宗**といいました。別名を**一向宗**といいます。別名も覚えてください。戦国時代に出てきますからね。

時宗・一遍

　次は**一遍**です。一遍は遊行上人といわれました。全国を行脚したからです。人々は一遍の教えを信じないと地獄に落ちるのか、と心配しました。その心配をよそに一遍は言います。「信じようと信じまいと阿弥陀の救いは決まっているんだ。だから念仏を唱えなさい」ってね。そして一遍は念仏を唱えやすいように、踊りのリズムに乗せて念仏を唱えることを提唱します。それが**踊り念仏**です。一遍の教えは**時宗**と呼ばれました。

臨済宗・栄西と曹洞宗・道元

　栄西という人物は、宋で**禅宗**を学び日本に帰国しました。（その時お茶の製法を伝えたことでも有名ですね。）禅宗というのは、悟りへの方法として座禅をする宗派のことをいいます。栄西の教えは禅宗のうちでも**臨済宗**といいます。栄西は京都でその教えを広めようと努力するのですが、既存の宗派に抵抗され、武士の中心地鎌倉に布教の場を移しました。その鎌倉は、今言ったように武士の中心地なわけです。そして、ラッキーにも、武士の生き方と栄西の教えは強くマッチしたんです。

既存の宗派はどちらかというと他力本願です。栄西の教えは禅ですので、自分を鍛えるというものでした。武士はいつ何時非常事態があるかわかりません。また、命が懸かることも多くありました。そんな時に動揺していては格好がつきませんからね。そういったことで、鎌倉に栄西の教えが広まっていくんです。ですので、鎌倉には多くの臨済宗のお寺が建立されます。まず**寿福寺**が建てられ、次々と建長寺・円覚寺などのお寺が建てられました。

　禅宗は大きく分けて臨済宗・曹洞宗があります。曹洞宗について勉強しましょう。**道元**という人物がいました。道元は臨済宗に入門して修行します。そのなかで「本来本法性、天然自性身」という言葉（簡単に言うと「人間はみな仏の子」という意味なのですが）に出会います。道元はそれが本当なのかどうなのか、中国で勉強したくなるんです。どういうことかというと、「本来、人間が仏の子なら修行の必要はないのではないか？」という疑問です。それで中国へ渡るんです。そして、ある時、厳しい座禅の最中に隣の修行僧が居眠りをしてしまいます。師匠がその居眠りをしている修行僧に「寝てて悟りが開けるかあああっ！！」と強く警策を入れたんです。警策ってのは「かあああっ！！」って肩を叩く棒のことです。その時、道元はハッと悟ったんです。先生では何を悟ったのかはわかりませんが、もしかすると、「何だかんだ言っても、修行しないと人間は良くならない」とわかったのかもしれません。道元がわかったことを師匠に話しましたら「よく頑張ったね。日本に帰って布教しなさい」って言われたんです。それで、日本で布教するわけです。道元は福井の永平寺から布教を行いました。今もここの修業は厳しいですよお。そんな道元が開いたのが**曹洞宗**です。

　禅宗の二派、具体的にどこが違うのかっていうと、簡単なところでは、臨済宗は**公案**っていう問題が出ます。座禅を組んでひたすら公案を解きます。この公案が絵になった例が、『瓢鮎図』です。これは如拙が描いた作品なのですが、「つるつるした瓢箪で、ぬるぬるした鮎をどうやったら捕まえられるか？」という問題になっています。"鮎"って書いてありますが、中国語ではナマズの意味になります。さあどうやって捕まえますか？　先生にはわかりません。そうそう、座る方向は壁に背中を向けるのが臨済宗です。曹洞宗は壁に向かって座禅し、何も考えず只々座るわけです。その只々座ることを**只管打坐**といいます。

日蓮宗・日蓮

　日蓮は仏教の教えの中で法華経が最高の教えだと説きます。「法華経以外に教えはない」ということで「**南無妙法蓮華経**と唱えろ！」と言いました。この南無妙法蓮華経を**題目**といいます。念仏と題目の区別は大丈夫ですか？　この日蓮宗が独特なのは、ほかの宗派を認めないところです。「念仏や座禅などしていると地獄に落ちる」とまでいいました。

　日蓮は１２６０年に災害やこれから起こる元寇を予言して、『立正安国論』という本を書きました。そしてそれを執権の北条時頼に届けます。しかし、時頼には取り合ってもらえず、「世間を騒がす」ということで佐渡に流刑となってしまいました。その後罪を許されて山梨の身延山に久遠寺を建て、多くの弟子を育てました。日蓮が開いた宗派を**日蓮宗**といいます。

旧仏教の反発

　そのような新仏教の動きに対して旧仏教の僧たちも立ち上がりました。**華厳宗の高弁**や**法相宗の貞慶**は、「本来人間は仏の子という考えに甘えることなく、戒律を守るとか修行をするとかをしなくてはならない」という教えを説きました。**律宗の叡尊**とその弟子**忍性**は教えに従って病人と貧民の救済をしたり、道路をつくり橋を架けるなどの慈善事業を積極的に行い、教えを広めました。

　また、この時代は日本古来の山岳信仰が仏教に取り入れられました。様々な力を得ることを目的とし、山へ籠もって厳しい修行を行う日本独特の宗教を生み出したのです。それが、**修験道**です。そして修験道の実践者を修験者または**山伏**といいました。なんでも、人間は誰でも不思議な力（例えばスプーンを曲げるとか、透視をするとか）を持っているようですよ。そういうことが山の中を１日何十キロも走るような修行をするとできるようになる、と先生は聞いてます。

Lesson 42 鎌倉時代の文化

鎌倉時代の特徴

　「鎌倉時代は京都の朝廷と鎌倉の武士との二重権力構造である」とこれまで勉強

しましたね。文化にもこれが表れます。それと、前の時間にやりました、新仏教の影響ですね。この辺りが鎌倉時代の文化の特徴になります。

鎌倉時代の文芸

では、まず公家側の文化から始めますか。教科書にも最初に上がってくる『**新古今和歌集**』。これは**藤原定家**という人が後鳥羽上皇の命令を受けて優れた和歌を選び出してまとめたものです。この中にもっとも多く歌を載せているのが**西行法師**です。もともとは鳥羽上皇の時の北面の武士でしたが、出家して坊さんになり、歌を詠んだんです。西行法師といえば袋田の滝でも一句詠んでいます。「花紅葉よこたてにして山姫の錦織なす袋田の滝」袋田の滝は別名「四度の滝」といいますが、これは西行が「四季ごとに来なくちゃあ、本当の良さはわからない」と言ったところからきているようです。美しくて、こじゃれた歌風は**新古今調**といわれました。ちなみに古今和歌集は誰が編纂したんでしたっけ？　そうですね、紀貫之ですよね。区別してくださいね。

忘れてならない３代将軍**源実朝**。実朝は『**金槐和歌集**』を作ります。"金槐"の"金"は"鎌倉"の"鎌"意味です。"鎌"の金偏部分をとったんだそうです。"槐"は中国では"大臣"という意味です。源実朝が右大臣になりますから、それを表しているんでしょうね。歌風は力強く、格調高いものです。教科書にも「実朝は**万葉調**の秀歌を残した」なんて書いてありますが、実朝は優れた歌人だったんですね。その影響で後鳥羽上皇とも深い関わりがありました。

鴨長明の『**方丈記**』、**兼好法師**の『**徒然草**』は随筆です。随筆っていうのは、出来事の感想や読書の感想などを思いついたままに書いていくことをいいます。カタカナでいうとエッセイということになります。鴨長明は後鳥羽上皇に召されて和歌所の長官になるのですが、戦乱や天災にあけくれる世のありさまを、まるで川の流れに浮かんでは消える「うたかた（水のあわ）」のようにはかないものだと悟り、出家します。方丈記はそんな長明の心情を書いたものです。一方、兼好法師は日常生活のなかでの見聞や感想を，ありのままに綴った徒然草を書きあげました。この書名は文の最初に出てくる「つれづれなるままに日暮し硯にむかひて……」という書き出しから付けられたようです。

阿仏尼は『十六夜日記』を書いています。阿仏尼っていう人は藤原為家の後妻さんです。で、面白いのは十六夜日記の書かれた背景です。為家の死んだあと為家の前妻の子供と自分の子供の間に相続争いが起きたんです。阿仏尼は自分の子供の相続を幕府に訴えようと京都から鎌倉に向けて１０月１６日に出発しました。その道中記が出発日にちなんだ『十六夜日記』です。昔もこんなもめ事があったんですね。そして、鎌倉時代ってそういうことを幕府が面倒見たんでしょうから、進んだ政治をしていたんですねえ。

　以上が公家側の文化ですが、武家の方の文化はというと、特に目立つのは**軍記物**です。軍記物は戦の物語ですが、その代表は何といっても『**平家物語**』ですよね。これは**琵琶法師**によって琵琶の音に合わせて語られます。平家物語を琵琶の伴奏で語ることが**平曲**という芸能でした。それから、琵琶法師って個人の名前じゃないですから注意してください。盲目で琵琶を弾きながら物語を語ると、それは琵琶法師ですからね。当時５００から６００人いたといわれています。物語の出だしは大丈夫？　知ってる？　「祇園精舎の鐘の声、諸行無常の響あり」ですよね。

Lesson４３　鎌倉時代の学問と美術

学問

　先ほど文学のところで触れましたが、公家と武家の文化があるっていいましたよね。学問にもそういう流れがありました。

　貴族は武士に支配されている現実から、昔を懐かしみ、古典の研究や朝廷の儀式の研究をしました。これが**有職故実**です。一方、武士社会では学問が盛んになります。引付衆や評定衆、寄合衆を歴任した**金沢実時**は大変な文化人で、引退後には蔵書を集め、図書館をつくりました。これが**金沢文庫**です。

　歴史書も作られました。鎌倉時代を知るための最も重要な歴史書で、北条氏が書いたといわれる『**吾妻鏡**』。この歴史書は平安末期から鎌倉時代中期を、幕府の内部中心に書いた歴史書です。次に新古今和歌集にも名を連ねる**慈円**が承久の変の直前に著した『**愚管抄**』。愚管抄は公家の没落と武家の台頭を仏教思想や「道理」（歴

史を貫く道筋)の理念から理論付けました。簡単にいうと、「なんで武家はのし上がり、公家が没落したのか、仏教的に考えてみよう」ということが書かれているんです。

さらに、**宋学**っていう学問が入ってきます。これは**朱熹**っていう人物が大成した学問なので**朱子学**とも呼ばれていました。この学問は大義名分を重んじるので、後醍醐天皇の倒幕などの理論のよりどころとなりました。大義名分っていうのは「どれが正しい根拠を持っているか？」を考えることですよ。

また、伊勢神宮の神官の**渡会家行**は『類聚神祇本源』を著し、本地垂迹説に反対します。覚えてますか、本地垂迹説。神様は元は仏だという考えですよね。これって神官にしたら「ふざけるな」って思うでしょう。仏教がオリジナルで日本の神は複製品みたいになるわけですものね。それで、「それは逆！ 反対だ！」って言って、反本地垂迹説（神本仏迹説）を唱えたんです。この考えを反映したのが、**伊勢神宮**を中心とした**伊勢神道**です。

建築

鎌倉時代は建築にも新しい様式ができました。**大仏様**と**禅宗様**です。大仏様はゴージャスな建築様式です。**東大寺南大門**はその代表です。禅宗様は簡素な建築様式です。鎌倉時代は当時の中国（宋）から新しい建築様式を取り入れたんです。それを禅宗様といったんです。その代表は**円覚寺舎利殿**になります。どちらも写真を見てみてください。比べると違いがわかるでしょう。禅宗様っていうのは導入されたときと現在と様式がほとんど変わっていないようですよ。一方で、平安時代以来の日本の建築式である和様に、大仏様などの新しい建築様式をプラスした**折衷様**という様式も流行しました。

彫刻

次に、**金剛力士像**を見てください。１２０３年造立の東大寺南大門の金剛力士像です。この像からは力強い感じが伝わってきますよね。金剛力士は仏教の守護神の一つで、一般には"仁王さま"なんていわれております。この像は神社や寺の門の所にありますよね。悪いものが入ってくるのを門の所で見張っているわけです。その場所柄、力士像はボロボロになってしまうことが多いんです。ですから、中世前

のもので良い状態のものはほとんどありません。

　東大寺南大門金剛力士像は現存する日本最大の力士像です。８ｍもあるんですよ。平成の解体修理で像の中から文章が見つかりました。口を開いてる方を阿形（あぎょう）というのですが、**運慶（うんけい）・快慶（かいけい）**の作品。口を閉じているのが吽形（うんぎょう）で定覚（じょうかく）と**湛慶（たんけい）**の作品ということがその文章に書かれていました。ちなみに運慶と湛慶は親子です。

　東大寺には他にも**東大寺僧形八幡神像（とうだいじそうぎょうはちまんしんぞう）**というものがあります。八幡神像はお坊さんの姿をした神様の像です。お寺を守る八幡宮の神体なんですよ。ですので、これは神仏混合をあらわす、という意味でも重要な神像です。特に東大寺のものと薬師寺のものはよく知られています。東大寺僧形八幡神像は鎌倉時代初期に重源（ちょうげん）の依頼で、快慶が制作しています。写実的で鎌倉彫刻っぽいですよね。

重源
　今、重源と軽く言いましたが重源は鎌倉を代表する人物なので話をしておきます。１１８０年に東大寺が平重衡（たいらのしげひら）によって焼き討ちされました。この事件が人々に与えたショックは大きく、公卿の九城兼実（くじょうかねざね）は『玉葉』という日記で「父母を亡くすより悲しい」と言っています。その後東大寺が約２０年超で復興します。この復興に総責任者（東大寺大勧進職）として、人生の後半生を託したのが重源だったのです。彼は宋に３回も行ったという経験を生かして、宋の技術者陳和卿（ちんわけい）を招き大仏鋳造させたり、大仏様を取り入れたりしました。そして、先ほど言った、東大寺南大門金剛力士像の作成に運慶・快慶を起用したのも重源だったのです。ちなみに、重源亡きあと、東大寺大勧進職を引き継いだのが、宋にいる間に重源と知り合い一緒に帰国したといわれる、臨済宗の祖栄西でした。

美術・絵画書道
　平安時代の人々は一般的に自分の要望があからさまに描かれることを憚（はばか）る傾向がありました。絵というものは高貴なものを描く技法だったんでしょうね。（現在は、本を出版することが一般人にも自費出版という形でできるようになりましたが、ちょっと前までは本を書くのは"すごい人"というイメージがありましたよね。それと同じです。）

ということで、描く対象は高僧などが多かったのです。しかし**藤原隆信・信実**父子が登場すると、大和絵の手法で写実的に描く**似絵**と呼ばれる肖像画が、高僧以外を対象として描かれるようになりました。源頼朝の肖像画が教科書にもありますね。あのりりしい頼朝を描いたのが隆信ですよ。（現在は、この肖像画の人物が頼朝じゃない、という説が大きくなっていますね。）また、禅僧たちは師匠に仕えますが、免許皆伝の時に仏像か、もしくは、師匠の肖像画入りの印可状というものをもらいました。これをもらうと晴れて立派なお坊さんになれるわけです。その印可状に描かれた肖像画を**頂相**といいました。頂相は崇拝や宗教的な意味合いで描かれましたが、そういった宗教的な理想を描いたりするものは似絵とはいわないので注意してください。

また、書道では青蓮院というお寺の継承者で天皇の息子、**尊円入道親王**がそれまでのものにプラスして宋の書風を取り入れ、**青蓮院流**という書風を開きました。

陶磁器

加藤景正は道元禅師と共に宋に行って、宋の陶磁器を学んできました。そして、日本で**瀬戸焼**を始めました。これは日本の陶器の起源となりました。つまり、これがなかったら伊万里も有田もなかったわけですね。

Lesson 44 蒙古襲来

さあ、いよいよ日本の大ピンチ。日本が世界最強軍団の攻撃を受けますよ。その時日本はどうやって国を守ったのか、また、その攻撃によって鎌倉幕府がどうなったのかをやっていきます。

元寇

まず、さっき言った世界最強軍団っていうのは**元**という国のことだということを理解してください。世界史ではないので細かくはやりませんが、元のことを少しは知っておかないといけませんね。

中国の北東部、モンゴル地方に**チンギス＝ハン**という人物が出現します。（"ハン"

ていうのは"王様"という意味です。）チンギスは周辺地域一帯を攻撃し、征服すると、ユーラシア一帯に広がる大モンゴル帝国（大蒙古帝国）を建国しました。そのモンゴル帝国の第５代ハン、**フビライ＝ハン**は、１２７１年国名を中国風の**元**に改めます。そして、モンゴル帝国の領土を拡大しました。フビライは主に樺太からアジア地方を征服していきます。その中で日本攻撃が考えられました。その元が実際２度にわたって、日本に攻撃してきたことが**元寇**なわけです。

　少し話を遡ります。この国難以前、これを予想していた人物がいました。それが前回の授業で出ました**日蓮**です。日蓮は『**立正安国論**』という本を書き、元寇とその後の鎌倉幕府に起こる災いを予言しました。その予言どおり、禍が降りかかるわけです。

　さあ、いよいよフビライが高麗を全面的に服属させて朝鮮を吸収し、日本に文書を送ってきます。内容は、「ぜひ友好関係を結びましょう」というものでした。しかし、その文の最後に「できるだけ武力は使いたくないんだよねえ」と書いてあったんです。これって、みんなどう思う？　「○○ちゃん、一緒にご飯食べよう。私もできるだけ○○ちゃんのこと殴ったりしたくないとは思ってるんだけどねえ」なんて・・・。これって明らかな脅しの文書でしょう。

　文書を受け取った幕府は、当時の執権であった**北条時宗**を中心に、無視することを決めました。そして、朝廷へそのようにする旨を伝えました。日本は元の文章に対し毅然と、返事をしないことにしたわけです。それに対して元は、対馬の島民２人を拉致します。そして、２人を元の都へ連れて行って、都の様子を見せました。見せることによって国力の違いを見せつけようとしたのです。その上で日本への文書を持たせ、島へ返しました。しかし、二度目の文書も日本は黙殺します。日本はあくまで元に屈しない意思を示したわけです。

　１２７４年、ついにフビライは日本への攻撃を行います。９００隻の船と３万人の軍が高麗を出発します。対馬と壱岐はたちまち占領されました。これから、元軍の虐殺行為が始まりました。これがひどい。老人、子供、男はすべて切り殺し、赤ん坊は股裂きにし、妊婦はお腹を切り裂き胎児を殺したり、女は集めて乱暴、暴行の後で、手に穴を開けて綱を通して、数珠つなぎにして、船に運び、船の横に吊る

したんです。船に吊るしたのは、日本軍が攻めてきたときの矢玉除けのためでした。こうすれば、日本軍が矢を撃てないと考えたのでしょう。民家はすべて放火されました。この当時、壱岐には７千頭の牛がいました。多分、全部食べられてしまったのではないかといわれています。また、生き残った島民はわずか６５名という記録もあります。

　いよいよ元軍は博多湾から上陸作戦を展開します。日本軍も頑張るのですが、博多に上陸されてしまいます。日本軍はいったん大宰府に退いて軍を立て直しました。しかし、なんと一夜明けましたらば、元軍の船は、１隻も博多湾からいなくなっているではありませんか。

　なぜ元軍がたった１日だけ戦っていなくなってしまったのか。説が色々あるのですが、一つは予定通りの行動。元軍は最初からそのように予定していた、という説です。もう一つは、朝鮮人などの混合軍なので内輪もめしたのではないかという説。そしてもう一つが、暴風があったのではないかという説です。約３万人の兵隊が攻めてきたわけですが、彼らの多くは、元によって滅ぼされた高麗軍であり、命令されて仕方なしにやって来た者ばかりでした。したがって、やる気もありませんでした。また、混成部隊であったために、指揮系統も十分でなく、加えて、食料も武器もなくなり、戦いを続けることが不可能だったともいわれています。

　なお、元軍が攻めてきたのは、現在の暦では、１１月２６日にあたります。この日に暴風雨が吹いたという、当時の記録はないんです。しかし、確かに沈没した船の数２００隻、死亡者数３万人の記録があるんですよ。悩むところですね。

　いずれにしろ、難破した船は高麗が突貫工事で造ったものでした。それだけに、手抜き工事が多く、船としては十分なものではなかったといわれています。多少の波でも沈没してしまったのかもしれません。（だったら日本まで来られるかって・・・思いますけどね。）どんな理由があったのか謎ではありますが（試験では暴風雨ということにしてくださいね）、日本軍はなんとか元軍を退けることができたわけです。これが１度目の元軍の襲来、**文永の役**でした。

　日本は元が必ず再来するという読みのもとに、**石塁**を築いたり**異国警固番役**という係を置いて備えをしました。石塁は博多湾岸に高さ３ｍ、長さ２０ｋｍにわたっ

て造られました。異国警固番役というのは漢字の通りですね。外国（元）を警備する役目でした。

　フビライはこの遠征の間、大陸で膨張政策を続けます。そして、中国に君臨した宋をとうとう１９７６年に滅ぼしました。そうすると「さあ、今度は日本に出直しだ！」というわけで二度目の日本遠征を行います。これが、**弘安の役**です。

　文永の役から７年後の１２８１年、再び、フビライは日本に攻めてきました。今回の元軍は、**東路軍**４万と１０万の**江南軍**に分かれて出発しました。東路軍は元と高麗の混成軍で朝鮮半島の合浦から出発し、江南軍は寧波から出発しました。この二つの軍が途中で合流し、１４万人、船４４００隻で博多湾を襲撃したのです。

　この弘安の役の元軍が準備していた物は、前回の文永の役と異なっていました。それは、長期戦にそなえて１２万３５６０石という大量の食糧を積み込み、さらに、鋤鍬などの、農機具まで用意していたことです。つまり、日本に着いたら、田畑を耕作しながら、長期戦で戦争をするということを考えていたわけです。すごいですね。

　攻撃は壮絶を極め一進一退を繰り返します。石塁が思ったよりも効力を発揮したんです。そして、いったん元軍が船へ引き揚げた次の朝、また船の姿がなくなっていました。元軍の攻めてきた日付は、現在の太陽暦では、台風シーズンにあたる、８月２０日前後にかけてでした。この時は暴風雨が起こったのです。１２万人が死亡、３８００隻が沈没しました。日本軍は、生き残った元軍２〜３万人を捕らえ、博多の那珂川あたりで首をはねました。

　日本はこの暴風雨を"**神風**"と呼びました。日本は神の国ですから、神が守ってくれたんでしょうね。この考え方が第二次世界大戦（大東亜戦争）の、神風特攻隊の思想に繋がっていくんですよ。

　この壮絶な戦いの後に北条時宗は鎌倉に、南宋の禅僧の無学祖元という人物を招待して円覚寺というお寺を建てました。なぜ建てたか？　日本の勝利を祝ってか？　違います。北条時宗は日・元の戦死者を祭るために作ったんです。死んだなら敵味

方なく大切にする。ここが日本人の精神ですね。

蒙古襲来絵詞
　『蒙古襲来絵詞』は必ず教科書にありますね。これは**竹崎季長**という人が元軍と戦っているシーンを描いている絵です。蒙古襲来絵詞は竹崎が恩賞をもらうために「こんなに頑張ったんだ」という証明として描かせたもののようです。

　よく見ていきましょうね。当時の日本の戦争は名乗りを上げてから戦うのが礼儀でした。「やーやー我こそは、どこどこの誰誰なり～いざ尋常に勝負勝負！」とやるわけです。季長は日本スタイルでやるのですが、モンゴル（元）軍にはそんなのわかりません。ドラの合図で攻撃してくるわけです。絵の中には弓を引いてるモンゴル人らしき人物がいますよね。彼らの弓は射程距離は短いのですが、携行が便利でパッパと攻撃できるものです。さらに毒矢でした。さらには、火器も使用しています。これが"てつはう"です。鉄砲の語源になった言葉だと思いますが、中身は違います。火薬の入った、手榴弾のようなものでした。世界史的にも火器を使った武器を使用したのは元軍が始めてではないでしょうか。ですので、重要なことになるわけです。てつはうの攻撃で馬の腹からは血が流れていますね。大変日本軍は苦戦したことを物語る絵ですね。

Lesson 45 元寇以降の幕府

　先日の授業では元の襲来についてやりましたね。少し時間を取りすぎました。今日は元の襲来以降のお話をしていきます。

　元は３度目の遠征を画策していましたが、元の対外政策とフビライの寿命の関係で実現しませんでした。しかし日本は、そのような計画に対して警備しなくてはいけませんでした。特に九州地方を中心とする西国は元をブロックする上で重要な位置にありました。そのため、西国には異国警固番役を置き続けます。特に、九州の博多には北条氏一門を派遣し、九州地方の御家人を統率する役職の**鎮西探題**を設置して、九州の政務や御家人の指導に当たらせました。

また、御家人以外（非御家人）も元寇では動員され、幕府は武士全体を指揮しました。さらに荘園では、本当は領主がもらうはずの年貢を、地頭が「元が攻めてくるかもしれないから、その時のために」と、兵粮米として徴収しました。結局この行為は、「幕府が全国を支配する」ということを印象付け、そして根付かせることになりました。

　そのようにして御家人だけでなく非御家人も掌握し、全国を掌握するようになる将軍は"公方（くぼう）"と呼ばれました。公方とはもともと天皇を指す言葉で、国の統治者を意味します。その呼び名のように将軍は、今まで朝廷・天皇が行ってきたことを行うようになったのです。元寇によって国を守れるのは朝廷ではなく幕府だということが印象付けられ、幕府が力を得たんでしょうね。

得宗と御内人

　北条義時の嫡流を**得宗（とくそう）**といいます。第２代執権北条義時から、第１４代執権高時までの１３人の執権に９人の得宗がいます。教科書の家系図を見てもらうと得宗の流れがわかるかと思いますが、北条経時は子どもが幼少で死にましたので、得宗を弟の時頼が継いでいます。また、得宗は第１４代執権高時を最後に執権になっていません。得宗になった者が病弱だったり、幼少だったりしたので、執権は北条家の他の系統に継承されていったのです。

　この得宗が、鎌倉時代中期から力を持つようになります。まず、幕府の話し合いの中心であった評定衆が第５代執権北条時頼のころから形だけになり、得宗の家で開かれる**寄合（よりあい）**で重要なことが決定されるようになりました。また、第８代執権北条時宗の時、元寇が起こり、元軍に対抗するために権力が時宗に集中しました。こうして徐々に得宗が力を持つようになっていったのです。それとともに得宗の家臣である**御内人（みうちびと）**が権力を持ちだします。そして、御家人と対立するようになりました。

霜月騒動

　１２８５年９代執権**北条貞時（ほうじょうさだとき）**のとき、その外戚の**安達泰盛（あだちやすもり）**が、**内管領（うちかんれい）**（御内人の代表）の**平頼綱（たいらのよりつな）**と争って滅ぼされました。この権力闘争事件を**霜月騒動（しもつきそうどう）**と呼びます。北条氏と有力御家人との最後の抗争です。貞時が得宗となり、執権に就任したのは１４歳のときでした。１４歳では政治的に経験不足ですので、安達泰盛と平

頼綱がアドバイザーとして選ばれました。泰盛は御家人ですから将軍の権威を高めようとします。一方、頼綱は御内人ですから北条家（特に得宗）の権威が強くなることを望んでいました。ここに、両者の権力闘争が起こるわけです。ちなみに、先日の授業で出てきた竹崎季長は、恩賞奉行だった泰盛に直接訴えて土地をもらったんですよ。頭に入れておいてくださいね。

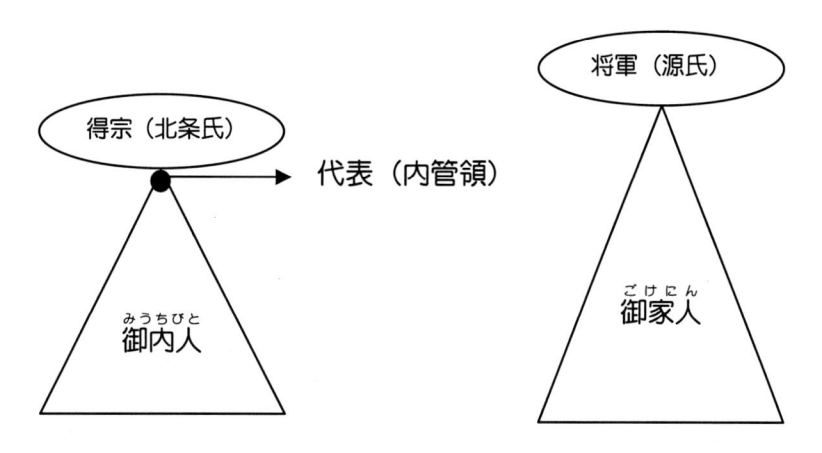

```
    得宗（北条氏）                    将軍（源氏）
       ●─────→ 代表（内管領）
      ╱ ╲                            ╱ ╲
     ╱   ╲                          ╱   ╲
    ╱みうちびと╲                      ╱ ごけにん ╲
   ╱  御内人  ╲                    ╱   御家人  ╲
```

　この霜月騒動で勝利し、実権を握ったのは平頼綱でした。その結果、幕府創設以来の有力御家人の権力は崩壊することになりました。では北条貞時との関係はどうなったのでしょうか。実は、貞時はまだ若かったので、頼綱の言うことを聞き続け、あやつり人形状態になっていたのです。

平禅門の乱

　平頼綱の政治は恐ろしい専制と恐怖の政治だったと『実躬卿記』という歴史書に記載があります。平頼綱は幕府内外の事を独断で行ってしまいます。そんな頼綱の政治を快く思わない人はたくさんいたわけです。１２９３年、２３歳になった北条貞時は、このままにしておいては自分の身も危険であるということで、平頼綱を急襲して自害に追い込みました。これが**平禅門の乱**です。これ以降、得宗の権力は絶大なものになりました。守護も次々と有力御家人から得宗の関係者へと交代されました。その他、交通の要所も貿易も独占したのです。このような得宗による権力集中を**得宗専制政治**といいます。

Lesson 46 鎌倉幕府の滅亡①

　今日は１１９２年から始まった鎌倉幕府が滅亡する過程をやります。新しい時代への騒乱という感じの時代です。

相続
　鎌倉時代の相続については以前の授業でお話しましたよね。分割相続でしたね。この分割相続は子供たちに平等に土地が分割されますから、争い事が少ないというメリットがありました。しかし分割も、何代かにわたって行ったり、多くの人に分割すると土地が小さくなって作物を作れなくなってしまいますよね。武士は戦争がなければ仕事がありませんので小さな土地では生活が苦しくなってしまいます。それで、隣の土地に乗り込んでみたり、横領してみたりするんです。先日出てきました竹崎季長なんかはこういった土地問題に関わっていたんですよ。

　分割相続は苦しい状態を招きます。そこで、まず女性の所領相続は１代限りとされました。そして死んだら惣領に返さなければいけません。そんな決まりができたんです。これを**一期分**(いちごぶん)なんていいました。その後、鎌倉時代末期には、惣領が全部を相続する**単独相続**(たんどくそうぞく)になっていきます。惣領がすべて相続し、庶子は残念ですが土地を相続することはできなくなっていくんです。

　武士社会がそんな状況の時に起きたのが元寇だったんです。今までは将軍と惣領が御恩と奉公の関係を築き、惣領と庶子が小さな御恩と奉公の関係を築いていたんです。しかし、元寇は緊急重大事態だったので、幕府は家の代表である惣領だけを召集するのではなく、庶子までも動員しました。さらに、異国警固番役では惣領と庶子を同じように勤務させました。今まであった、幕府→惣領→庶子（惣領が一族をまとめる）の縦関係が崩れたんですね。これまでは恩賞を出す時に、惣領に与えれば家の中の縦関係で分割されました。しかし、このようになると恩賞を出す時、庶子の分の御褒美(ごほうび)も必要になってしまいますよね。

武士の不満
　元寇は武士にとって大きな仕事です。御恩と奉公の契約関係がありますので兵役という奉公をすれば、新恩給与(しんおんきゅうよ)が受けられるはずです。そのために、御家人たち

は武器も弁当も持参して戦争に行きました。そのいい例が竹崎季長だったんです。彼は土地問題の裁判に負けて、苦しい生活を送っていました。そこに、戦争という仕事が舞い込んだわけです。

しかし、元寇が終わってみると季長ばかりでなく、御家人たちはその恩賞が思ったようにもらえないんです。元寇後の御家人には借金ばかりが残ったんです。みんなはがっかりしてしまうんですね。

どうして新恩給与が受けられなかったのか。大きな理由ですが、今回の戦争は防衛戦であり、どっかの土地を手に入れていません。ですので、新たに配分する土地がないわけです。これって、決定的・致命的でしょう。さらに、九州には非御家人がたくさんいました。この人たちが元寇の際には幕府の命令で動いてくれたわけです。それから、元軍撃退のために全国の寺社が祈祷を行ってくれたわけです。ですから神風も吹いた。そうなったら、寺社の面倒もみなくてはいけないでしょう。面倒をみる対象者が増えて困ってしまうんです。

徳政令

御家人への逆風はこれだけではありませんでした。鎌倉時代は貨幣経済が発展してきます。武士は貨幣、つまり金を扱うことが仕事ではありませんので、金を相手にすることが下手だったんですよ。じゃあ上手だったのは？　というと商人ですよね。商人はもうけた金を貸すことでさらにお金を増やしたりしたわけです。しかし、武士は年貢で生活していましたから、年貢が不作なら商人からお金を借り、そして田畑を切り売りしてやっと生活していたわけです。

このような状況では・・・ということで御家人の窮乏（きゅうぼう）を救うため、御恩の代わりに、１２９７年９代執権北条貞時が徳政令（とくせいれい）を出します。**永仁の徳政令**（えいにん　とくせいれい）です。徳政というのは、もともと"仁徳ある政治"という意味でした。例えば、天変地異や疫病があると「これは政治をしている我々の不徳」と言って、借金の帳消しや、犯した罪を軽くしたりしたんです。

しかし、我が国初の徳政令である永仁の徳政令が、北条貞時によって、１２９７年に出され、御家人救済をしてから"徳政"の意味が変化してしまいました。では

永仁の徳政令の内容の具体的な説明をしますよ。①御家人が御家人へ売った土地は、２０年未満でなら無償で元の持ち主に返しなさい。御家人が御家人以外の人間（非御家人、商人、農民など）に売った土地なら年月限らずに無償で元の持ち主に返しなさい。②御家人の所領の質入れと売却の禁止。御家人は土地を売ったり、質入れすると土地がなくなって後で困ることになりますよね。それをされると幕府の兵力も落ちて困るわけです。まあ御家人の救済といえば救済ですが、幕府の体制維持という部分もあったと思います。③金銭貸借の訴訟は今後一切受け入れないよ。なぜなら①を出したら必ず訴えてくる連中がいるでしょう。それにはいちいち取り合っていられない、つまり③は「文句を言って来るな！」ってことなんですよ。

　これらの徳政令は御家人にとって一時的には良いのですが、その後どうなるでしょうか？　この永仁の徳政令で一番打撃を受けたのは借上（かしあげ）です。借上は土地の売却やお金を貸して生活していましたので特に幕府へ反感を抱きました。ひどい目にあった借上などの商人は、御家人が困った時金を貸してくれなくなりますよね。「再び徳政令が出たら・・・（恐怖）。」貸している方にとってはとんでもないことですもんね。そりゃ、貸さなくなりますよね。ということで、かえって御家人は困窮（こんきゅう）することになるんです。また、裕福な御家人は、御家人から土地を買っていましたが、その土地を元の持ち主に返さなければならなくなるんです。これって御家人にとってはとても頭に来ますよね。こういうわけで、幕府が御家人から信頼を失っていくんです。

悪党
　１３世紀末になると異様な格好をして悪さをする**悪党**（あくとう）と呼ばれる集団が各地に生まれました。北条氏の専制が進むにつれて幕府への反発から、下々の御家人までも悪党と化していきました。その出自は漁民や地頭、名主などそれこそ様々でした。幕府はしばしば鎮圧の命令を出しましたが、その勢いは治まることがありませんでした。悪の字は悪いという意味のほかに"強い"とか"猛々しい"という意味が含まれていましたが、まさしくこれが新しい時代の原動力となりました。幕府はこうして内側から乱れていったわけです。

Lesson 47 鎌倉幕府の滅亡②

　前回の授業では幕府の乱れをやりました。そんな時期に朝廷はどうなっていたでしょうか。そして、今日はいよいよ鎌倉幕府が滅ぶところをやります。

両統迭立
　朝廷は後嵯峨天皇の次の時代から相続争いが勃発します。天皇家は**持明院統**と**大覚寺統**に分かれて、皇位と広大な荘園をめぐって争いました。なんでそうなったのかというと、後嵯峨天皇が死ぬときに「次の天皇は幕府が決めてくれ」なんて言って、後継者を決めずに死んだからなんです。そこで幕府は、14世紀になると両統が交互に皇位につく方法を提案しました。これを**両統迭立**といいます。

後醍醐天皇
　そのような中、大覚寺統から動乱の時代を彩る異色の天皇が即位します。それが、**後醍醐天皇**でした。後醍醐天皇は31歳にして天皇に即位しました。やる気満々の天皇です。それはやがて、討幕の運動へと繋がっていきます。

　ここで後醍醐天皇の討幕運動を順番に言っておきます。①**正中の変**、②**元弘の変**、③討幕成功、です。

正中の変
　1316年、9歳の**北条高時**が14代執権の座に就きました。執権が幼少であることもあり、内管領の職にありました**長崎高資**はそれを上回るような権力を握っています。内管領については大丈夫ですか？　御内人の代表のことですよ。御内人がわからなくなったら、前の授業の復習をしてくださいね。

　北条高時にはある趣味がありました。それは闘犬です。高時は闘犬が大好きでした。そのため政治は専ら高資にさせていたようです。それで、高資が善良な政治を行えば良いのですが、これがひどい。例えば、奥州で安東氏が内紛を起こします。（別に覚えなくていいですよ。）その内紛で争っている双方どちらからも賄賂をもらうんです。その結果、争いが収まらないのみならず拡大してしまうんです。そんな調子で政治をしますから、世の中が乱れたんですね。

その乱れに目を付けたのが、後醍醐天皇でした。後醍醐天皇は幕府を倒そうと作戦を練ったんですが、後醍醐天皇も不運でした。そのメンバーだった武士が、家に帰って奥さんにそのことを話してしまったんです。そしたら、その奥さんが「自分の旦那は変なことを画策している。もし、失敗したら生活できなくなる」なんて心配して、おじさんに当たる六波羅奉行に相談してしまったんです。そのため、作戦が幕府にばれてしまいました。この一連の事件を**正中の変**といいます。幸運にも後醍醐天皇は罪を問われませんでした。一説によると、謝罪文を書いたとか、「幕府が何かしたら天罰を加えるぞ」と脅したとかいわれています。いずれにしろ天皇が罪に問われることはありませんでした。

元弘の変

　後醍醐天皇は再び討幕に動き出します。身内の安産祈願と称して、幕府討伐の祈祷を開始したのです。後醍醐天皇の密教への傾倒は並々ならぬものがありました。また、正中の変の失敗から、武士に頼るのではなく南都や北嶺に力を借りる方法を考えていました。

　１３３１年、後醍醐天皇は密かに京を脱出します。そして、山城の笠置山に立て籠もりました。そこから全国に綸旨を出しまくったわけです。その天皇の呼び掛けに応えて立ち上がったのが**楠木正成**でした。正成は天皇の皇子である**護良親王**らと赤坂城に立て籠もります。しかし、後醍醐天皇のいた笠置山は（後に室町幕府をつくることになる）**足利高氏**に総攻撃され１カ月で陥落してしまいました。その結果、後醍醐天皇は天皇の標である三種の神器を持明院統の光厳天皇に渡し、隠岐に流されることになってしまいました。赤坂城の正成も頑張ったのですが、幕府軍の猛攻に遇い陥落します。仕方なく、正成は護良親王とともに吉野へいったん逃れました。この一連の事件が、**元弘の変**です。この時は**後醍醐天皇・護良親王・楠木正成 VS 幕府・足利高氏**ということになりますね。

幕府の討伐と高氏の活躍

　元弘の変で討幕の気運は収まったかというと逆で、より一層討幕の気運が増しました。１３３２年、護良親王は吉野で兵を挙げます。それに呼応して楠木正成が河内の千早城で立ち上がりました。この時の正成の活躍は有名ですよね。城の上から、石垣を登る敵兵めがけて熱湯やウンコを撒き散らして敵をやっつけたりしたん

ですね。これに対して幕府は六波羅所管の西国武士しか送り込めませんでした。なぜなら執権の北条高時と内管領の長崎高資が対立して内部紛争を起こしていたからなんです。そこに１３３３年、ついに後醍醐天皇が隠岐を脱出して、再び討幕の命を下します。後醍醐天皇は根性が違いますね（笑）。

　天皇が隠岐を脱出したという知らせを聞いた幕府は、足利高氏に正成打倒の命を下します。この時の高氏の心境は複雑です。高氏は源氏の嫡流の出です。どういうことかわかりますか？　北条氏との家柄でいったら、断然高氏の方が上なんですよね。高氏は本当は従いたくなかったので、いやいやながらその命令を聞くわけです。なぜ聞き入れなければいけなかったかというと、鎌倉に奥さんと息子を人質に取られてしまったからなんです。そんな納得いかない命令を受けた高氏ですが、三河国矢作宿に来た時に北条氏（鎌倉幕府）を討つことを決心します。そして、後醍醐天皇に幕府を打倒する勅許をいただき、鎌倉幕府に立ち向かうわけです。さらに、その勅許に呼応して全国の武士５万人が立ち上がりました。高氏はその勢いで六波羅探題を攻略しました。相呼応して、鎌倉には東国の武将**新田義貞**が攻め入り、ここに鎌倉幕府を滅亡させました**（１３３３年）**。それは、高氏の挙兵からわずか３週間の出来事でした。ちなみに、高氏の奥さんと子供は新田義貞が助けて無事でした。この時は**幕府 VS 楠木正成・新田義貞・足利高氏**という構図です。

Lesson４８　建武の新政

　前回の授業で鎌倉幕府が滅びましたね。この時間は鎌倉幕府を滅ぼした後醍醐天皇がどんな政治に乗り出すかをやっていきます。

　勝った後醍醐天皇は光厳天皇を辞めさせます。そして翌年（１３３４年）、年号を"建武"としました。ここから始まる後醍醐天皇の親政を**建武の新政**といいます。後醍醐天皇は院も関白も置くことも否定して、天皇が自ら政治を行う親政を理想としました。

建武の新政
　醍醐天皇は京都に戻ると、**記録所**と**雑訴決断所**・**恩賞方**・**武者所**を設けるなど

の新政策を次々と打ち出しました。

　記録所や雑訴決断所などについて説明しますと、記録所は建武の新政の最高機関であり、一般政務を担当しましたが、公武の訴訟沙汰（そしょうざた）も扱います。なので、記録所が強大な権限を持つ機関となりました。しかし、記録所にあまりに多くの事務が集中し、その処理能力を大幅に超えていたため、新たに雑訴沙汰を取り扱う専門機関の必要性が高まり、ここに雑訴決断所が新設されたわけです。こののち記録所は寺社・権門に関わる大事な訴訟のみを扱うことになります。

　恩賞方は論功行賞に設けられた機関で、倒幕に対する恩賞事務を行いました。武者所は京都の治安維持のための警察機関でした。また、地方は**国司**（こくし）と**守護**（しゅご）を併置して治めさせました。

　建武の新政において、武士はなかなか日の目を見ることができませんでした。とにかく天皇は権力を自分に集めようとします。ですから、「２０年間その土地を支配したら、その土地は自分のものにできる」という鎌倉時代からの武士の習わしがあったにもかかわらず、「すべての所領は天皇の**綸旨**（りんじ）で安堵（保障）する」なんて命令を出して、大きな混乱と武士の反乱を招きました。（綸旨というのは天皇の意向を受けて蔵人が発行する文書のことです。）そしてほどなく、権力を天皇に集中させすぎたことから、天皇の実務処理能力をオーバーしてしまい、新政は行き詰まりを見せます。そんな急激な政治の改革から出たひずみを表すのが①**中先代の乱**（なかせんだいのらん）、②**二条河原の落書**（にじょうがわらのらくしょ）でした。

中先代の乱
　一連の天皇と幕府の争いの中で、後醍醐天皇から高氏や正成は厚い恩賞をうけましたが、ほかの武士は公家や寺社よりも恩賞がもらえませんでした。これに納得いく武士はいませんよね。「そんなことなら鎌倉幕府を再興だ！」と北条高時の息子**北条時行**（ほうじょうときゆき）が挙兵しました。これが**中先代の乱**です。この事件が、後醍醐天皇の行く末を左右しました。

　ところで、このころ高氏は、後醍醐天皇の実名"尊治"から一字をもらって**尊氏**と改名していました。後醍醐天皇にしても尊氏の力は脅威でもあったのでしょう。

その尊氏に天皇は時行追討の命を下しました。

その結果、尊氏は見事に時行を倒したんです。当然武将たちは尊氏から恩賞をもらえると思っていました。それは鎌倉幕府の名残ですよね。御恩と奉公。しかし、頼朝と尊氏は大きく違う部分がありました。頼朝は征夷大将軍です。尊氏はそうではありません。土地を恩賞として与えることができるのは征夷大将軍だけなんです。尊氏は困りました。困りましたが、部下に反感を買うわけにはいきません。まして、世の中が乱れてしまってはいけません。そこで尊氏は朝廷の許可なく勝手に部下に土地を配布したのです。

後醍醐天皇は当然怒るわけです。そして、新田義貞に命じて尊氏を倒そうとしました。尊氏は天皇に逆らう気はなかったようです。ですので新田義貞が立ち上がったと聞いて大変ショックを受け、鎌倉の浄光寺というお寺に引きこもってしまいました。その間、新田義貞の攻撃に押されて足利軍は敗北を重ねます。このままでは武士の地位も没落してしまうと思った尊氏はついに立ち上がりました。尊氏軍が立ち上がると足利軍は強く、義貞軍を破ります。そして京へ攻めのぼったわけです。しかし、今度は**北畠顕家**（きたばたけあきいえ）が奥州から駆けつけて天皇の味方となり、尊氏の進路を阻みます。そこに、楠木正成も加勢したため尊氏はやむなく兵庫へ撤退しました。**後醍醐天皇・新田義貞・楠木正成・北畠顕家VS足利尊氏**という構図です。

しかし、この時、正成は奇妙な現象を見ます。敗戦している尊氏に多くの武将がついて行くのです。これは、日本中の武士が新政に反対していること、そして尊氏に期待していることを表していました。

そんな尊氏は後醍醐天皇のライバルで持明院統の光厳上皇にお願いしていたことがあります。それは尊氏の戦を認める院宣発行の願いです。これさえ出れば朝敵（天皇の敵）でなくなるばかりか、立派な大義名分ができます。そして、その院宣が実際に下りました。これによって尊氏の戦いは認められたわけです。尊氏は「上皇からの院宣が出たので新田義貞を討伐したい」ということを全国の武士に知らせて応援を求めます。その結果、全国から多くの武士が尊氏の所に集まりました。これを聞いて、後醍醐天皇は正成にアドバイスを求めます。正成は「いったん、天皇は比叡山に逃れ、京の町に尊氏軍を呼び込んで勝負するなら、勝機はあります」と

言ったのですが、天皇の周囲の者たちの反対にあい、京の町の外で勝負しなくてはいけなくなりました。正成はこの時点で自分に勝ち目がないことを悟っていました。しかし、悪党の自分を引き立ててくれた後醍醐天皇のために最後まで戦おうと決めていたようです。

　そして、いよいよ決戦の湊川です。**湊川の合戦**、１３３６年。場所は教科書の地図で確認してくださいね。この戦いは**楠木正成・新田義貞 VS 足利尊氏**になります。尊氏は正成を圧倒的な力で攻撃します。しかし、いよいよというところになると尊氏は退却命令を出すんですねえ。その回数１７回。なぜでしょう。実は尊氏は正成を助けたかったんです。正成が降伏するのを待っていたんです。それだけ正成は優秀な武将だったんですね。しかし、願いは叶わず、正成は自害してしまいました。その首をはねて、京に晒そうという部下に対して、尊氏は生まれ故郷の河内へ丁寧に送り返すようにと指示を出しています。

　ここに建武の新政はわずか３年で挫折。尊氏の時代がやってきました。同時に武士の時代が再び訪れるわけです。後年尊氏は全国６３か所に安国寺というお寺を建てさせました。それは尊氏の「国を平和にしたい」そういう思いのこもった寺でした。また、京都の天竜寺というお寺は後醍醐天皇を尊氏が手厚く祀るために建てられたお寺です。尊氏は武士の世を作るとぅいう目標に向け、天皇に反しなくてはいけないという苦渋の決断をしてきた漢でした。

Lesson 49 南北朝の争乱と室町幕府

　前回の授業ではついに尊氏が後醍醐天皇を破ったということまでやりましたよね。ではその後、後醍醐天皇はどうなったのでしょうか。その辺から始めて、尊氏が中心となった時代までやっていきたいと思います。

南北朝時代
　後醍醐天皇は戦に敗れて京に軟禁されます。でもね、この後醍醐天皇は粘り強いというか何というか、京の町を逃げ出すんですね。しかし、尊氏はそれを聞いても追撃しなかったんです。なぜなら、天皇の処遇に苦慮していたからなんです。天皇

を監視している、あるいは面倒をみていると金と手間がかかって大変でしょ。かといって処刑もできない。天皇を粗末には扱えない。大事なことですが、前の授業での戦いはあくまで形式上は**尊氏VS正成・義貞**ということで、**尊氏VS後醍醐天皇**ではないんですよ。

　後醍醐天皇は結局、今の奈良県**吉野**に逃げて、ここに朝廷を築きます。吉野で「俺が天皇だ！」と主張したわけです。京都にも尊氏が擁立している持明院統の光明天皇がいますので、吉野と京都で２人の天皇、二つの王朝ができてしまったわけです。

　こういうと大したことがないようですが、天皇家が二分するということは、あらゆる機関が二つに分かれるということですから、日本が二つに分かれることで大変なことなんですよ。

　吉野に大覚寺統の王朝。京都に持明院統に王朝。二つに分かれていがみ合った時代がこの後約６０年間続きました。この時代を**南北朝時代**といいます。

室町幕府成立
　では、足利尊氏は何をしていたでしょうか。尊氏は**１３３６年、建武式目**という施政方針を発表します。施政方針っていうのは「これから、こんな政治をするぞ！」ていうものです。これによって、**室町幕府**を開いたということになっています。室町時代の"室町"の名前は（先の話になりますが）、３代将軍の足利義満が京都の室町に**花の御所**という邸宅をつくり、幕府を置いたことに由来しています。そこから遡って、尊氏の時代も室町幕府といいます。尊氏は１３３８年になると、北朝の天皇から征夷大将軍に任命されました。建武式目が出て、２年後に征夷大将軍の任命ですから注意してください。

　尊氏は他の幕府にない、ちょっと変わった方法で統治をしました。それは、尊氏が軍事と人事を担当し、弟の**足利直義**が裁判などを担当するという分担制をしいているところです。これが、やがて幕府の混乱につながっていきます。

観応の擾乱
　この分担制は、当初二人が力を合わせて、うまくいっていたようです。しかし、

幕府を開いたころから、後醍醐天皇を追い出したことに引け目を感じた尊氏は政治に口出ししないようになってしまいます。尊氏がそんな状態なので、室町幕府の執事、**高師直**（こうのもろなお）が尊氏の代わりをするようになっていきます。執事っていうのは将軍の補佐役で、後に管領と呼ばれる役職です。そういったなかで、高師直はだんだんと直義と対立するようになっていきます。そうすると下々は自分の利権のために、この争いを利用しようとし出すんです。こうなると幕府内部は混乱と対立を起こしますよね。

　二人の派閥は、遂に１３５０年に武力衝突を起こしました。これをはじめとして、１３５０年から５２年まで続いた争いを**観応の擾乱**（かんのうのじょうらん）といいます。観応というのは元号ですね。平成に起きていたら平成の擾乱ということです。擾乱というのは「乱れ騒ぐこと」です。"乱"と同じ意味ですね。詳細は、まず、直義が尊氏に迫り、師直をクビにします。これに怒った師直は幕府の主要部を占領し、直義は尊氏の屋敷に逃げ込んで九死に一生を得ました。直義は自分の地位は足利義詮に譲り、出家するはめになったのです。

　しかし、直義は黙っておらず、その後、南朝にすり寄っていきます。**高師直・北朝ｖｓ直義・南朝**という構図になるわけです。今度は直義が勝利し、師直は戦の後、京都への途上に殺されてしまいました。これで収まるかと思いきや、今度は尊氏と直義が争いになります。最終的に尊氏が直義を毒殺し、５２年、擾乱は収束しました。

Lesson 50 足利義満の政治

　前回の授業では将軍家は足利尊氏まで進んでいましたね。今日は第２代、第３代の将軍の時代をやっていきたいと思います。

足利義詮
　尊氏は５４歳で波乱の生涯を閉じました。足利２代将軍は**足利義詮**（あしかがよしあきら）。義詮は**六分の一殿**（ろくぶんのいちどの）と呼ばれた山名氏と大内氏との争いの和睦を成立させ、彼らを帰属させました。なぜ、六分の一かというと全国６６国のうちの１１カ国が山名氏のものだった

からなんですね。そして北朝の騒乱を鎮めました。

　その義詮が今際の際に次の将軍を義満にし、後見人に細川氏を付けると言って死んでいきました。いよいよ3代将軍足利義満の出番がやってきます。

足利義満
　第3代将軍**足利義満**の時代は足利将軍の地位を固めた時代といえます。ですから、他氏とのたくさんの争いの中に生涯を送っていくことになりますよ。そして義満は自らが日本の王になる。そのことに心血を注いでいきます。

　義満が将軍になったのは11歳の時です。まだ幼いので、後見人がいました。それが細川頼之という人物です。後見人のことを**管領**といいました。頼之のもとで半済令などが出されますが、これは後日の授業で取り上げます。そんなのがあったということだけ覚えていてください。

　まず、義満と頼之のコンビは足利の地位を確実にするために、九州にいた後醍醐天皇の息子の懐良親王を倒そうとします。後醍醐天皇は建武の新政が崩壊する時に、自分の息子を地方に派遣して地方勢力を味方につけようとしていたのです。懐良親王はその時に九州へ派遣された皇子でした。その後、九州の菊池氏と組んで大宰府を攻略し、九州に勢力を誇っていました。さらに、この懐良親王は南朝の継承者として明とのつながりを強化します。明の皇帝が懐良親王に倭寇（157ページ参照）退治の要請をしてきた時に、最初は断るのですが、バックに中国がつけば足利政権と張り合えると考えて、これを引き受け、日本の代表を名乗るわけです。義満が中国と交易をしようとしても「あなたは懐良の臣下でしょ」と言われて、なかなか思ったような外交が結べなかったのです。そのようなことから懐良親王と菊池氏を倒すことになり、1367年、今川了俊（貞世）を九州探題として派遣し、九州を平定しました。

細川更迭
　一方で、守護大名同士も権力争いを行います。管領に就いていた細川頼之が権力を強めることを土岐氏、斯波氏は大変面白くなく思っていたんです。そこで、この両者は将軍に対し「細川頼之を罷免（クビ）にしろ！」と迫るんですね。これを受

けて義満は将軍就任当初から管領だった細川頼之を更迭しました。これによって権力がどこへ行ったかというと、将軍である義満に集まったんです。細川氏を追放することで将軍の権力を高めることになった、１３７９年の事件でした。

　その後の義満は力のある守護を潰しにかかります。それが①**土岐氏の乱**、②**明徳の乱**、③**応永の乱**です。

土岐康行の乱

　土岐頼康という有力な守護がいました。（名前を覚える必要はありません。）頼康は美濃・尾張・伊勢の３国を管轄する守護でした。その頼康が亡くなると養子の土岐康行が３国を継承します。しかし、義満はここぞとばかりに、この相続へ介入し、頼康の息子の満貞に尾張の守護職を与えてしまうんです。康行側は満貞の尾張入国を許さず、ここに土岐氏が分裂します。義満は満貞を支援し、康行を尾張から追い出してしまいました。これが１３９０年に起きた、**土岐康行の乱**です。この結果、美濃には康行の弟が、尾張には満貞が、伊勢には土岐氏とは違う一族が、それぞれ守護として配置されました。そして、土岐氏は力を失っていくのです。ちなみに、尾張はその後、満貞から斯波氏へと移されることになります。

明徳の乱

　さあ、つぎに義満が目を付けたのは六分の一殿です。それって誰でしたっけ？そう、山名一族ですよね。この時代の最大領域を持っている守護を義満はつぶしにかかるのです。先ほどの土岐氏と同じように、山名氏も相続の件でもめ事が起きました。それは本家と分家の争いなのですが、この争いに裏から義満が火をつけました。１３９１年のことです。結局山名氏は京の足利を攻める事態になりました。強大な山名氏との争いに、義満の部下から和平を望む声が上がります。しかし、義満は「足利家と山名家どちらに運があるのか天にまかせようではないか」と言って、戦にいどみました。後の授業でもやりますが、将軍は**奉公衆**という直属の軍を持っていたのですが、この軍隊が大活躍します。そして、山名氏は敗戦し、３国を残して他の武将のものになってしまいました。この時の山名氏の当主は山名氏清といいますので、これも覚えておいてくださいね。この明徳の乱に関する戦争は、義満にとって、天下統一の戦といっても良いものになりました。

南北朝の合一

　南朝と北朝の話は以前の授業でしましたね。この南北朝なのですが、南朝方はそれを支えていた武将が亡くなり、だんだんと力がなくなっていました。そこで義満は１３９２年に南朝と北朝の仲介をし、南朝の後亀山天皇が京都に帰って、三種の神器を北朝の後小松天皇に渡す形で南北を合体させます。その合体の条件には両統迭立も上げられていました。しかし、義満がないがしろにしてしまい、北朝から代々の天皇が排出されるようになります。ちなみに南朝の天皇の子孫は現在、京都でサラリーマンか何かをしているようです。この前テレビに出てました。

応永の乱

　１３９４年義満は将軍職を息子の**足利義持**（あしかがよしもち）に譲ります。そして自分は太政大臣に昇格しました。一般人がなることのできる最高の役職です。しかし、翌年には出家し、朝廷と幕府を統括するような立場になりました。そんな義満が次の標的を見つけます。それが西国の守護、**大内義弘**（おおうちよしひろ）です。義弘は周防（すおう）・長門（ながと）・豊前（ぶぜん）・石見（いわみ）・和泉（いずみ）・紀伊を治めていました。さらには博多や境の港から海外貿易、特に朝鮮との交易で利益を上げていたのです。力を持ち過ぎたが故（ゆえ）に義満と対立することになったんですね。その義弘が鎌倉公方や前九州探題の今川了俊（懐良親王打倒で活躍しましたね）と結び、１３９９年、堺で兵をあげました。これが**応永の乱**（おうえいのらん）です。義満はたくさんの守護を味方につけ、２万の大軍勢で義弘を討ちました。義弘は勇敢に戦いましたが、破れて亡くなってしまいました。応永の乱に勝利し、有力守護をすべて排除した義満は、将軍への権力集中を固めました。１４０１年の明との国交を開いた際には自分のことを「日本国王」と名乗り、天皇をもしのぐ勢いを見せたんです。

Lesson５１　室町幕府の組織

　さあ、前の時間まで、争いの話が多かったですが、この辺で一息つきまして、幕府の組織を勉強しましょうね。

組織

　室町幕府の組織は鎌倉幕府のそれと大変似ています。まず将軍の補佐役。鎌倉幕府の執権に当たる役職が**管領**（かんれい）です。何度もすでに授業では取り上げていますよね。

その管領になれる家柄を**三管領**といいまして、細川・斯波・畠山の三氏です。暗記法は、「細かあ、芝なら叩け！」（笑）。中央には**侍所・政所・問注所**を置きました。これは鎌倉幕府と同じですね。侍所は京都の警備や裁判にかかわる仕事で、長官は**四職**から任命されました。四職ってのは、山名・赤松・一色・京極の四氏のことです。暗記法は「京は山が赤一色」なんて（笑）。

　鎌倉幕府にはなかったもので、**奉公衆**というのがあります。前の時間でもやりましたが、これは将軍の直属の兵隊です。さらに、鎌倉には関東を監視する**鎌倉府**が置かれました。鎌倉時代は京都に六波羅探題を置いて朝廷や京都の監視をしましたが、今度の幕府は京都にありますから、関東の監視が必要ですよね。以前の勢力が残存する鎌倉は監視しておかないといけない場所だったんです。鎌倉府の長官が**鎌倉公方**。最初は義詮がやっていたのですが、将軍になりますので、尊氏の子**基氏**が就任し、以後基氏の子孫が勤めました。鎌倉公方の補佐役が**関東管領**であり、上杉氏がこれを世襲していきます。戦国時代の上杉謙信は関東管領ですよね。さらに、東北を監督するために奥州探題が設けられました。

収入

　室町幕府の収入は直轄地からの収入を主としていました。直轄地のことを**御料所**といいます。直轄地は近畿・東海を中心に各地に点在していました。それから、教科書に出ているような各種の税金ですよね。今でいうサラ金に課した**倉役**。造酒屋に課した**酒屋役**。家屋の棟数に応じて課した臨時税の**棟別銭**。各地の関所で課された通行税の**関銭**。同じく港で課された**津料**。田畑の広さ1反当たりに課された**段銭**。それら税のほかにも、**遣明船**による収入も財政を補いました。遣明船に関しては後日やりますからね。

Lesson 52 守護大名の登場

　今日は守護について学びたいと思います。守護とは一国に1名配属された地方機関でした。これには鎌倉時代、大犯三カ条という仕事がありましたね。内容は思い出してくださいよ。この守護が、南北朝時代ぐらいから色々な権限を獲得して成長していきます。そして、それが室町時代には**守護大名**と呼ばれるようになるんです。

ではどうやって成長したのか、その新たに獲得した権限について学んでいきましょう。

刈田狼藉と使節遵行

　室町時代に守護へ与えられた権限は大きく三つです。まずは二つ、**刈田狼藉**の取り締まりと**使節遵行**の権限について説明します。鎌倉時代ぐらいから、土地のもめ事の際に「ここは俺の土地だから」と言って、相手の土地でできた作物を勝手に刈り取ってしまうという行為が結構あったそうです。そのようなことを刈田狼藉といったんです。そして、これを取り締まる権限を"刈田狼藉の取り締まり"といったんですね。次に、使節遵行ですが、これは、幕府の命令を受けた守護が、現地に使節（遵行使）を派遣してその命令を執行することです。土地訴訟で勝った人への所領の引き渡しなどが主でした。

半済

　三つ目は**半済**です。１３５２年の観応の擾乱の時に足利尊氏は、当時戦略上の要地であった近江・尾張・美濃の３カ国の荘園年貢の半分を１年に限って、兵粮米として守護に引き渡す制度を設けました。これが半済令です。戦が終わり、褒美を与えなくてはならないとき、守護はそこから部下に恩賞を支払うようになりました。

　この半済令をみて、各地の守護からも適用の願いがありました。するとまもなく全国化し、期間も恒常化していきます。つまり反済と称して国内の年貢の半分を守護が手に入れるようになるのです。さらに、１３６８年に**応安の半済令**が義満時代の管領細川頼之によって出されると、領国内の荘園と公領の土地の折半が行われたのです。収穫物の年貢の半分ではなく、土地そのものが半分にされてしまうわけです。結局、鎌倉時代の下地中分と同じようになるんです。

応安の半済令

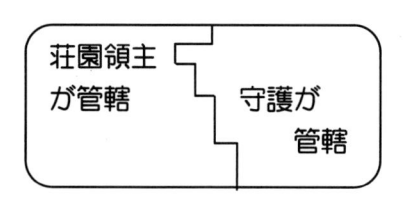

荘園領主が管轄 ／ 守護が管轄

守護請

　大犯三カ条、刈田狼藉取り締まり、使節遵行、半済など様々な権限を得て、守護は荘園に強く介入していきました。介入の結果、段銭・兵糧・人夫の調達もするようになっていきます。さらに国衙にいたっては守護自らの支配地となりました。

　そうやって荘園領主の支配権は守護に侵害されていきます。荘園領主（寺社・貴族など）は、なし崩し的に、守護に荘園の管理を一任します。つまり農民からの税は守護が徴収し領主へ納入を行うことになったのでした。しかし、守護はすべて自分のポケットに入れてしまうようになります。そうやって鎌倉時代の地頭請のような**守護請**(しゅごうけ)ができあがっていきます。

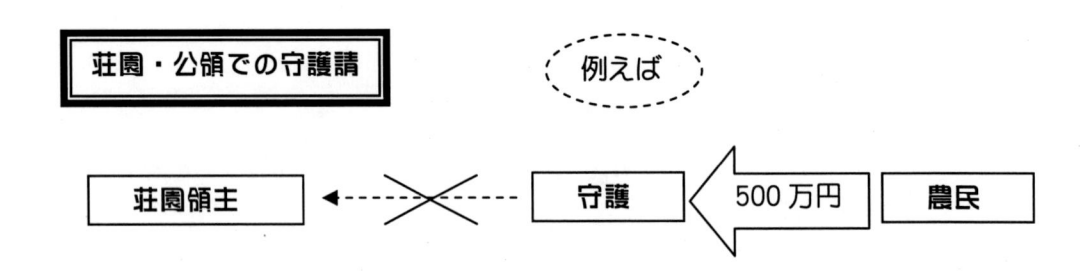

```
┌─────────────────┐      ╭─────╮
│荘園・公領での守護請│      │例えば│
└─────────────────┘      ╰─────╯

┌────────┐         ┌────┐         ┌────┐
│ 荘園領主 │ ◄--✕-- │ 守護 │ ◄500万円 │ 農民 │
└────────┘         └────┘         └────┘
```

　まあ、土地が荘園領主のものであるうちは良かったのですが、やがては守護が領主となっていきます。つまり守護の土地になってしまいます。守護が力でじりじりと荘園を侵食した結果ですね。

　＊守護は基本として京にいて現地には守護代を配属していましたが、この守
　　護代が守護に代わって力を持つ、なんていうケースもあったんですよ。

　すべての荘園が守護請を行ったわけではなく、耐え抜いた荘園もあったのですが、守護請によって荘園と公領は間違いなく減少しました。こうした結果、中世を通じての社会経済体制であった荘園公領制が、守護請によって急速に崩壊していくことになったのです。覚えておいてください。

国人

　守護の話をしてきましたが、では地頭はどうなってしまったのでしょうか。地頭

は地方に土着し、領主レベルにまで成長していました。そのように土着した地頭などの御家人を、この時代は**国人**と呼びました。国人たちは守護から自分たちの「領土を守るため」「農民を支配するため」に一致団結します。このような国人の一致団結を**国人一揆**といいました。この当時の人たちは協力して一つの目的を実現しようとするときに、神様仏様に誓いをたてて一致団結した状態をつくりました。このような状態を"一味同心"っていうんですが、このようにして結ばれた集団を**一揆**といったんです。国人一揆では全員平等の原則で、決定は多数決で決められました。このような地頭ですから、守護の配下に配属されますが、すんなりと配下になったわけではなかったようです。しかし、だんだんと所領を維持管理したり農民を支配したりするために、守護の支配下に入るようになっていきました。

　そうやって国を支配するまでになった守護を**守護大名**、守護大名が任国を支配する体制を**守護領国体制**といいます。

Lesson 53 幕府政治の展開

　今日の授業から、また戦いの話になっていきます。

足利義持の時代
　義満が51歳で生涯を閉じました。すでに4代将軍になっていたのは**足利義持**です。義持はことごとく義満のやってきたことに反対します。将軍になっても義満にがんじがらめにされていた反動でしょうか。義満が死ぬと朝廷から死んだ義満に上皇の位が届きますが、それを拒否します。「うちは武士だ。武士のプライドが許さない」ってなもんです。そして1401年には明との国交を停止しました。これは義満が明に朝貢していたことを義持が良いことだと思っていなかったのが要因でした。

　義持は5代将軍に義量を立て、いったんは身を引きますが、義量が早くに死んでしまったので将軍職に復帰します。そして1428年43歳で生涯を閉じました。と、それだけなら良いのですが、死ぬまで次の将軍を決めませんでした。このころになると管領の力が強くなっており、自分の力を社会に及ぼせないということに無

力感を感じていたのかもしれませんね。「みんなで、次の将軍は決めな」って感じで死んだんです。

足利義教の時代

さあ次の将軍が問題児です。

　義持には４人の男子がいましたが、先代義持は将軍を決めずに死にましたので、周囲の人間は「神の意見を聞いて決めよう」と言い出します。何をしたでしょうか？何で決めたと思いますか？　神の意見を聞くと言ったら、そう・・・くじ引きです。その結果、義持の弟で天台宗座（天台宗で一番偉い人）まで務めた義円がくじに当たりました。**１４２８年**、彼は６代将軍**足利義教**として即位しました。この人に付いたニックネームは"くじ引き将軍"。くじで決まったわけですからそのままですね。しかし、本人にしたら嫌だったのでしょうね。そのためか、もともとの性格か、非常に厳しい政治を展開します。その特徴的な例は枚挙にいとまがありませんが、寺社詣での際に行列を邪魔されたとして、邪魔した馬の持ち主を処刑したり、将軍の権威を高めるために小さな失敗を理由として家臣や公家、比叡山の僧を殺したり、牢に入れたりしました。恐怖政治ですね。

永享の乱

　１４３８年に義教は駿河へ行きました。しかし、鎌倉公方の**足利持氏**は、将軍が近くまで来ているのに、挨拶にも行きません。公方という役職については以前にやりましたが、少々補足しますと、この呼び名は将軍様にも付けられるような呼び名です。高い地位の人に付けられる呼び名なんですね。だから、鎌倉公方といえどもプライドがあります。血筋も尊氏の子基氏の子孫なわけですからね。さらに、持氏は将軍候補に挙がっていた人物で、くじによって決まった義教を認めていなかったんです。それで、将軍の下になることを嫌っていたんです。そこで、仕方なく鎌倉公方の部下である関東管領の**上杉憲実**が挨拶に出向いたわけです。そして、仲介に入り、もめ事を防ぎました。余談ですが、憲実は栃木の足利の**足利学校**を再興した人です。足利学校は当時の総合大学でした。話を戻します。普通に考えれば、憲実は持氏の恩人ということになるのですが、持氏は憲実の行為を"出しゃばり"と捉え腹立たしく思うのです。憲実は部下として、問題を起こす持氏という上司に怒りを覚えます。こうして、持氏と憲実の二人の仲が悪くなったんです。その結果持氏

が憲実を攻撃し、憲実は義教に助けを求めました。１４３８年のことでした。**将軍義教・関東管領憲実 VS 鎌倉公方持氏**ですね。持氏は降伏し出家します。しかし、恐怖政治の義教が許すわけもありません。持氏は追い詰められ、最終的に持氏は３９年に自害しました。これにより、鎌倉公方はいなくなりました。これが**永享の乱**です。

結城合戦
さあ、舞台が茨城県になりますよ。先生も住んでいた結城のお話です。

その後、鎌倉を逃れた持氏の子供、春王と安王は茨城県の結城氏朝に迎え入れられました。氏朝は関東が鎌倉公方ではなく、将軍の支配下に入ることがとても気に入らなかったようです。そして、１４４０年、二人を支援する関東の武将たちと氏朝たちは結城城に立て籠もりました。これが**結城合戦**です。頑張ったのですが、結城城は落城、二人の王は京都へ向かう途中で殺されました。

嘉吉の乱
義教は邪魔するものをことごとく殺しました。延暦寺・一色氏・土岐氏。残るは細川と赤松ぐらいです。町では「次は赤松か〜」なんていう噂が広がっていました。そんな時です。「結城合戦の勝利を祝う宴をします。うちの池のカモも親子で遊んでるんで、見に来てください」と赤松氏の**赤松満祐**が義教を誘いました。１４４１年義教は赤松家をわずかな供を連れて訪問しました。そこでなんと、赤松満祐は義教を暗殺してしまうのです。この事件を**嘉吉の乱**といいます。この事件によって将軍家の地位は大きく失墜し、守護による合議制が復活しました。ちなみに、赤松満祐は幕府軍の山名氏に攻められて切腹します。そして赤松氏は没落。一方の山名氏はこの事件によって社会に復活をしました。この時の山名氏のリーダーは応仁の乱の重要人物山名宗全です。覚えておいてください。

Lesson５４ 惣の形成と土一揆

今日は室町時代の農村について勉強しましょう。

惣・惣村

　鎌倉時代後期、荘園や公領の中に**村**が自然発生しました。村は南北朝の動乱の中で各地へ広がっていきました。まず、村がどんなものだったのか、勉強していきましょう。

　村に住む人たちは農業での共同作業やお祭りなどを通して団結していきます。特に、神様関係での結びつきは強かったようです。まだまだ目に見えないものが大切にされた時代だからでしょうね。そのため、神社が人々の精神的中核を担っていたんです。神社には**宮座**(みやざ)と呼ばれる組織がありました。宮座とはなんでしょうか？神社にはその神社を信奉する氏子がいますよね。氏子の中でも中核にいる人たちは、お祭りの際に、神社（お宮）の限られた席（座）に着きました。そこから、宮座とは、氏子の中のリーダーたちの組織のことを指すようになったのです。神社が精神的な中核なのですが、その神社の中核は宮座ということになります。宮座は村が団結する中心となったわけです。

　村は、おとな（長・乙名(おとな)）・沙汰人(さたにん)と呼ばれるリーダー中心に、**寄合**(よりあい)という会議で運営されました。自分たちで村の運営をするのです。このようにして、村人が自分たちで運営する村を**惣(そう)（惣村(そうそん)）**といい、畿内を中心に発達しました。集団にはルールも当然必要になりますよね。それは寄合で決められました。そのルールを**惣掟**(そうおきて)といいます。ちなみに、惣を構成する村民は**惣百姓**(そうびゃくしょう)とも呼ばれました。

　自分たちで運営する村。リーダーがいて、ルールがあって、そのほかには何が必要でしょうか？　そうです、警察と裁判が必要ですよね。これが**自検断**(じけんだん)・**地下検断**(じげけんだん)です。検断という言葉の意味は「統治する」とか「裁判する」という意味です。通常は守護がその権利（裁判権・警察権）を持っていたのですが、惣などの自治性の高いところでは、守護の介入を排除して自分たちで検断しました。自ら検断するので**自検断**です。**地下検断**の"地下"は土着の人という意味です。「土着の人が裁きます」という意味ですから、自検断と同じということになります。

　年貢はどうしますか？　納めなくていい？　そんなことはありませんよ。これは領主に納めなくてはなりません。惣では年貢をひとまとめにして領主に納税しました。この納税システムを**地下請**(じげうけ)・**村請**(むらうけ)・**百姓請**(ひゃくしょううけ)といいます。

後の話になりますが、戦国大名が出現すると、惣の自治は圧迫されます。そして、惣は大名が農村を支配する上での、ただ単なる行政単位となっていきます。つまり、茨城県久慈郡生瀬村の"村"と同じように、常陸国の生瀬の惣というふうに使われるようになるのです。

正長の土一揆

　室町時代には、惣の団結が、生活に苦しむ農民に行動を起こさせることになります。団結した百姓が「どうせ要求も通らないのなら立ち上がるしかない」と武器を持って蜂起することになりました。これが**土一揆**です。当時は税を納める百姓のことを"土民"と呼んでいました。ですので、"土"一揆なんですね。

　日本史上最大の土一揆は１４２８年に近江国（今の滋賀県ですね）で起きた**正長の土一揆**です。１４２８年ってどんな年でしたっけ？　そうです、くじ引き将軍こと足利義教が将軍に即位した年ですね。この一揆の原因は不作による飢饉です。これに疫病などが加わり、農民もどうにもできなくなっていました。最初に口火を切ったのは近江坂本の馬借でした。運送業者である馬借も輸送量が減って生活に困窮していました。この馬借が将軍の代替わりを理由に徳政を要求して一揆を起こしたわけです。この一揆に山城の農民が呼応して立ち上がりました。そして、一揆は畿内全域に広がっていきました。

　正長の土一揆は、馬借が起こした一揆なので馬借一揆でもあり、徳政令を要求した一揆なので**徳政一揆**でもあったのです。特に徳政一揆に関しては日本初の徳政一揆です。徳政については鎌倉時代でやりましたよね。鎌倉時代は御家人が徳政を求めましたが、室町時代は農民が中心に徳政を求めましたよ。

　この正長の土一揆を幕府はなかなか鎮圧できません。それで、大和の守護権をもっている興福寺は農民の要求に屈して徳政を出してしまいました。でもね、これって、とんでもないことですよね。今でいったら、テロに屈したわけですからね。その後どうなると思います？　農民たちは文句言えば徳政が出て借金が消えるって思うでしょ。当然、この後の時代は一揆が頻発することになります。ちなみに、この時徳政を勝ち取り、喜んだ農民が刻んだ文が、現奈良市柳生町の柳生街道筋にある疱瘡地蔵石仏の碑文です。なお、これ以降の一揆もほとんどが徳政一揆でした。

嘉吉の土一揆

　１４４１年には**嘉吉の土一揆**が起こります。１４４１年は何の年？　そうです、嘉吉の乱のあった年です。嘉吉の乱が６月に起きました。それ以来、京の都には不穏な空気が漂います。８月には近江で土一揆が起き、徳政を勝ち得ます。それをみて９月になると京都でも足利幕府に対する徳政要求が起こりました。１４４１年は将軍が代替わりする年です。人々は「将軍が代替わりするんだから、徳政令を出せ！」と言ったわけです。こういう代替わりの時の徳政を「代替わりの徳政」っていったんです。ですので、正長も嘉吉も「代替わりの徳政」要求ですよ。

分一徳政令

　室町幕府は江戸幕府のように大規模な直轄地を持っていませんでしたので、安定した収入源がなく、京都の商人たち、特に今でいうサラ金のような仕事である**土倉**やお酒を扱う**酒屋**に定期的に献金させて大変な資金源にしていました。

　土一揆は酒屋や土倉を攻撃目標にしました。なぜなら土倉には金がありますよね。酒屋は酒屋といっても質屋のようなこともしていて、農具などが質として預けられたりしていたからなんです。嘉吉の土一揆以降、幕府は頻発する一揆に対して、徳政令を出すことで収拾していきます。それは酒屋や土倉にしたらたまらないですよね。だって貸していたお金が返って来ないわけですから。さらに考えると、酒屋・土倉が衰退したら、そこからの献金が入って来なくなって、終いには幕府が困ってしまいます。

　幕府もしたたかです。どうせ徳政令を出すなら、幕府が得するような方法にしよう！　１４５４年のある土一揆で徳政を出した時のことです。「徳政を出してやったんだから、幕府に借金していた１０分の１の銭を納めろ！」と農民などの金を借りていた人（債務者）へ言ったわけです。徳政を出すと幕府に金が入るという無茶苦茶なシステムですね。やがては、貸してる側（債権者）にも「貸してる額の１０分の１を幕府に納めれば、徳政から除外してやるわ！！」と言いました。幕府にはダブルで手数料が入ってくるわけです。こういった条件の中で出される徳政令を**分一徳政令**といいました。ちなみに、その１０分の１のお金のことを**分一銭**といいます。

Lesson 55 応仁の乱と享徳の乱

　今日勉強するのは、戦国時代への入口ともいえる応仁の乱についてです。応仁の乱で京の町は荒廃し、幕府も有形無実になってしまうんですよ。

足利義政

　前の時間にやりましたね。一揆。この一揆が京の近辺で多発する中、将軍になったのが８代**足利義政**です。義政は１４歳で将軍になりました。そして管領も若く、２０歳の**細川勝元**でした。今言ったように一揆が多発する中で義政は将軍になりますが、あまり仕事には熱心でなかったようです。そこで、部下たちが一揆に対処して出したのが分一徳政令だったんですね。

　義政は２３歳の時奥さんをもらいました。それが、この後の嵐の中心**日野富子**です。この夫婦は能や花見を楽しみ、寺社参りにも出かけ贅沢に暮らしていました。しかし、一方で農民は大変です。それでなくとも大変なのに、１４５９年には大飢饉が起きて鴨川には死体があふれるほどでした。もちろん一揆も起きます。京の町にも一揆が押し寄せ、町は地獄のようになりました。義政は災難が多発する世の中で、将軍職に魅力を失っていきます。

応仁の乱

　将軍職に魅力をなくした義政は２９歳にして将軍職の後継を考えます。早く譲りたくて仕方なかったようです。しかし、義政は男の子供を持つことができませんでしたので、弟の義尋に将軍を譲ることにします。しかし義尋は坊さんです。一度は断るのですが「もし、俺に男が産まれてもお前を次の将軍にする」と義政が言うので、名前を**足利義視**として、次の将軍の約束をしました。それで終われば良かったのですが・・・。

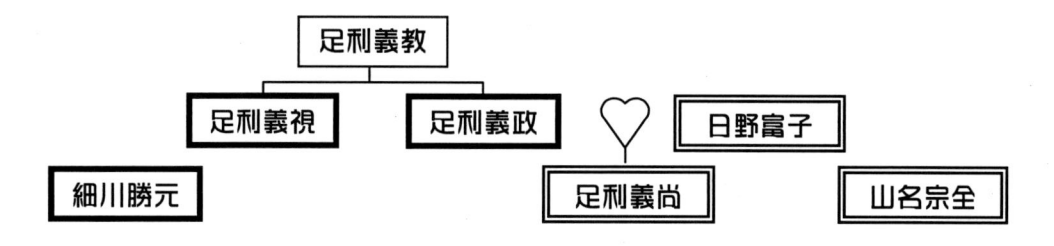

```
                    足利義教
        ┌──────────┬──────────┐
    足利義視      足利義政  ♡  日野富子
   ┌────┐                ┌────┐      ┌────┐
   細川勝元              足利義尚      山名宗全
```

なんと、その一年後、夫婦には男の子が産まれてしまったのです。名前を**足利義尚**といいます。母親は富子なわけですが、富子は絶対次の将軍は義尚にすると言いだし、幕府第一の実力者**山名宗全**を後見者に選びました。それに対して、義視は後見者に管領の細川勝元を付け、義政に「約束は約束ですよ」と迫るわけです。
富子・足利義尚・山名宗全VS足利義視・足利義政・細川勝元

これに、時を同じくして、跡継ぎ騒動で揺れる斯波氏と畠山氏が加わります。
富子・足利義尚・山名宗全＋斯波義廉＋畠山義就
　　　　　VS 足利義視・足利義政・細川勝元＋斯波義敏＋畠山政長

　１４６６年、斯波家で戦闘が始まりました。幕府から諸大名へはこの争いに関わらないようにお達しが出されます。細川勝元はそれに従って参戦しなかったのですが、山名宗全は参戦して敵方を破りました。細川は、この山名の行為に怒り、細川・山名は京都の東と西に分かれてにらみ合いました。東軍が細川、西軍が山名です。余談ですが、後年、西軍が陣を張った場所で産出された絹織物は**西陣織**といわれるようになりました。

　とうとう１４６７年、細川１６万と山名１１万が激突します。ここに**応仁の乱**が始まったわけです。最初は細川の東軍が有利でした。しかし西軍の山名軍に、貿易の利権をめぐって細川と対立していた周防の**大内義弘**が参戦します。それによって戦いが一進一退になりました。何といっても面白いのは、大内が参戦し、西軍有利と見た義視が東軍を寝返ってしまったのです。激怒したのは義政です。天皇に申し出て義視の将軍後継を取り下げ、義尚を将軍に申請し直しました。これによって陣営は、西軍＝義視・山名・大内 VS 義政・義尚・富子・細川＝東軍　と変化します。

　１４７３年、戦いが始まって７年目、細川勝元、山名宗全が相次いで亡くなりました。将軍は９代足利義尚ということで継承され、１４７４年講和が成立しますが、大内は都から兵を引こうとしません。それを見た日野富子が「このままでは京の町が荒れ果ててしまう」ということで義視に終戦を説得する手紙を書きます。そして、義視がそれを大内に渡したわけです。その手紙は、兵を引く代わりに周防・長門・筑前・豊前の４カ国を与えるという条件の手紙でした。大内はこの条件をのみ、兵を引き上げました。１４７７年、１１年続いた応仁の乱はどちらが勝ったのか負け

たのかわからないまま終わりを告げました。

なれや知る　都は野辺の　夕ひばり　上がるを見ても　落つる涙は
飯尾彦六漸衛門尉『応仁記』
（焼け野のように荒れ果てた都の野に巣を作ったひばりが、空高く飛び上がるのを見ると、昔の華やかな京の様子が悲しく思い出され、涙があふれてくる）

　戦乱によって京都は荒廃焼失し、多くの文化人や公家や僧侶は地方の大名を頼って流浪しました。特に山口の大内氏はこれらの文化人や僧侶を保護したので、山口の町は小京都と呼ばれるようになりました。

享徳の乱

　では、関東は平和でしょうか？　関東では義政の時代に内乱が起こりました。説明していきます。

　永享の乱・結城合戦で鎌倉公方は不在になっていましたね。ずっと前の授業でやりましたが覚えていますか？　永享の乱で争ったのは鎌倉公方の足利持氏と上杉憲実でしたね。思い出してください。

　応仁の乱の前の１４５４年、鎌倉公方に足利成氏（しげうじ）を迎え鎌倉府が再興（さいこう）します。成氏というのは持氏の子供です。それまで、長野に隠れていました。では、成氏が就

任した時の関東管領は誰でしょうか？ それが憲実の息子憲忠です。

```
足利持氏      上杉憲実
   |     ×     |
足利成氏      上杉憲忠
   ↓
 古河公方      上杉氏
```

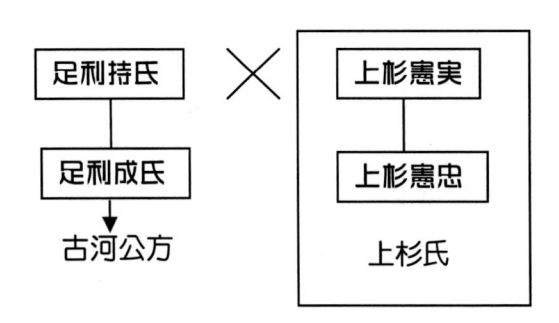

　これって、上手くいきそうですか？ 親からの争いを引き継ぎそうですよね。予想通り！ 争いになります。その争いの中で成氏が関東管領上杉憲忠を殺しました。これによって両者の全面戦争になったんです。成氏は下総古河（今の茨城県の古河市ですよ）に入って**古河公方**となり、上杉と対立しました。これが**享徳の乱**です。

　これに対して将軍義政は成氏を反逆者として、義政の兄の政知を鎌倉に鎌倉公方として送り込みました。しかし、古河公方がバリバリの力を関東に張っており鎌倉には入れず、伊豆の堀越というところに留まりました。古河にいる鎌倉公方の古河公方と堀越にいる鎌倉公方の**堀越公方**という構図になりました。この争いが関東一円に拡大し、戦国時代の遠因となりました。

Lesson 56 国一揆と一向一揆と商業の発達

　今日は国一揆と商業についてやりますよ。

山城の国一揆
　さて、応仁の乱が日野富子の計らいで一応終結しましたよね。でもね、南山城での畠山氏の争いは終結していなかったんですよ。争ってる人たちはいいんですが、関係ない地元の人たちは争いに巻き込まれますよね。これっていい迷惑でしょ。1485年、南山城の国人や農民たちは畠山氏に出て行ってほしくて、一致団結し立ち上がります。そして、国人たちは見事に畠山氏を追い出し、平等院で集会を開き、自分たちの掟などを定めました。これを**山城の国一揆**といいます。この後南山城の

自治は8年間にわたって行われました。

加賀の一向一揆

　このころ**蓮如**（れんにょ）というお坊さんが出現します。蓮如は一向宗（浄土真宗）の本山である本願寺で育ちます。そして、争乱の多い世の中を見ていてなんとか人々を救いたいと思い、旅に出ます。信徒は**講**（こう）と呼ばれる会合に集い、簡単な文章（手紙・御文）でできた極楽往生の教えを受けて、その数を増していきました。その様子を見ていて面白くなかったのは比叡山のお坊さんです。彼らは一向宗を迫害するんですね。それで、蓮如は北陸に逃げるんです。蓮如は加賀（今の石川県）と越前（今の福井県）の間の吉崎というところに道場を作って布教を続けました。信徒の数もかなり増加します。しかも講で話し合ったりしていますから結集力が強いんです。やがて集団で守護などに逆らうようになっていきます。加賀では守護の富樫正親（とがしまさちか）と富樫幸千代（とがしこうちよ）兄弟が相続争いをしていました。正親は一向宗の信徒を使って幸千代を倒そうとし、一向宗に近寄ります。やがて一向宗の力もあって正親は幸千代を倒すのですが、今度は一向宗を弾圧にかかりました。卑怯なやり方ですねえ。しかし逆に一向宗の人々は正親をやっつけます。この後、織田信長の家臣柴田勝家がここを制圧するまでの100年間、一向宗が加賀を支配していくことになります。

農業の発達

　商業の話をする前に、農業の発展について少し話します。まず、全国に二毛作が広がり、さらには三毛作が畿内などで始まりました。肥料に家畜の糞を使った厩肥（きゅうひ）や人間の糞の人肥（じんぴ）が使われました。さらには、早稲（わせ）・中稲（なかて）・晩稲（おくて）などの新品種も発見されます。農業技術の高さは、朝鮮から視察団が訪日するぐらいのレベルだったんです。

商業の発達

　室町時代は貨幣経済が発展します。貨幣経済が発達すると、貨幣を使って物を売り買いして生活できるようになりますから、手工業者は農業をせずに農業用の製品を作るようになりました。そして、注文生産だけでなく市場生産もするようになります。商品制作を依頼した人に作るだけではなく、不特定の人への売り出しをはじめたわけです。絹織物などは、西陣・丹後だけでなく、明の技術を取り入れて、博多や堺でも作られるようになりました。

これらの商品や農作物は売り買いのために輸送されますよね。この輸送を馬で行ったのが**馬借**と呼ばれる運送業者でした。この馬借がいたから活発な取引ができたわけです。そういう意味からも、馬借は商業の発展に一役かったといえますね。さらには、荷車を牛に引かせて物資を運ぶ運送業者も現れます。これが**車借**です。また、陸上ばかりでなく、海も物を運ぶには重要ですよね。海には**廻船**と呼ばれる船がありました。一方、商品の売り買いには、売主と買主を中継する商人が必要です。現在は"問屋"といいますが、鎌倉時代の問丸が発展した**問屋**と呼ばれる卸売商人が現れました。

　各地の定期市も盛んになります。応仁の乱の後は月に6回行われるようになりました。これを**六斎市**といいます。なんでも、仏教の六斎日にちなんでネーミングされたようです。市には**市座**という同じ職業の人のグループがありました。このグループに入っていないと、市からは排除されたんです。市座になぜ所属したかというと、営業税を支払う代わりに守護から保護を受けられたんですよ。中世は市座の時代なんです。その反面、**連雀商人**や**振売**といった行商人も多くいました。振売は棒の両端にカゴなどを下げ、商品の名を呼び歩く行商人。連雀商人は背中に荷物を担いで売り歩く商人でした。教科書の連雀商人の絵を見てください。鳥みたいでしょ。鳥の中でもレンジャクという鳥に似ているっていうことで連雀商人と呼ばれるようになったんです。他にも**大原女**という頭に薪など乗せて売り歩く行商の女性や、鵜飼集団の女性で**桂女**と呼ばれる、鮎や朝鮮飴を売り歩いた行商人がいました。桂女は頭に白い布を巻き上げていましたよ。

　そんな商業の発達で納税や土地の売買も貨幣を使う銭納がされるようになっていきます。室町幕府は貨幣を鋳造しなかったので、中国のお金を使いました。その代表が**永楽銭**です。お金の使用が増えると、お金そのものが不足してしまいます。そのため粗悪なお金が中国から入ってくるし、使っていてボロボロのお金もあったわけです。みんなだったらそのような偽物っぽいお金や、ボロボロで本当に使えるかどうか疑わしいお金を受け取りますか？　受け取らないですよね。人々はお金を受け取る時に「このお金は、引き取らない」なんてお金を選ぶようになりました。これを**撰銭**といいます。この撰銭によって流通が阻害されます。そこで、幕府は特定の粗悪銭以外はたとえ私鋳銭であっても、一定の比率で価値を認めさせ、撰銭を禁止する命令を出しました。これが**撰銭令**です。

Lesson 57 東アジアと日本

天竜寺船

　元寇の後、元との正式な外交関係はなかったのですが、意外にも元との私的な交易は盛んになりました。中でも有名なのは鎌倉時代の１３２５年に渡航した**建長寺船**です。この船は一般の商船なのですが、幕府は建長寺というお寺を修理する費用を稼ぐ目的で、この船を保護したのです。つまり、建長寺修理の目的で、商船の中国渡航を幕府がバックアップしたということです。

　そして、建長寺船をまねて室町幕府がバックアップした商船が１３４１年に元へ派遣された**天竜寺船**です。足利尊氏は夢窓疎石のすすめで後醍醐天皇を弔うために天竜寺というお寺を造ろうとしていました。そのため日本から幕府に護衛されて、船は中国へ向かいました。天竜寺船では扇・刀・鎧などが輸出され、中国から銅銭が日本に輸入されました。

　１４世紀中ごろ、日本と中国大陸の間には**倭寇**と呼ばれる海賊が出没しました。倭寇も南北朝の動乱期の**前期倭寇**と１６世紀半ばからの**後期倭寇**があります。前期倭寇は義満の九州制圧や日明貿易の開始とともに鎮静化に向かいました。そして、後期倭寇ですが、勘合貿易（１５９ページ参照）廃絶の１６世紀半ばから再発するようになり、日本人は少なく大部分は中国人という特徴があります。これは、明の滅亡の原因にもなっています。こちらは豊臣秀吉の海賊取締令で衰退していきました。

義満の外交

　１３６８年足利義満が将軍になりました。同じ年、中国では元が滅んで、朱元璋によって**明**という王朝ができました。明王朝は早速、周辺諸国に**冊封関係**を求めてきました。冊封関係というのは「明が親分、服属した国が子分」という関係を結ぶことです。子分になると、親分の国に貢物を送ります。そしてその代わり、子分の国が周辺の国と争いになると「俺の親分は明で、俺は明に認められた国だぞ！」と言えるわけです。中国の伝統的なやり方ですよね。ちなみに中国の皇帝に子分の国が貢物を捧げることを**朝貢**といいました。中国の皇帝を親分と認め、中国皇帝に従う形で行う貿易を**朝貢貿易**といいました。

前回の義満の授業では詳しく話ができなかった外交に関することを話していきます。義満は自らが日本の国王になること、つまり、日本の頂点になることを望んでいたと、先生は話しましたね。そのためには、冊封関係を受け入れることが大変重要だと考えたわけなんです。「自分は、（天皇からではなく）中国から認められた王として君臨する」という方法を考えたわけです。

　まず、日本国内での地位を固めなければいけません。南北朝を早く統一する必要もありました。そんな時です。「南朝方の懐良親王が日本国王である」と認める旨の国書を明が持ってきたんです。義満にしたらびっくりですよね。「これじゃあヤバい。自分が国王になれない」ということで、急いで親王を倒したわけです。今川了俊の話とか、やったでしょ、前の授業で。思い出してくださいね。

　そして明へ国交回復のために使者を送りました。すると明から言われました。「将軍は天皇の部下でしょ。部下とは話ができない。国王でなきゃあダメ。」そんなショックな中で義満は、まず、南北朝の合一を達成します。それと合わせて国での地位固めを必死でやっていきました。これは授業ですでにやったところですね。

　野望の中で、義満は朝廷から"准三后（じゅさんごう）"という地位をもらいます。これは皇后や皇太后に匹敵する位でした。そして、息子の義持に将軍職を譲（ゆず）ります。なぜ譲るのかというと、将軍はあくまで天皇の家来。しかし、准三合という地位は皇族の地位です。この地位を利用して中国から認めてもらおうとするのです。そしてさらに行ったのが金閣の造営です。金ピカの金閣で明の使者を迎えようとしたのです。なぜ金ピカにしたかというと、明に対して「こんなに金のある国と国交を開いたら、明の利益も大きいよ」というアピールがしたかったようです。

　そして生涯3度目の文書を明に送りました。もう、義満も勝負に出ていますから、明にこびへつらった文書です。もちろん明に朝貢するという内容です。そして1年半を経て明からの返事がやってきました。返事には「"日本国王"として認めます」という内容が書かれていました。ついに義満は明から日本国王と認められたんです。義満はこの返事を受け取る際にはものすごく丁寧に、使者に対してまるで明の皇帝に会うかのようにして中身を見たそうです。

　義満がこうして開いた日本と明の貿易である**日明貿易（にちみんぼうえき）**は、**勘合符（かんごうふ）**というお札を使

っていたので**勘合貿易**と呼ばれました。日本からの輸出品は武器・工芸品・鉱物、輸入品は銅銭・生糸・高級織物・書物・陶磁器・書画でした。

　勘合符は倭寇の攻撃を避けるために、「明の認めた正式な日本の船」であることを証明するお札です。勘合符について先生は中学時代から、「官合符って海上で船をくっつけて渡すんでしょ。もし、相手が倭寇だったら、襲われちゃうんじゃないの？」なんて、かなり疑問に思っていました。

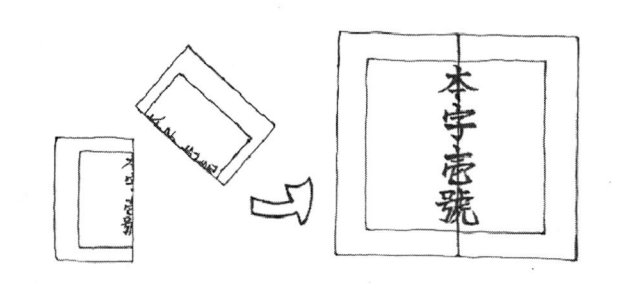

　ということで、この札の使い方を教えます。まず、明は海禁といって貿易は特別な契約をしたところ以外にはできない状況でした。海禁ですから、その辺の人たちは商売できませんよ。商売は、国が管理します。倭寇の連中は海上で奪ってきたものを「日本から来ました」とか「朝鮮から来ました」とか言って、中国の役所に持って行って売りさばいていました。で、それでは困るっていうんで、物を売る時は合い札を使って日本の商人であることを証明したんです。寧波の港に明の役人がいて札を合わせるわけですが、「札を持っていない」、「札が合わない」、という状況になると、売りに来た人間は倭寇だと発覚する仕組みです。これによって倭寇がずいぶんと勢力を失ったんです。

　以前の授業でやりましたが、義持が一時日明貿易を中断しました。しかし義教が復活させ、１５４７年までに１９回の勘合船が明に渡航しました。

寧波の乱
　先ほど話したように、日明貿易の船は幕府の直営船ばかりではありません。他にも有力守護や寺社が仕立てた船もありました。特に１４４１年の嘉吉の乱で義教が亡くなると、有力大名に勢力が移行していきます。さらに１４９２年の応仁の乱で幕府が混乱状態になり衰えていくと、主導権をめぐって大内氏と細川氏が争うよう

になりました。細川氏は堺商人と結び、大内氏は博多商人と結んでおりました。その二氏が、日本用に開いた港である寧波で１５２３年に激突しました。これが**寧波の乱**です。その後は大内氏が管理を独占します。しかし、１５５１年に大内氏が実質的に滅亡すると、勘合船の渡航も終了してしましました。

朝鮮との関係

　今度は朝鮮との関係について話しますね。倭寇の話を先ほどしましたが、倭寇の行動によって、朝鮮の高麗王朝は衰退してしまいました。この高麗をクーデターで倒したのが、倭寇退治で有名になった朝鮮の英雄**李成桂**です。李成桂の建てた王朝が**李氏朝鮮**ですね。

　李成桂は日本の足利義満に国交を求めると同時に、倭寇への対応を強く迫りました。これに義満が応じたので、国交が開かれ**日朝貿易**が開始されます。日明貿易は幕府が先行して貿易を始めましたが、日朝貿易は幕府・守護・商人・その他が同時に始めたために、朝鮮側も混乱します。そのため対馬の**宗氏**を通じて窓口の調整を行いました。

　李成桂の死後、宗氏の当主が交代すると倭寇の動きが活発になりました。朝鮮はこれをみて、対馬を倭寇の拠点だと考えます。そして、１４１９年、大軍で対馬を攻撃しました。これが**応永の外寇**です。日本側の死者は２０人に対し朝鮮側は１００人ということで、大変朝鮮側が苦しんだ戦争でした。そのため朝鮮軍は引き上げざるをえなかったようです。

　その後、日朝貿易は一時停止しましたが、再開後は活発に取引が行われました。応永の外寇以降、朝鮮は日本の通行者に宗氏が発行する文引（渡航証明書）を持たせ、国王・巨酋（守護）・諸酋（豪族）に分別し、それぞれに厳しい決まりを作りました。さらには、朝鮮での日本人居留地を富山浦（釜山）、乃而浦（薺浦）、塩浦（蔚山）の三浦（三浦というのは三つの港という意味）に限定し、**倭館**と呼ばれる日本人接客施設を置きました。渡航した日本人は朝鮮国王に拝謁する時に贈り物を渡して、国王から返礼の品をいただき、朝鮮政府の指定した期日と方法によって倭館で貿易を行います。その意味で、倭館は貿易の場でもあったようです。貿易の内容ですが、沖縄船が東南アジアで入手した蘇木といわれる染料や胡椒などを日本が

買い付け、朝鮮へ輸出します。朝鮮から日本へはお経や仏具・大量の木綿布を輸入していました。木綿は戦国時代以降に日本でも栽培されるようになりますが、それまでは朝鮮から輸入していたんですね。

三浦の乱

１５１９年、そんな朝鮮との国交に大きな亀裂が入る事件がありました。それが**三浦の乱**です。貿易の中でも私貿易は巨大な利益を上げましたが、私貿易には密貿易が付きもので、朝鮮政府はこれを禁止しました。そうしたら、対馬の島民や三浦に暮らす日本人が反対して暴動を起こすんです。それを対馬の宗氏が援護したわけです。これは朝鮮にしたらたまりませんね。この反乱は朝鮮政府によって鎮圧されるのですが、これ以降日本と朝鮮の国交は断絶になりました。

沖縄・蝦夷との関係

明が建国されたころ沖縄諸島は北山・中山・南山の三つの勢力が分立していましたが、いずれも中国に朝貢していました。"朝貢"大丈夫ですか？ 思い出してくださいね。１４２９年になると中山王の**尚巴志**が三国を統一して**琉球王国**が完成しました。そして、都である首里を国際港として整備し、貿易を発展させました。琉球王国は東南アジア・明・朝鮮・日本との中継貿易で巨万の富を手に入れていたんですよ。

日本人といいましょうか、和人といいましょうか、本州などに住んでいた人が北海道に住み始めたのは鎌倉時代の中ごろからです。和人は渡島半島に館という居留地をつくり、アイヌと交易をしました。代表的な館は道南の津軽海峡に面した場所にあった志苔館です。ラッコの皮や昆布を入手して津軽の十三湊を経由し、京都にそれを送りました。他にも十三湊はアイヌ、朝鮮、中国などの貿易で大変栄えました。１４５７年、**コシャマインの蜂起**がありました。これは、渡島半島を舞台にしたアイヌ人の蜂起です。アイヌ人の青年を和人が殺害したことに、アイヌの首領コシャマインが怒り、館を次々に襲撃しました。館の主であった蠣崎氏のもとにあった武田氏が和人を指揮し、結局コシャマイン親子を射殺しました。これによってアイヌの勢いは大変弱まりました。ちなみに武田氏は蠣崎氏を引き継ぎ、松前と改名しました。江戸時代、北海道の南部を支配したのは、この松前藩です。

Lesson 58 室町時代の文化①

　室町時代の文化は大きく分けると南北朝文化・北山文化・東山文化の三つに分かれます。今日の時間は室町文化の全体的な特徴と南北朝文化について勉強していきたいと思います。

室町時代の文化の特徴
　この時代の文化の特徴はまず都市の商工業者（**町衆**）と農民の間に新しい文化が生まれたことです。これは今までの授業でも勉強してきた、商工業の発展が原因ですね。特に、応仁の乱以降は文化人が京都から地方に逃げ出しましたので、地方への文化の普及が進みました。

南北朝文化
　南北朝時代、南朝と北朝の二つはそれぞれ自分が正統であると思っていますから、その正統性の証明がとても大切になります。正当性の証明って何かというと、"歴史"ですよね。そういうことで、南朝と北朝が「俺が正しい！！　だってほら、こういう理由があるんだよ」と、歴史書とか軍記物を書きました。

　後醍醐天皇が亡くなり、後村上天皇のために**北畠親房**（きたばたけちかふさ）が常陸国小田城（今のつくば市）で書き上げた本が『**神皇正統記**』（じんのうしょうとうき）です。親房の父親は南朝の公家で後醍醐天皇を守って戦いました。その血を引く親房は、足利尊氏が関東のほとんど全軍を使って攻撃してくる中、小田城で神皇正統記を完成させました。この本の内容は南朝の正統性を主張した本ですが、日本人の意識の根幹に触れる本として今なお影響力を持つ本です。神代から後村上天皇の時代までが書かれています。書き出しは「大日本は神国なり」で始められ、水戸黄門で有名な水戸光圀が『大日本史』を編纂する時にはこの本を高く評価しています。そのために水戸学の思想のもととなって、幕末にも影響を与えました。また、南北朝の争乱を南朝の立場で書いたものに『**太平記**』（たいへいき）があります。全部で５０巻もあるのは驚きです。南朝側の視点で書かれていますので、"太平"という文字には南朝側の武士たちへの鎮魂（ちんこん）の意味が込められているといわれています。

　それに対して、幕府や北朝の立場から書かれたのが『**梅松論**』（ばいしょうろん）です。この本は

足利幕府の正統性が書かれています。それから"梅松"の名前は足利幕府が梅・松のように繁栄してほしいという願いが込められています。

　最後に源平の争乱以降の歴史を公家の立場から書いた『増鏡(ますかがみ)』です。これは四鏡のうちの一つで、後鳥羽天皇誕生から後醍醐天皇の京都帰還までの歴史書です。四鏡の残りの三つはわかりますか？　大鏡・今鏡・水鏡・増鏡ですよ。

　今度は歴史書とは関係がありません。連歌(れんが)の説明をします。公家が好んでいた和歌は公家の衰退とともに沈滞しました。それに代わって、集団で上の句と下の句を交互に詠みながら続けていく連歌が盛んになりました。この時代、みんなが集会所などで集まることを寄合といいましたね。以前の授業でやりましたよね。連歌はこういった集会で、「みんなで行う文芸」として盛んになりました。「一致団結し、みんなで」という時代を象徴する文芸なんですよ。そういうことなので連歌の会は和歌とは違い、商人や農民まで楽しまれました。**二条良基**(にじょうよしもと)の**『菟玖波集』**(つくばしゅう)は準勅撰になり、和歌と地位を同じくしました。

　また、中国から伝わったといわれる**闘茶**(とうちゃ)という遊びも行われました。闘茶とは数種類のお茶を飲み比べてどこの産地かを当てる遊びです。今でいったら、利き茶みたいなものですね。

Lesson 59　室町時代の文化②

北山文化

　北山文化(きたやまぶんか)は足利義満の時代の文化をいいます。義満は北山に豪華な山荘を持ちました。ここが文化の中心になったので北山文化といいます。建築物としては何といっても、北山に建てられた**金閣(寺)**(きんかく)です。金閣は寝殿造と禅宗（臨済宗）の建築様式を取り入れた北山文化の象徴的な建物となります。みんな金閣といいますが、本名は義満の法名(出家した時にもらう名前)にちなんで、鹿苑寺(ろくおんじ)というんですよ。

　この時代を動かした人に**夢窓疎石**(むそうそせき)という人物がいます。夢窓疎石は臨済宗の僧で、鎌倉幕府に保護を受け、尊氏の時代には尊氏とのつながりも非常に強く、後醍醐天

皇の供養のために建立された天竜寺は、彼のアドバイスに基づいて尊氏が建立したものでした。さらに、疎石のアドバイスで尊氏・直義は南北朝の争乱で死んでいった武士の供養のため、全国に安国寺を建てています。そういうわけで疎石以来、幕府と結びつきが強かったのが、臨済宗や曹洞宗の禅宗です。そこで義満は臨済宗のお寺にランクを付けました。義満のころになると、将軍が「寺のランク付け」については一任されていました。"五山"という言葉が出てきますが、これは中国から入って来た寺のランク付けのことで、いわば「ベスト5！」って感じです。鎌倉時代は鎌倉の四つの寺と京都の一つの寺でできていましたが、やがて京都と混在し、義満の時には京都のベスト5→京都五山（天竜寺・相国寺・建仁寺・東福寺・万寿寺）・鎌倉のベスト5→鎌倉五山（建長寺・円覚寺・寿福寺・浄智寺・浄妙寺）になりました。五山の上に南禅寺を置きましたので、南禅寺→五山→十刹→なんとか→林下、とランクが落ちて行きます。そういうシステムを**五山・十刹の制**といったわけです。義満はこれを統制下に置くとともに保護をしました。

　五山の僧侶たちは非常に勉強熱心でした。僧侶は明との交流があったりして、中国語を学ぶ必要があったため、漢文や漢詩も研究しました。その詩文は**五山文学**といわれます。僧侶の中には禅宗の書籍を出版する者もいました。出版された本を**五山版**といいました。

　また禅では、自分の心の内側を絵にして表現するということをしたので、画僧と呼ばれる、絵を描くお坊さんたちがいました。もともと仏教は曼荼羅だとか、仏画だとか、絵を描くことが大切なことでもありました。下手ではありがたみがありませんよね。ですので、専門の絵描きがいたんです。室町時代にはそういった、画僧が活躍します。**水墨画**の世界です。教科書に出ている**明兆・如拙・周文**はみんな画僧です。水墨画に心を映したんでしょうね。

　さて、次は芸能です。猿楽、能（能楽）、田楽、曲舞、狂言。なんのことかわかりますか？　みんな同じようですよね。では説明します。まず、奈良時代に中国から散楽と呼ばれる芸能が入ってきました。散楽はものまねや手品など様々な芸の総称でした。"散"とは「散らかる」という意味ですよね。そこから派生して、散楽の"散"は「いろいろ」という意味に使われたと思います。平安時代になると散楽が猿楽といわれるようになりました。どうして猿楽になったのかというと、散楽の

なかに猿の格好をした踊りがあったからだとか、猿のようにおもしろいからとか諸説あります。そして、農民の田植え歌から始まって、豊作を祈る芸能が田楽です。それらが合わさって、歌劇や演劇の形でできあがったのが**能（能楽）**でした。

　平安時代以降、能は寺社や橋などの造営資金を集めるための行事（勧進行事）として行われました。能を見て見物料を払う。その見物料はお寺の修理だったり、橋の工事だったりに使われたわけですね。そうした寺社の保護を受けて能を演じた専門集団が**座**です。その中でも大和の興福寺と春日社に奉納した結崎（後に観世）・宝生・金剛・金春の**大和猿楽四座**は、大和猿楽として現在まで至っています。

　この観世座に**観阿弥・世阿弥**という親子がいました。京都の今熊野神社で始めて能を見た義満は、その美しさに感動します。そして観阿弥・世阿弥は義満の保護の下に**猿楽能**として能を大成していきました。世阿弥は後に『**風姿花伝**』、通称『**花伝書**』という能の秘伝の書を書きました。みんなは絶対に知ってますよ、この本。「初心忘するべからず」ってこの本に出ている言葉なんですよ。意味は何？　この言葉の本当の意味は「初めてやったことで大変素晴らしくできることがある。だから、最初にどういう風にやったのか覚えておきなさいよ」という意味です。その他には「時に男時と女時あり」なんてのもあります。先生の大学時代の後輩に教えてもらった言葉です。「（男時はうまくいっているとき、女時はうまくいかないとき。）人生にはうまくいく時とうまくいかない時がある。うまくいく時は小さなことにくよくよせず、大きな勝負に打って出よ。うまくいかない時はそれを嘆かずじっと辛抱し男時を待て」という意味です。その他にも「秘すれば花」なんてのもありますが、長くなりますので興味のある人は読んでみてください。

　次に、狂言というのは、能の間に演じられた、今風にいうならばコントのようなものです。室町時代には能と狂言が交互に行われるという形になりました。最後が曲舞です。曲舞は室町時代の初期から流行った舞踊です。鼓を伴奏に1人で歌って舞う芸なので、今でいったら、中森明菜さんとかでしょうか。古いって？（笑）。

Lesson60 室町時代の文化③

　3代将軍足利義満の時代の文化が北山文化でした。それに対して8代将軍足利義

政の時代の文化が**東山文化**です。今日はその東山文化についてやりましょう。

銀閣寺

　義政は１４８３年に都を離れて東山に東山殿(ひがしやまどの)という山荘を作りました。義政は将軍職に疲れていましたので、山荘でゆっくりと連歌師、画家、茶の湯の師匠を集めて暮らしていたのです。（このような一芸に秀でた人々を**同朋衆**(どうほうしゅう)といいます。）そんなわけで東山から多くの文化が発生しましたので、義政の時代の文化を**東山文化**というわけですね。

　さて、この山荘で暮らした義政は１４９０年にこの世を去ります。山荘は遺言によって禅寺になりました。寺の名は義政の法名にちなんで慈照寺と付きましたが、中心的建物である観音殿を銀箔で塗る予定をしましたので"**銀閣（寺）**"と呼ばれるようになりました。一般に銀閣というと、茶色の建物が写真になっていますが、あれは慈照寺の中の観音殿ということになります。銀閣はこれから説明する書院造と禅宗様式を合わせた建物です。

建築と芸術

　このころ新しく現れた建築様式が、**書院造**(しょいんづくり)です。畳を敷き詰めて、ふすまで間を仕切る。床の間が作られ、そこには掛け軸や花が飾られました。今の田舎の家の造りの原型となっていますので、イメージがわきやすいかもしれませんね。

　この書院造が広まっていくとそれに伴うように文化も開いていきます。まず床の間からです。みなさんは床の間に何が飾ってあるところを見たことがありますか？花が飾ってあるのを見たことあるでしょう。権力者や金持ちならきれいな花を飾りたいですよね。そこで池坊専慶(いけのぼうせんけい)によって**花道**(かどう)が確立されるわけです。それから絵も飾りますよね。この前の授業でやった水墨画なんて飾ったら最高ですね。そこで水墨画が**雪舟**(せっしゅう)という人物によって絶頂期を迎えます。今度はふすまの話になります。ふすまにも絵を入れたらいいですよね。そこで絵師が活躍します。大和絵は公家の没落で衰えていましたが、応仁の乱後に土佐光信(とさみつのぶ)という人がでて復興しました。**狩野正信・元信**(かのうまさのぶ・もとのぶ)の親子は、その大和絵と水墨画をマッチさせて**狩野派**(かのうは)と呼ばれる絵画の技法を完成しました。江戸時代になっても子孫は幕府の御用絵師(ごようえし)として活躍します。

書院では豪華なお茶会が流行しました。それに対して禅様式の建物は質素であり、4畳半の茶室で心の静寂を求めたのが**侘び茶**です。侘び茶は**村田珠光**という人物によって始められました。そして**茶道**へと体系化されていき、武野紹鴎が芸術にまで高め、秀吉時代の千利休へと繋がれていくわけです。

　この時代の庭で有名なのは龍安寺や大徳寺の**枯山水**です。石と砂で滝や水を表現しています。先生が修学旅行で龍安寺の枯山水を見に行った時に、「庭に入って枯山水を壊したら３００万円いただきます」と係の方に言われましたが、今考えるともっとしてもいいぐらいですね。

文学と学問
　文学では昨日やった連歌が全盛期を迎えます。また、御伽草子も書かれています。御伽草子は現在まで"おとぎ話"となって語り継がれています。有名なところでは『浦島太郎』などがありますよ。

　次に、教科書には、小歌というのが出てきますよね。公的なところで歌われる大歌というものがあったのですが、それに対して、民間で流行していった歌を小歌っていったんですね。小歌は室町中期に、それまでの今様に代わって庶民に愛好された流行歌謡です。『閑吟集』はその代表的な小歌集ということになります。

　また、神道の考えに基づいた日本書紀の研究も進んで、吉田兼倶は反本地垂迹説に基づいて、神道を中心にして儒学・仏教を統合しようという**唯一神道**を完成させました。

仏教の動向
　五山・十刹の制度のところでちらっと話しました、**林下**って覚えてますか？　この時代、林下に当たるお寺は地方に根を張ります。特に、林下のお寺では大徳寺が有名です。大徳寺は最初は五山の上位にあったのですが、自由な活動を求めて林下の寺院に入りました。この大徳寺で有名な僧は一休禅師（一休さん）ですね。

　一方、日蓮宗（法華宗）は日蓮が死んだ後、関東を中心に広がります。**日親**という人物が現れて、関東ばかりでなく京都への布教を行いました。その教えは京都

の町衆の間に広まり、京都の大半が日蓮宗となっていきます。しかし、その結果として一向宗（浄土真宗）との対立が起こってしまうんです。その結果、町衆を中心とする日蓮宗信徒は**法華一揆**を結成していきます。やがて、一向宗が京に入ってくると聞くと、１５３２年日蓮宗徒は一向宗の本拠地である**山科本願寺**を焼き討ちしました。

　日蓮宗の争いは天台宗へも広がります。日蓮宗のある僧が天台宗比叡山の僧を問答で論破しました。これをきっかけに、１５３６年には天台宗の僧兵が近江（現在の滋賀県）の六角氏の援軍を得て、法華一揆撃滅に乗り出します。比叡山の僧兵は強いですからね。京都の日蓮宗のお寺がことごとく焼き払われ、日蓮宗の勢いも衰えました。これが**天文法華の乱**です。このお寺につけた火が大火を招き、焼失面積では応仁の乱以上ともいわれています。

Lesson６１　群雄割拠

　さあ、いよいよ日本史の中でも大変面白い時代に入っていきます。戦国時代です。

明応の政変
　今の歴史家の人たちは**１４９３年**の**明応の政変**から戦国時代としている方が多いようです。その考えでいくと明応の政変は戦国時代の入口ということになりますね。簡単に説明しますと、明応の政変っていうのは、管領の**細川政元**が日野富子の指示のもと、１０代将軍の足利義稙をクーデターで追放し、１１代将軍に足利義澄をたてたという事件です。これによって将軍家の面目が丸つぶれになってしまう事件です。

　そう言って終わりにしてしまうと教科書を読めばいい、ということになりますので、もう少し詳しく説明しますね。足利義稙は、応仁の乱で西軍の盟主に擁立された義視の長男でした。乱が西軍劣勢で終わったので、父と共に土岐氏を頼り美濃へ逃れていました。義稙の従兄にあたる９代将軍義尚が病死すると義稙は義視とともに上洛して１０代将軍に推薦されました。それに対して、前将軍足利義政や細川政元は反対します。しかし、日野富子が義稙をバックアップするんです。９０年に義政が亡くなると、"（父の）義視は出家し政治に口出ししない"などを条件として義

植の１０代将軍就任が決定します。この将軍就任に反対した政元たちは義視父子と対立します。こうなると富子と政元がいがみ合いそうですが、奇しくも就任の日に事件が起こります。日野富子が、「将軍後継から外されたＡという人物に、前将軍義尚の住んでいた建物をゆずる」と決めるのです。将軍の象徴である邸宅を将軍ではないＡが継ぐことを知った義視は「オレげ（俺の家）の息子（義植）を軽ぐ見でっぺ」と激怒して、翌月には富子に無断でその建物を壊してしまうんです。富子はこれを義視の約束違反と反発して、義植との距離を置くようになります。それは義視が死んでも改善されなかったんです。この後、義植は山名の相続争いへの加勢要請に応えて出陣しますが、政元はこれに反対します。政元は忠告を受け入れなかった義植を不満に思い、同じように義植を気に入らないと思っていた日野富子たちを誘って、足利義澄を１１代将軍にするというクーデターを起こしました。さらに富子は政元に命令して京都を制圧してしまいます。富子らの命令が義植に付き従っていた連中に届くと、義植から続々と離反してしまい、義植は結局お寺に幽閉されてしまいました。これが**明応の政変**です。

　この事件によって、幕府は細川家に牛耳られるようになり、足利家はその威厳を失墜しました。日本のリーダーが混乱していますので、下々も混乱します。やがては細川家も分裂して争うようになりました。こうして世は戦国時代に突入するわけです。

戦国大名
　そんなふうに幕府の信頼が地に落ちると、地方の守護大名の領地支配も大きく揺らぎました。力をつけた守護代や国人等の中には、主人から国を奪う者も現れました。このように地位の下の者が上の者を倒し、のし上がっていく事態を**下剋上**といいますよね。このような下剋上の世を勝ち抜き、独自の地方政権をつくったのが**戦国大名**です。戦国時代はそんな戦国大名の活躍する時代です。

　畿内では管領の細川氏の執事であった三好長慶が、下剋上の末に幕府の実権を握りました。

　東国は享徳の乱以降乱れておりましたが、そこに現れる風雲児は**北条早雲**です。北条といいますが、鎌倉時代の北条氏とは関わりはないようです。北条早雲は妹を

駿府（今の静岡）の大大名今川家に嫁がせていました。妹の子は次の殿様候補でした。しかし、今川家の当主が戦乱で死亡すると、相続争いで今川家は二つに分かれてもめます。そうこうしている間に関東から足利、上杉が軍を進めてきました。このままいくと今川家は足利、上杉に攻め滅ぼされてしまうと早雲は両軍との停戦交渉をします。この結果、足利・上杉両軍は引き上げ、その功で早雲は興国寺城という城をもらいました。１４９３年堀越公方の跡目争いに乗じて堀越公方を攻め滅ぼし、さらには相模（今の神奈川県）を制圧しました。そして、当時大森氏がいた小田原城を攻めて奪い取り、小田原を中心として武蔵（今の東京・神奈川東部・埼玉）と安房（千葉）を手に入れていきます。北条家はその後、秀吉に滅ぼされるまで関東に勢力を張り続けます。

　この北条氏の勢いが、ある有名な戦国武将を誕生させます。越後（今の新潟県）には長尾影虎という人物がいました。そこへ、北条氏に負けた関東管領上杉憲政が落ち伸びて行くのです。上杉憲政は北条に息子を殺されており、このままでは上杉の名前が途絶えてしまいます。そこで上杉憲政は影虎へ、上杉の名と関東管領の地位を譲ることにしたのです。ここに新潟にいながら、関東管領の**上杉氏**が誕生するわけです。この時、影虎は改名し政虎と名乗るようになりました。政虎は後に仏教に帰依し、坊さんになってから"**謙信**"っていう法号が付けられました。日本史の授業では、影虎と謙信を覚えておけばＯＫですよ。

　さて、上杉謙信のライバルといったら誰でしたっけ？　そうですね、**武田信玄**です。信玄の軍は「戦国時代で一番強い」という学者もいるぐらい強かったんです。その信玄と上杉謙信は川中島の戦いで４回にわたって雌雄を決します。が、一進一退で決着が着きませんでした。実は謙信も大変強い軍隊で「戦国時代で一番強いのは上杉軍だ」という学者もいるぐらいなんです。両者とも話したら色々エピソードはたくさんありますが、時間がありませんので次へいきます。

　次に、西国に目を移しますと、応仁の乱後には大内氏の城下町である**山口**が大変にぎわっていました。応仁の乱で都を脱出した文化人を大内氏が保護したんですね。保護してもらえるから余計山口に集まりました。それと日明貿易です。以前は細川と利権をめぐって対立したわけですが、日明貿易はやがて大内氏の独占となりました。以前授業でやった**寧波の乱**を思い出してくださいね。そんなことで、山口は小

京都と呼ばれるほどに繁栄するようになりました。

　そして、当時の中国地方の勢力図ですが、山口に大内氏、そして因幡・但馬（今の鳥取県）には山名氏、出雲（島根県）には尼子氏が勢力を張っていました。ちなみに、尼子氏と大内氏は領土問題で争っていました。

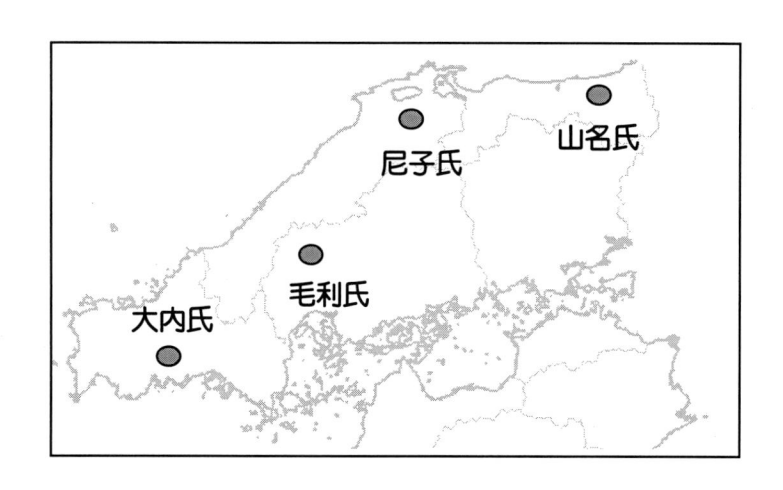

　こうした中、安芸（今の広島県）の国人毛利家を２７歳で継いだのが**毛利元就**でした。元就は尼子元晴と兄弟の契りを結んでいましたが、国主になると、大内氏と手を結ぶようになりました。これに怒った尼子軍は３万の兵で元就を囲みました。しかし、そこに大内氏の家臣である陶晴賢が助け舟に入り尼子軍を撃退しました。さらに大内軍は勢いに乗って、出雲の尼子氏を攻撃します。元就は大内の軍に付き従い遠征しました。ここで元就は大内氏と密接な関係を築くわけです。

　一方、当時の安芸の国は毛利家・吉川家・小早川家が別れて支配していました。これを元就は統一しようと思い立ちます。そこで考えたのが息子を養子に出す作戦です。吉川家には二男の元春を、小早川家には三男の隆景をそれぞれ養子に出して家を継承しました。元就の一声で息子たちは動きますから、三家は元就によって統一されたことになるわけです。毛利元就は安芸を統一し、中国地方の大戦国大名となるのです。

　やがて、陶晴賢が主人である大内義隆を追いつめて自害させるという事件を起こします。晴賢は大内義長を当主に迎え、家老（その家でのナンバー２の地位）とし

て腕をふるいます。そんな晴賢に対して元就は、「主人殺しを許すな！」と攻めたて、１５５１年に殺害します。最終的には義長を倒して中国地方を統一しました。

晩年、元就は毛利家の結束を願って三人の息子に手紙を書きました。それが、"3本の矢"のお話になって現在にも残っています。「１本では簡単に折れるが、３本なら折れない。三人力を合わせなさい」っていう話です。

Lesson６２ 戦国大名の支配

武士の階層

戦国大名は自分の治める地域（領国）内の中小の武士を家臣としました。家臣に対しては御恩として知行地を与えました。知行地というのは権力者が服従する人に与える土地ですよね。その代りに忠誠を要求したわけです。

そして、家臣のことをランク付けするのに、**貫高制**（かんだかせい）という方法を用いました。家臣の所領の大きさを銭に換算しランク付けしたわけです。家臣団は有力な家臣を**寄親**（よりおや）、その下に一般家臣を**寄子**（よりこ）として配属する軍編成になっていました。さらにはその下に"足軽く良く走る兵"という意味で**足軽**（あしがる）という歩兵がいます。普段は農民などですが、戦時には兵隊になる者たちです。

検地

ここで、戦国大名の検地について勉強するのですが、良い機会なので簡単にこれまでの土地制度の流れも復習しながら勉強していきましょう。

律令体制下では全ての農地は国家が持っていました。しかし、平安時代になると荘園と呼ばれる私有地の存在が認められるようになります。これによって公地公民制は崩れたわけですね。各地には国府の管理する国衙領と私有地の荘園の二つが存在しました。

国衙領には国府が大田文と呼ばれる台帳を作成し、農地の面積や収穫量を把握して税を取る基礎資料としていました。が、荘園は課税調査も課税もできない。（不

輸不入の権ですね。）この状態は室町時代も変わりません。室町時代は授業でやったように農業生産が爆発的に増えました。しかし、色々な勢力がモザイクのように各地を支配し、実質的な農業生産高を知ることは難しかったんです。しかし、戦国時代になると戦国大名は力によって荘園だとか国衙領だとかを超えて支配しますので、自分の支配地域の課税のために土地の調査を行ったのです。それを**検地**というんです。先日授業でやった北条早雲が始めて検地を行いました。今川氏も行うのですが、いずれも**差出**というスタイルをとりました。差出とは戦国大名が領主に調査を命じ、土地の面積などを調べて提出させる方法をいいます。

経済政策

戦国大名は自国の経済力を高めようと努力します。金がないと昔も今も・・・。まずは鉱山の開発。武田信玄が戦国最強などといった話がありましたが、信玄は甲斐の黒川金山を持っていました。上杉謙信が最強だという人もいますが、謙信は越後領内にたくさんの金山を持っていました。いずれにしても、強い武将の陰には鉱山があったりします。また大名たちは商業も盛んにします。関所の撤廃や**楽市・楽座**の制度を設けて経済の発達に努めます。楽市は税の免除。楽座は座の撤廃です。これについての詳細はこの後の授業で出てきますので覚えておいてくださいね。

法支配

戦国大名が強くあるためには、経済の発展は重要です。そのためにも領国内が平和でなければなりません。泥棒や殺人犯がうじゃうじゃしているようでは、一般の人も商人も自分の領土からいなくなってしまいますからね。そこで戦国大名は家法とか壁といわれる**分国法**を制定したわけです。分国法のうち最大のものは伊達政宗のひいじいさんの伊達稙宗が作った**塵芥集**です。「塵芥」とは「この世のすべて」という意味があります。それ以外でも今川氏の**今川仮名目録**は今にも通じることが決められています。例えば、**喧嘩両成敗**です。喧嘩があちこちであるようでは治安が乱れますね。それから、今には通じていませんが、「結婚は許可をとれ」という決まりがありました。当時の結婚は政略結婚の意味が強くありましたので、勝手に結婚することを許すと裏切り者が出てしまうかもしれませんから、そのような決まりができたんですね。その他には、長宗我部氏の**長宗我部氏掟紙**、肥後国人吉の相良氏の**相良氏法度**、朝倉氏の**朝倉隆景条々**、武田信玄の**甲州法度之次第**、近江六角氏の**六角氏式目**などがありました。

都市の発達

　この時代の街には特徴的な造りのものがありますので勉強していきましょうね。まずは、何といっても**城下町**。お城（難しく言うと城郭）はもともと外敵から身を守るためにできたので、山の上などに造られていたことが多かったのですが、戦国時代になると領国支配の根拠地としての意味が強くなり、丘程度の山の上や平地に築かれるようになりました。そうすると戦国大名はそこに商工業者を招いて街をつくりました。こうしてできたのが城下町です。常陸太田も水戸も城下町ですね。

　それから、**門前町**。これはお寺や神社の門前にできた、商取引を目的とした街です。この時代はお坊さんも神官もたくさんいました。ですので、門前町はもともと、この人たちの生活必需品を売り買いした街だったわけです。長野や笠間などは門前町ですね。

　似たような街に、**寺内町**というものがあります。茨城にいるとあまり聴き慣れないですよね。この街は戦国時代の初期に起こりますが、基本的に人為的に作られた街です。浄土真宗のお寺を中心にして、周囲を塀や堀で囲み防衛的な意味合いでつくられた自治集落のことをいいます。順番が前後しますが、城下町の原型がこの寺内町であるといわれます。代表的な所では、大阪の富田林（野球で有名なPL学園のある所）が有名です。

　最後に、**港町**。商業の発達にともなって商品の輸送が活発になりました。そこで海運の拠点として港に人が集まります。こうしてできたのが港町です。特に、**堺**と**博多**はこの時代には外交貿易の拠点ともなっていましたので、すごいにぎわいだったようです。そんな大きな港町ですから、街自体に力があります。堺には**会合衆**と呼ばれる町政の指導者を務める３６人の豪商がおりまして、その人たちが話し合いで政治を進めていました。同じように博多には月ごとに交代して自治運営に当たった１２人の豪商がいまして、これを**年行司**といいました。

　そうそう、京都も応仁の乱で焦土と化していましたが、荒廃した状態から立ち直りを見せはじめます。土倉や酒屋を中心とした**町衆**と呼ばれる裕福な商工業者が自治を行い、街を復興していったのです。その復興の象徴が１５００年に再開された**祇園祭**でした。祇園祭は応仁の乱以前から存在するお祭りで、祟りを防ぐ鎮魂

の儀礼である御霊会を起源としています。この祭りを復興させるというのは、街の復興を意味していたんですね。

ヨーロッパ人の来航とキリスト教の伝来

さあ、ここからは、鉄砲伝来とキリスト教伝来の話です。中学でやってきたので復習になりますね。

少し、世界史の話をします。１５世紀中ごろから１６世紀にかけてを**大航海時代**といいます。船の航海技術が向上し、ヨーロッパの国々がこぞって（香辛料を求めたり新しい土地を求めたりして）航海に乗り出しました。その中心がスペインとポルトガルでした。

１６世紀にバスコ＝ダ＝ガマという人がインドまで到達しまして、日本の目の前に迫ります。そして、ついに１５４３年**種子島**（今の鹿児島県種子島）に日本史上初めてヨーロッパ人がやって来ます。ポルトガル人の漂着です。そのポルトガル人は西洋式の**鉄砲**を日本に伝えました。**１５４３年**だから「"以後よさないか"鉄砲伝来」なんて覚えました？　やがて鉄砲が戦国時代を変えていきます。とても重要な出来事だったんです。

ではポルトガルのライバルであるスペインはどうだったでしょうか。その前にヨーロッパ内の話をします。ヨーロッパではキリスト教の改革が行われていました。簡単に言いますね。キリスト教のプロテスタント（新教ともいいます）とカトリック（旧教ともいいます）が争っていました。そのカトリックの中で「しっかりやらないと、プロテスタントに負けてしまう」という考えの人たちが**イエズス会**という会を作ったんです。その人たちは大航海の時代の波に乗って、世界にカトリックの考えを広めようとしたわけです。

そのメンバーの一人に**フランシスコ＝ザビエル**がいたんです。フランシスコっていうのは"聖なる"という意味です。その人が**１５４９年**に鹿児島にやってきました。そしてキリスト教を広めたわけです。ザビエルはこの時の日本人について言っています。「日本人は今まで出会った異教徒の中でもっとも優れた国民です。」当時のヨーロッパ人といったら、白人以外は動物かペットぐらいにしか思っておりま

せん。実際に当時は世界中でヨーロッパ人によっておもちゃのように殺された人たちがたくさんいます。そんな感覚の時代にしては極めて異例なことです。

　その後ヨーロッパ人との貿易を南蛮貿易といって諸大名が盛んに行うようになりました。キリスト教は九州・中国地方の大名を中心に深く信じられるようになります。キリスト教を信じる人々は**キリシタン**、キリスト教を信じる大名は**キリシタン大名**などといわれました。

　中でも九州の大村純忠（おおむらすみただ）・有馬晴信（ありまはるのぶ）・大友義鎮（よししげ）（宗麟（そうりん））はバリニャーニという宣教師の勧めで、１５８２年ローマ教皇へ４人の少年使節を派遣しています。これを**天正遣欧使節**（てんしょうけんおうしせつ）といいます。この少年たちは大変優秀な少年たちでした。「日本の代表として恥じぬふるまいをしよう」ということで熱心に勉強してローマ法王に謁見するわけです。法王は「なんてきちんとした少年なんだ！」と感動し日本人を高く評価したそうです。ちなみに、バリニャーニは活版印刷を日本に持ち込んだ宣教師としても有名ですから覚えておいてください。

Lesson６３　織田信長

　さあ、今日からの授業は戦国時代真っ盛りで、日本史でもスリルがあり大変面白いところですよ。

　特に戦国の英雄三人はみんなも良く知ってますよね。誰でしたっけ。織田信長・豊臣秀吉・徳川家康でしたね。高校ではこの三人を順番にやっていきます。そのうちの今日の授業は織田信長をやりますよ。

　織田信長は尾張国の戦国大名織田信秀の嫡男（ちゃくなん）として産まれました。その信秀が１５５１年急死しまして、信長が藩主となるわけです。まあこの手の大物には伝説が数多く残っていて、テレビのドラマなどを見ると、作品ごとに「どれが本物の信長なの？」というぐらいですよね。そんな伝説のなかに「信長は"尾張の大うつけ"といわれていた」というものがあります。今でいったら「愛知県の不良少年」ってなところでしょうね。この大うつけが父の死を境に立派になっていく。いわば突然

変異ですね。余談ですが、日本人はどうも突然変異が好きなようです。幕末に活躍した坂本竜馬もそうですよね。この後の信長の生涯を観ても、気性は激しかったかもしれませんが、かなり頭の良い人物だったのではないかと先生は思いますよ。

桶狭間の戦い

　信長は戦国大名といっても小国で、あまり力もありませんでした。その信長を一躍有名にしたのが１５６０年の**桶狭間の戦い**です。駿河・遠江の大大名**今川義元**が悠々と京を目指して上って行きます。その通り道に尾張はあるわけです。この状況ですから、信長も家臣一同も義元に従うか戦うか非常に迷ったと思います。一説では今川軍が２万５千、織田軍が２千の兵の数です。これも諸説あって説明が難しいのですが、いずれにしても大差なわけで、到底織田軍に勝ち目はありません。そのような中で、最終的に信長は戦うことを決めます。そして、熱田神宮で戦勝祈願をし、戦に臨みました。１３時ごろ豪雨になり視界が大変悪くなります。雨が上がった１４時、信長は義元の本陣めがけてわずかな手勢で奇襲攻撃をかけます。「狙うは義元の首一つ！！」って有名なセリフですね。人数が少ないので、今川義元のみに目標を定め、集中して攻撃したわけです。その攻撃が功を奏し、信長は今川軍を倒しました。これによって信長は全国デビューするわけです。

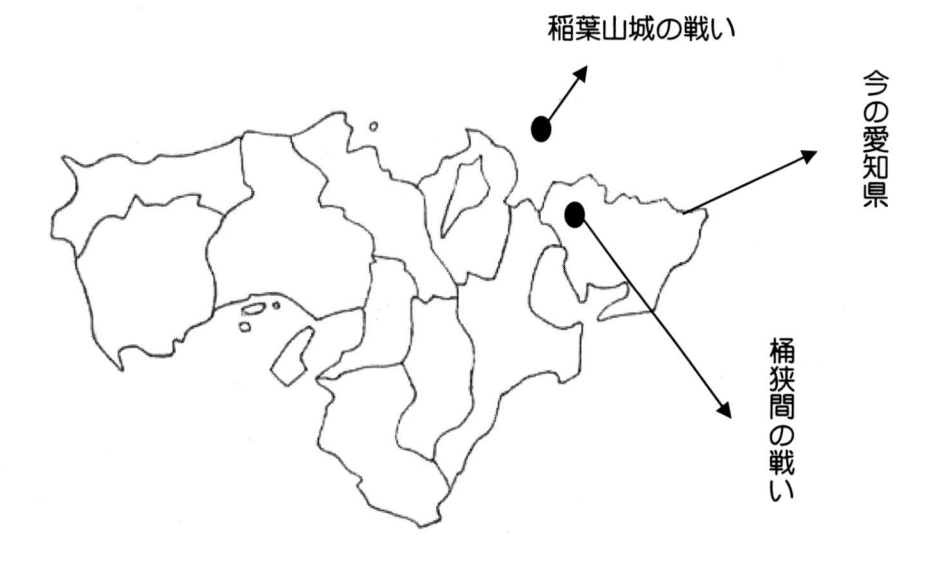

稲葉山城の戦い

今の愛知県

桶狭間の戦い

天下布武

　続いて信長は、美濃の斎藤氏を滅ぼします。美濃っていうのは今の岐阜県です。その美濃の中心が稲葉山城です。

信長の奥さんのお濃さんは美濃の斎藤道三の娘でした。道三は信長にとって義理の父にあたります。道三は、息子義竜に家督を譲りますが、その後争いになり、義竜に殺されてしまいました。信長は義父の仇打ちということで美濃を攻めました。（稲葉山城の戦い、１５６７年。）義竜を倒した後、信長は齋藤氏の居城だった稲葉山城を岐阜城と改め、ここを中心に天下統一を進めていきます。この戦で信長は尾張国・美濃国の２国を領する大名になりました。３３歳の時です。このころから信長は「力で天下を治める」という意味の**天下布武**というキャッチフレーズを使うようになっていきます。

信長の上洛

　教科書に"１５６８年信長は**足利義昭**を奉じて上洛し、義昭を室町１５代将軍にしました。"と突然出ていますが、「これって何なの？」と思いませんか。思うと思いますので説明します。

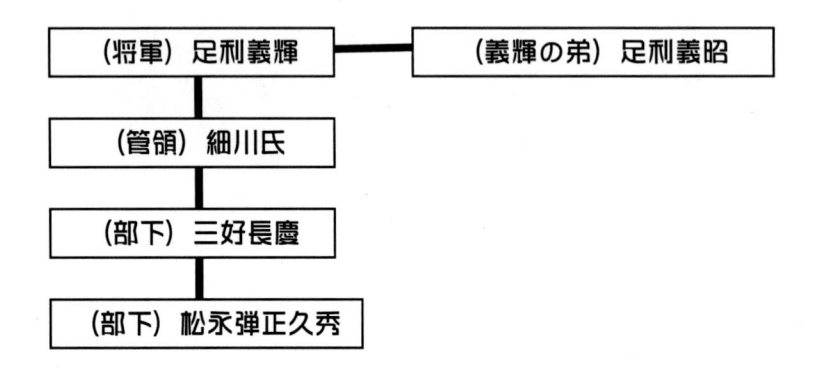

```
(将軍) 足利義輝 ―― (義輝の弟) 足利義昭
   │
(管領) 細川氏
   │
(部下) 三好長慶
   │
(部下) 松永弾正久秀
```

　上の図を見ながら、ちょっと時代を遡りましょう。１３代将軍足利義輝の時代は管領である細川氏が中心で幕府を動かしていました。しかし、三好長慶が下剋上で細川家を倒し、室町幕府を牛耳ってしまいました。三好家の家来で一番勢いがあったのが松永弾正です。弾正は三好家を乗っ取ろうと虎視眈々と狙っています。１５６４年に長慶が死ぬと、息子が三好家の後を継ぎます。その息子を弾正は操り人形にします。それを見た義輝は非常に弾正を警戒し、弾正包囲網を形成します。しかし、そんな折、弾正らによって義輝はこともあろうに殺されてしまうのです。この義輝の弟で危機一髪京を逃れたのが足利義昭というわけです。ちなみに１４代将軍は弾正の操り人形で足利義栄という人物が就任します。

義昭は各地の大名に使いを出し、自分を応援するように言います。このころ桶狭間で今川を破り、全国に名前を揚げていたのが織田信長なわけです。義昭から信長に「弾正たちの追放と自分が将軍になる手助けをしてほしい」という依頼が届けられました。ちなみに届けた人が、**明智光秀**です。

　信長はいずれ上洛しようと考えていました。"上洛"とは上京と同じ意味で、都へ行くことをいいます。京都は日本の中心で都ですよね。ここに勢力を張れるということは、日本を征服することを意味していたんです。今の日本でいったら、茨城県の久慈浜をどこかの国に征服されても「まだ日本は大丈夫」と思いますが、東京を征服されたら「ギブアップ！」って感じでしょ。それと同じです。

　上洛しようと思っていた信長に、この義昭からの依頼は渡りに船でした。ここで、「信長一人で上洛すればいいのに、何でまた、義昭の名前が欲しかったの？」という人もいるかもしれませんので説明します。当時都である京の町へ、何も名目なしに兵を進めるわけにはいかなかったんです。近隣の戦国大名に「信長は無礼にも京の町に兵を進めている。天下を自分勝手に動かそうとしている」なんていう、それこそ格好の信長打倒の理由を持たせてしまいますよね。ですので、義昭の名前が欲しかったんですよ。

　この時の信長は、義昭からの依頼によって「将軍を助け、無事に義昭様を将軍にし、弾正らを討つ」というしっかりした大義名分を獲得できたというわけです。かくして信長は京の町へ兵を進めることができたんです。そうして信長は室町幕府を保護するという大義名分のもとに、足利将軍の名で天下に号令することができる権利を得ました。

　余談ですが、時代が進み、室町幕府が滅亡すると、京に兵を入れるのは"朝廷を保護するため"と変わります。そうなれば、天皇の味方の軍隊として（いわゆる官軍として）他大名を制圧しやすくなります。それ相応の官位奏請も期待でき、ステータスも向上します。それだけ上洛には大きな意味があったんですねえ。

姉川の戦い
　そうした立場を手に入れた信長は将軍義昭の名を借りて、越前の朝倉に呼び出し

をかけます。「ちょっと京都まで来い」ってなもんですね。朝倉は決してこれに応えません。そこで、信長は「将軍様にたてつく奴は許さない」という大義名分を持って朝倉氏を攻めます。朝倉は古くから北近江の戦国大名の浅井家と仲良しでした。しかし、その浅井家には信長が大好きな妹、お市の方が嫁に行っています。国主浅井長政とお市の夫婦仲は大変良く、3人の娘を授かり幸せな暮らしだったようです。妹が嫁いでいるのだから浅井は朝倉と手を組むことはしないだろうと思われていました。そのような計算で朝倉を攻めると、開けてビックリ！　浅井が裏切ったのです。信長は前後から挟み撃ちにされ、命からがら逃げかえります。信長の人生最大のピンチでした。逃げ帰った信長ですが、浅井・朝倉をそのままにしておくことはありません。軍を立て直すと１５７０年姉川の戦いで浅井・朝倉連合軍を打ち破りました。この戦いで浅井・朝倉が滅亡したわけではありませんが、それに近い壊滅的打撃を両氏は被りました。

比叡山焼討

　さて、浅井・朝倉を陰で支援したのは誰でしょうか。それは以前から信長のいうことを聞かなかった比叡山延暦寺でした。そもそも、延暦寺の土地を信長が侵害したところから延暦寺との仲が悪くなったようです。また、当時の信長は京と岐阜に拠点を持っていたんですが、その両拠点を結ぶ街道に、反信長包囲網が広がり、それにも延暦寺が絡んでいます。そこで信長は比叡山延暦寺を襲い（焼き討ち）ました。１５７１年の出来事です。

足利義昭追放

　信長は力で天下を治めるために義昭を利用しました。義昭は朽ち果てていく足利幕府を立て直そうと信長を利用します。そのように、もともと二人の目的は全く違うものだったんですね。最初は義昭も信長を頼りにし、信頼していますが、だんだんと信長の横暴が目に付くようになり、やがて義昭は信長を邪魔に感じるようになっていくのです。そして義昭は裏で全国の戦国大名に信長を討つように命令を出します。その結果**１５７３年**、義昭は信長により京都を追放されてしまいました。これにて**室町幕府の滅亡**とされております。

　義昭は流れ流れて毛利に身を寄せます。後年は秀吉に１万石を与えられ大大名としてその天寿を全うしました。

長篠の戦い

　みなさんは戦国最強の軍隊って誰の軍隊だと思いますか。越後上杉謙信の軍隊、三河徳川家康の軍隊、など色々意見があるかと思いますが、甲斐**武田信玄**の軍隊もそういった中にあげられますね。武田信玄の軍隊の特徴は騎馬軍団です。そして、鎧が赤だったので「武田の赤備え」といったら強さの象徴でもありました。その武田軍が義昭の画策した信長包囲網作戦のため、満を持して京都を目指して出発します。これは信長にとっては脅威だったと思います。しかし、武田信玄はその途上１５７３年、病死します。一転して信長にとってはラッキーでしたよね。先ほど説明した将軍義昭追放は、信玄の死によって窮地を脱した信長が、このタイミングで行ったことです。

　信玄の後を継いだのが**武田勝頼**です。信玄は死に際し「３年は死を秘密にして、地盤を固めろ。そして、やがて京に上り天下を取れ」と言っております。勝頼は１５７５年に軍勢を整えいよいよ織田・徳川連合軍との勝負に出ます。連合軍３万８千、勝頼軍１万８千の勝負でした。数に劣りますが勝頼軍には敵を蹴散らす騎馬がありました。

　信長はといえば、その当時あまり使われなかった鉄砲を近江国国友村の国友鉄砲衆に要請して、３千丁も用意しております。信長以前にも今川氏など鉄砲を用意した大名はいたようなのですが、弾を込めるのに時間がかかり、雨天には使えないので実用性が大変悪いものでした。だから使われていなかったんですね。その鉄砲の大量導入によって信長は武田軍を破ります。「弾を込めるのに時間がかかり、その間に騎馬軍団に蹴散らされてしまう」、この"弾込めロスタイム"を防ぐために鉄砲を３段にして騎馬軍団を待ち構えた、という有名な話がありますが、これは現在の研究では、史実かどうかあやしいようです。が、とにかく武田の騎馬軍団を信長は鉄砲を使用して破りました。"鉄砲の使用"これは日本の戦争史上、革命的な出来事であり、この後の戦術に大きな変化をもたらしました。新しい物好きで発想が豊かだったという信長らしい出来事だったかもしれません。

安土城

　１５７４年信長は近江に**安土城**を築きました。そして岐阜城から安土城に本拠地を移動します。これは、①越後の上杉謙信が京へ上洛しようとする際には北国街道

を通りますので、それをブロックするため、②北陸の一向一揆を監視するため、③岐阜よりも京都へはるかに近いため、④琵琶湖の水運を利用できる、など理由は様々あったようです。

楽市・楽座

　その安土城から全国統一事業を進めるわけですが、そのためにもまず安土の城下町を活性化する必要がありました。そこで安土の街にも他と同じように**楽市・楽座**を実施しました。

　ここで楽市・楽座について話をします。楽市・楽座はもとは中世の門前町や、戦国大名では六角氏が最初に取り入れたものでした。しかし、戦国時代の楽市楽座というと信長が有名です。そのために信長が始めたように思われています。

　具体的にはどのようなことなのかと説明し出すと細かくて逆にわかりにくくなってしまいますので、簡単に説明します。"楽市"は「城下の市では誰もが自由に商売をして良いよ」というもの。当時の城下町では上納金や賄賂などで許可された者しか商売ができなかったんです。それを廃止するわけです。そして"楽座"は「誰でも商売に新規参入して良いよ」というものです。当時は領主や寺社が認めた「座」に所属しないと物を作ることも売ることもできなかったのです。座を排除すると、領主の命令などが直で伝わります。また今までは座の取り決めがあったと思いますが、そのような障害もなくなり領主の権限が商人に浸透するようになりますね。そして、税の減免をしましたから、経済を発展させることができたんです。

　信長は**関所の廃止**もしております。それだけ、街を賑やかにしたかったんですね。これが優れた統率者としての証明でもあったのでしょう。また、商人を自分の街に集めることで、色々な情報を入手できたりします。さらには他の街には有力な商人がいなくなり、自分の領土が向上します。そういったことも考えたと思います。こ

れに関してはたくさんの説や細かい内容がありますので、この辺にしたいと思います。

一向一揆

　少し話を戻します。１５７０年、次々と敵を打ち破っていく信長は次の目標を見つけます。それは商業都市大坂でした。大坂は全国の水運の拠点でした。西国を支配するためにも信長は大坂を手に入れる必要があったのです。しかし、そこには強敵がいました。それが、石山本願寺です。本願寺は一向宗（浄土真宗）の本山で、大坂に根を張っていますので財をかなり持っているお寺でした。おまけに僧兵がいてかなり手ごわい相手です。その本願寺に対して信長はまず手紙で「大坂を退去しなさい」と通告します。これって「お前ら大坂から出ていけ」っていう脅迫ですよね。本願寺だって簡単には従わないでしょ。本願寺は全国の一向宗に向け「信長打倒」を呼びかけました。これによって各地では対信長の一向一揆が起こります。

　１５７４年伊勢長島（現在の三重県桑名市）の一向一揆を鎮圧した信長は１５７６年本願寺へ総攻撃を仕掛け、兵糧攻めにしました。しかし、一向宗だけに一向にギブアップしないんです（笑）。実は海から毛利氏が一向宗を援助していたんです。信長は毛利からの本願寺への援助を止めるため海上封鎖をしました。が、信長の前には突如８００の船が現れます。それは戦国最強といわれた村上水軍でした。戦争になった織田軍は村上水軍の投げてくる手投げ爆弾や火矢などの火攻めによって壊滅的打撃を受けてしまいます。

　いったんは退いた織田軍ですが、１５７８年再び石山本願寺を攻めます。信長は海に６艘の船を出しました。それが、驚きの鉄船です。信長は２年の間、部下に命じ火攻めに強い船を研究したのです。その結果、鉄を張り巡らせた船が完成したというわけです。当時、鉄でできた船は重くて沈没、もしくは動きが悪くなり戦えないと考えられていました。この戦でも、６艘は動きが大変鈍いので、周囲を包囲されます。そして一斉に火攻めを受けました。しかし、鉄なので全く平気です。そうしていると、村上水軍は第二弾の攻撃を仕掛けてきます。それは、船に飛び移り、乗り移っての攻撃です。その時です。満を持して鉄船の扉が開きました。中から西洋式大砲が現れます。実はこの鉄船には１艘につき３台の大砲が搭載されていたのです。敵を引きつけておいて放たれる大砲で村上水軍は木っ端みじんになりました。

これによって海を制した信長は本願寺との戦を優位に進め、2年後（1580年）に石山本願寺を屈服させることに成功しました。余談ですが、鉄船はその後どこへ行ったのか、歴史から忽然と姿を消してしまったそうです。

本能寺へ

1581年、信長は京の町で軍事パレードをし、天下に"ナンバー1"を披露します。さらに、1582年には天目山の戦いで武田氏を滅ぼしました。さあいよいよ西国に進出です。西国の雄は毛利氏です。信長は西国を攻めるにあたって、秀吉を先に送り込んでいました。

1582年信長は秀吉からの援軍要請を受け、備中高松城を攻めるべく現地に向かう途中、京都の本能寺に宿泊していました。そこを**明智光秀**が襲撃したのです。これが有名な**本能寺の変**なわけです。光秀は非常にカタい性格だったといわれています。真面目な人で伝統やしきたりに詳しいだけに、それを重んじる人だったのでしょう。比叡山や石山本願寺でお坊さんを殺したりする信長を見ていると悪魔に見えたのかもしれません。とりわけ、秩序という点からすると、信長は晩年には日本の王になろうとしている様子がうかがえます。それが特に出たのは安土城です。今の時代でも天皇がホテルに宿泊するとなると、天皇が泊る部屋よりも上に人を泊めることはありません。それほど天皇に対して日本人は敬意を払うんですね。しかし、安土城は天皇の住まいを天守閣から見下ろせる場所につくったといわれています。信長は京から天皇を安土に呼びつけ、自分より下に住まわせようとしたのです。日本の伝統や秩序を考えると、そんなことになってはまずいわけです。おそらく光秀はそう思ったのだと思います。信長は伝統やしがらみにとらわれる人間ではありませんでした。ですから日本に新しいものをたくさん採り入れられたのでしょうね。しかし、そこが最終的には災いしたようです。

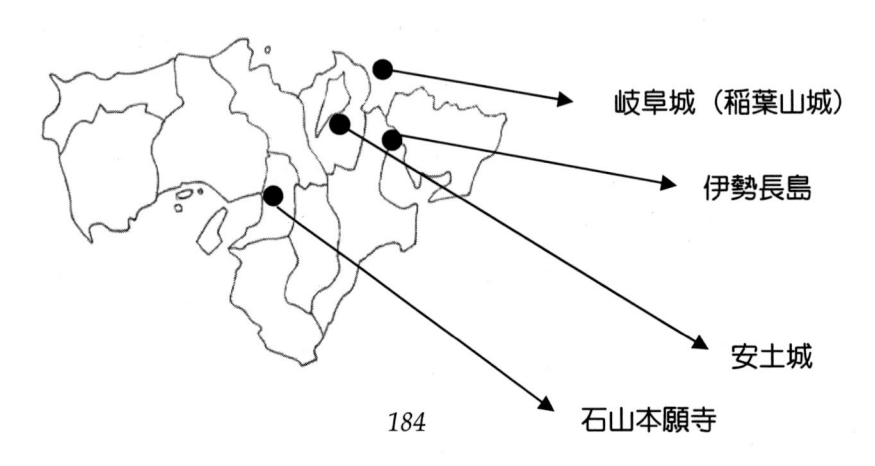

Lesson 64 豊臣秀吉

　前回の授業では信長が本能寺で倒れるまでをやりましたね。今日はその後継者豊臣秀吉の話をします。

中国大返し

　１５８２年、中国地方の毛利氏を攻撃する総大将に任命されていたのが羽柴秀吉（のちの**豊臣秀吉**）でした。秀吉は毛利攻めの一環として備中高松城を攻めていました。ちなみに高松城主は清水宗治です。秀吉はあまり血を見ることが好きではなかったといわれておりますが、そういわれるのは兵糧攻めや水攻めが多かったからだと思います。この高松城攻めも水攻めでした。高松城の周りに水を流し込み、高松城を"湖に浮かぶ城"のような状況にしていました。後は宗治が降参するのを待つばかりです。と、そこまでしておいて秀吉は自分の手柄にしません。「信長様がいないと、俺はやっぱり駄目です。助けてください」と信長にゴマすりの手紙を送り、信長の援軍を待っていたのです。秀吉の所へ行くために本能寺で信長は宿泊していたんですよね。

　その信長待ちの秀吉のところへ、本能寺の変で信長が死んだという知らせが届きます。秀吉は信長の死を知って大泣きしたという伝説が残っております。泣き伏せる秀吉は部下に「何を泣いております。信長さまが死んだ今、次の天下を狙うのには絶好の機会。すぐに明智を討ちましょう」と進言されて気持ちを切り替えます。これって、日本人好きの突然変異ですからちょっと怪しいですね。作り話かも・・・。いずれにしても、秀吉は信長が死んだことが宗治にばれないようにしながら急きょ和議を結びます。「宗治が切腹するなら、ほかの連中は許してやる。」この申し入れを、宗治は聞き入れました。本能寺のことなど知らない宗治だったのがかわいそうですが、日本男児ですねえ、部下を助けるために了解するわけです。早朝、高松城から小舟が出てきます。その小舟には宗治が乗っています。この小舟の上での一部始終を秀吉以下羽柴軍が丘の上から見守っています。そして、約束通り宗治は船上で切腹して果てました。

　それを見た秀吉は「そら急げっ！！」というわけで、明智光秀を討つべく、京の町へ取って返します。高松城と言いましたが、備中高松城ですので現在の岡山県岡

山市です。香川県ではありませんよ。秀吉はそこから決戦の地山崎までの約２００ｋｍを戻るのですが、なんと要した時間は５日間という驚きのスピードだったんです。大勢の軍と重い武具を着けての移動としては奇跡的、当時としてはテレポーテーションのような早業ですよね。これを後の人は秀吉の「中国大返し」といいました。

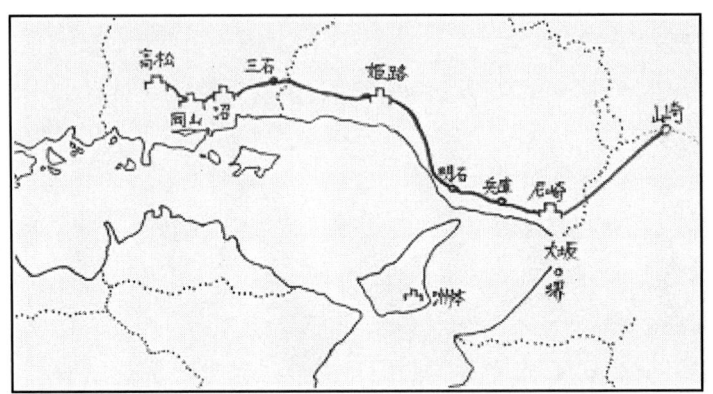

山崎の合戦

　中国地方から戻った秀吉は光秀との戦いに及びます。場所は摂津国と山城国の境、山崎の地でした。これが**山崎の合戦**です。その場所には天王山と呼ばれる緩やかな山があります。お互いにその山を獲得した方が戦を優位に進められる、いわば戦の重要ポイントでした。その天王山を秀吉が奪ったわけです。プロ野球で「今日の中日戦が巨人にとっては天王山ですね」なんて言いますね。あの言葉はここから来ているものです。かくして、秀吉は山崎の合戦で主君信長の敵である明智光秀を破り、後継者争いの中で他の武将よりも一歩リードするわけです。

信長の後継者

　光秀を破って勢いに乗る秀吉に「待った」をかける人物が登場しました。それは信長の部下の中でもトップに位置した柴田勝家です。勝家は秀吉に「信長の後継者を決めるから清州城（今の名古屋市にあった）に来なさい」と呼び出しをかけました。さあ、後継者を決める話し合いが１５８２年の清州城で始まりました。これが清州会議です。勝家は信長の三男織田信孝（のぶたか）を推します。信長の長男は本能寺の変に絡んで討ち死にしておりました。ではなぜ次男（信雄（のぶかつ））ではないかというと、勝家が三男と仲が良かったからなんです。一方、秀吉はここで正論を持って対抗します。秀吉が推したのは、信長の長男（信忠）の子供、三法師でした。「長男の息子がい

るんだから、その息子が後を継ぐのが正しい後継ではないのですか」というわけです。秀吉は、まだ3歳だった三法師のお守役として力を振るおうと考えたわけです。

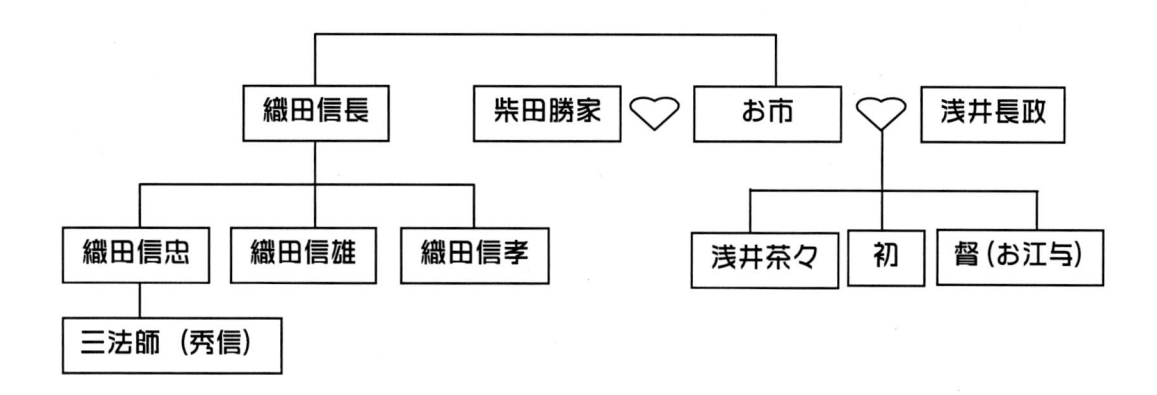

```
            ┌─────────┬─────────┐
        織田信長    柴田勝家 ♡ お市 ♡ 浅井長政
     ┌──────┼──────┐           ┌─────┼─────┐
   織田信忠 織田信雄 織田信孝   浅井茶々 初  督(お江与)
     │
   三法師(秀信)
```

　この後継者争いがどちらの意見で決したかというと、同席していた丹羽長秀が秀吉の味方をしたこともあって、秀吉の勝ちとなりました。実は長秀は秀吉から「もし私に味方したら、近江の西半分をあげますよ」という買収をされていたんですね。だんだんと追い詰められる勝家ですがここで逆転に出ます。それが、信長の家臣から絶大な人気を誇る、信長の妹で絶世の美人お市の方を嫁さんにもらうことでした。かくして、秀吉と勝家は戦争での決着へと進んでいきます。

　1538年秀吉は近江の賤ヶ岳で勝家と激突します。これが賤ヶ岳の合戦です。この一戦で勝利した秀吉は勝家の居城である北ノ庄城を攻撃します。秀吉はここに勝家を破り信長の後継者としての地位を固めました。お市の方は燃え盛る北ノ庄城で勝家とともに自害しましたが、娘三人は秀吉が救い出しました。

大坂城

　信長の後継者の地位を確実にした秀吉は3年がかりで大坂城の築城に取りかかります。1583年から1586年です。この大坂城はもちろん巨大なものでしたが、それ以上に特徴的なのは、当時の最高品質の城ということでした。最高品質とは特に防御力です。それは、人生を戦に明け暮れ、いくつもの城を落としてきた秀吉が自分の経験から「こうやったら絶対に敵から守れる」という確信のもとにつくられたものでした。例えば大坂城のお堀は二重になっていました。堀の中には槍のようなものが立っていたり、突然水深が深くなったりしました。先の話ですが、家

康が大坂の陣で堀を埋めましたよね。埋めなければとてもじゃないですが攻めることができないほどの城だったんです。

ライバル家康

　ドラマなどを見ていると、ここから秀吉が中心で日本史が展開していきます。しかし、秀吉の担いだのは三法師で、三法師が中心になるんじゃないの？？　って疑問が必ずわくはずです。そこで三法師の話も少しいたします。織田家の家督を継いだのは確かに三法師でした。だからといって織田家の財産を信長と同じように所有できたかというとそうではありませんでした。信長が死んだ後、それぞれの武将が信長から与えられていた土地を自分のものとします。ですから織田家の後を継いでもほとんど三法師には至らなかったんです。そのうちに三法師は（織田家は）秀吉の家来になり、三法師自身は岐阜の城主（一大名）として生活するようになっていきます。

　さて、ここに秀吉のことを面白く思わない人物が２人出現します。その一人は、信長の次男信雄です。（三男は勝家とともに北ノ庄城で亡くなっています。）信雄が頼ったのは誰でしょう。そう、戦国時代の三傑の１人、**徳川家康**でした。家康は「織田家の方が秀吉よりランクが上なのに、秀吉は織田家をないがしろにしている。織田家再興のために信雄を助ける」という大義名分で（「信雄を助けるために戦争するんだからね」という建前で）秀吉と勝負します。

　秀吉VS家康、これってすごいですよね。昔のヒーローものでいったら、ウルトラマンと仮面ライダーが勝負したらどっちが強い？　って感じでしょう。この勝負が１５８４年の**小牧・長久手の戦い**です。今「ウルトラマンと仮面ライダーが勝負」と言いましたが、これはどちらも強い。なので、決着がつかず睨み合うわけです。お互いが「先に動いた方が負ける」と思っています。しかし、秀吉は部下の情にほだされて先に動いてしまいました。家康にしたら、「してやったり」、家康が有利に戦いが進み始めました。しかし、それを見た秀吉は家康よりも上手の策を使います。信雄の説得です。その結果、信雄は家康に相談もせずに戦争を止めてしまうのです。家康の参戦理由ってなんでしたっけ？　そうですよね、「信雄を助ける」でしたよね。ですので、信雄に戦争を止められたら大義名分がなくなります。そうなったら、周囲からの応援もなくなります。家康は振り上げた拳を信雄のせいで下さなくて

はいけなくなったのです。

関白に任命

　1585年秀吉は信長以来の宿敵、根来衆（ねごろしゅう）と雑賀（さいか）一揆を倒すために数万の兵とともに大坂城を出発しました。同時に海上からは小西行長の水軍が進行し総勢10万の軍で紀伊（現在の和歌山県）を目指しました。秀吉は根来寺を一気に焼き討ちし征服します。雑賀一揆については農民から武器を取り上げて、百姓に従事することを約束させて平定しました。秀吉は農民の出なので農民には温情が厚かったのですね。

　次は四国です。秀吉は弟の秀長を四国に向けます。そして、四国をほぼ統一していた長宗我部元親（ちょうそがべもとちか）という戦国大名を破り、土佐を除く四国一帯を秀吉に差し出させました。

　1585年7月秀吉は**関白**に就任して姓を藤原にします。1586年には百姓の生まれだった秀吉も太政大臣に上り詰め、豊臣を名乗ります。そして各地の大名に、お互いの領土紛争をすぐ止め、豊臣政権の裁定に従うように指示を出します。これが世に言う**惣無事令**です。"すべて"を意味する「総」を昔は「惣」と書いたんですね。

　さて、ここでみんなは必ず疑問を持つはずです。①なんで征夷大将軍じゃなくて関白なの？　②関白って、ある意味征夷大将軍より上位の位でしょ。どうして手に入れられたの？　③太政大臣はなんで必要になったの？　④なんで豊臣と名前を変えたの？　⑤幕府は開かないの？

　天下をおおよそ手中に治めた秀吉はそれにふさわしい称号というか名義が欲しくなりました。織田信長は右大臣。（まあ生きてればその先があったでしょうね。）後の徳川家康は征夷大将軍。まず①ですが、征夷大将軍は源氏の長者でなければかなわない役職です。秀吉は・・・そう、百姓の生まれですから、全く値しませんね。そこで目を付けたのが関白です。

　②よくなれましたよね。関白は藤原の五つの家柄からなるものです。となると、

それこそ秀吉には無理そうですね。実はちょうどそのころ関白職をめぐって二条昭実と近衛信輔という二人が争っていました。秀吉は前の関白、藤原近衛前久の養子になります。そこで「もめてる二人の間を取って、私が関白になります」と言ったわけです。そしてめでたく１５８５年７月１１日関白に就任しました。これにはさすがに周囲がたまげました。『多聞院日記』という本がありますが、その中には「前代未聞ノ事ナリ」というふうに書き付けられております。

　③必要になったというか任官されたんですね。つまり、与えられたんです。

　④藤原という姓があれば充分やっていける状態の秀吉ではありましたが、藤原という称号は関白をもらうためのもの。関白太政大臣になった秀吉には「俺独自のスタイル。以前にはないもの！！」というものが欲しかったのでしょうね。そこで、「天地が久しく豊かで、万民が（臣下が）楽しく快く生活できるように」という意味を込めて"豊臣"としたのです。

　⑤関白職をもらったのですから摂関政治をしなくてはいけないし、せっかく天下を握ったのですから幕府も開かなくてはと考えるのが普通ですが、そうなりませんでしたね。秀吉は征夷大将軍の位の代わりが欲しくて関白になったので、摂関政治をするつもりは毛頭ありませんでした。天下人の権威が欲しかったんです。そして、幕府については頼朝や尊氏の真似をするようなことをしたがりませんでした。じゃあどうしたかというと、官位制を利用して諸大名をまとめ上げる。そして、武家政治を行う。つまり、天皇の行ってきた官位を与える方法とそれまでの武力を併用するシステムをオリジナルで作ろうとしたのです。その代表的なシステムが**奉行制**です。関白に直結する政治機構として奉行を置きました。メンバーは浅野長政、前田利家、増田長政、石田三成、長束正家たちでした。

家臣徳川家康
　秀吉は天下を握ったというような発言をしましたが、まだまだ秀吉のいうことを聞かない輩もたくさんいました。まず、最大のライバルは徳川家康です。戦国を智慧と度胸と勇気で乗り切ってきた男は他の武将とは違うものを持っております。秀吉は家康を何とかしたいと思っていました。

当の家康は小牧・長久手の戦いでも秀吉に負けたわけではありませんし、「何で秀吉の命令に従う必要があるの？」ってなものです。全国の武将が秀吉に挨拶（ご機嫌伺い）に大坂城へ出向く中、全く秀吉に従いませんでした。そこで秀吉は妹の旭（あさひ）を家康に嫁がせます。（嫁といっても人質のようなものではあります。）秀吉は猿顔で戦国時代一ルックスには不評のある男です。その妹ですから何となくわかりますよね。でもね、旭もかわいそうなんです。この時の旭は秀吉の家臣と夫婦になっており、かなり仲が良かったんです。しかし、秀吉はそれを無理矢理引き裂いたのです。後に、旦那だった人は自殺してしまいます。さて、話を家康に戻します。これで家康は参内し、秀吉に会ったか？　答えは「NO！」、動きません。そこで最終兵器を送り込みます。誰かというと秀吉のお母さんです。嫁さんにじゃないですからね。「旭が不自由するかもしれないのでお手伝いに行かせます」という名目ですが、本当は人質です。家康に対し秀吉はこのようにして誠意を見せたわけです。なぜ誠意になるかって。そりゃあ大事なものを送ってまで、「来てください」って言ってるわけですからね。ちなみに、秀吉は戦国ナンバー1の親孝行息子。百姓のころから「母ちゃんに楽させてやる」って仕事をしてきた人です。その親孝行ぶりは戦国武将の中でも有名だったようです。秀吉が大切な母親を人質に出したのに、もし家康が無視したら世間は「秀吉が母親まで出しているのに、家康って奴は・・・」となりますね。家康は秀吉に会いに行くことを決意するのです。それは１５８６年の出来事でした。

最後の天下統一

　家康が自分の配下に入り、体制を固めた秀吉は１８５７年九州の平定に向かいます。惣無事令とは「全国の武将よ、争いを止めろ」というものでしたが、これに従わず争いをする武将がまだいました。その代表が九州の島津義久です。秀吉は軍を整えると２０万の軍で島津討伐に出かけるのですが、ゆっくりゆっくりと進軍していきます。それこそ途中では、厳島に立ち寄り、歌などを詠んでいます。「ききしより　なかめにまさる　いつくしま　雲の上人に　見せしとぞ思ふ」まるで観光旅行のような進軍でした。秀吉の軍はゆっくり進むことで道すがらの武将に援軍の機会を与えました。ですから、「俺も味方します」、「私の軍も一緒に行かせてください」という具合に兵隊の数が増えるわけです。そして、当時としては絶対的な大軍団での遠征ですから、その様子をゆっくりと相手に見せることで、相手の戦意を喪失したわけです。そうすれば殺し合わなくとも平定できるでしょう。島津はそんな

秀吉の思惑通り恭順の意を表しました。秀吉も島津の領地を安堵して、九州平定を終了します。

　１５８８年になると秀吉は京の都に**聚楽第**（じゅらくだい）という超豪華な家を建てました。そこへ**後陽成天皇**（ごようぜいてんのう）をお招きしました。そのイベントの２日目がハイライトです。何をやるかというと、全国の武将が秀吉の前に集まり、天皇立ち会いのもと、秀吉に文章を提出し服従を誓うという儀式です。長宗我部、前田利家、織田信雄、徳川家康。全国のトップクラス、３０名弱の武将がこの日秀吉に服従を誓いました。それは百姓あがりの人間が全国の武将を従えたということを天下にアピールする最大の見せ場となりました。

　しかし、それでもまだ秀吉に従わない人物もいました。「戦国は北条に始まり北条に終わる」これは先生が勝手に作った言葉ですが、最初の戦国武将といわれる北条早雲の子孫、小田原の北条氏政です。氏政は他国の領土へ兵を侵攻させたりしていました。これを惣無事令違反として、秀吉は小田原に兵を進めます。そうすると全国の武士が秀吉の味方をするわけです。小田原城を取り囲んだ軍は全国の軍勢です。参加しなかったら秀吉に睨（にら）まれます。武将たちは生き残りをかけて秀吉に味方するわけです。その囲んだ数おおよそ２０万。秀吉にとっては側室の茶々や千利休を陣へ呼んでお茶会を繰り広げながらの余裕の戦争でした。

　また秀吉はこの際に、東北で言うことを聞かない武将を従わせようとします。"独眼竜"こと伊達正宗です。正宗に秀吉は何度も従軍する要求を出します。最後には「来ないとやっつけるぞ」ってなものでした。正宗は秀吉に従うことを決めて秀吉の下を訪れます。その時の服装が「いつ切腹の命令が下りても大丈夫なように」といって死に装束だったのです。中途半端になった秀吉への拝謁ですから、そんなことで難を逃れようとしたのでしょうね。幸い正宗はお咎（とが）めなしで秀吉の傘下に入ります。秀吉は小田原遠征で北条氏も倒しますが、東北も平定することができたのです。これによって、１５９０年**全国平定**を完了させました。

　余談ですが、この時家康は、小田原城の天守閣に秀吉と一緒に登ると、「ここから見える関東を家康殿にあげるから、移り住んでね」と言われたといいます。当時の関東はススキの野っ原で、利根川が氾濫しまくる住み心地の悪い場所でした。ま

して、家康は三河にしっかりとした基盤を持っていたわけで、それを失うわけですから大変辛かったと思います。秀吉は家康から力を奪おうと考えたんですね。

検地

　秀吉は各地を征服するごとに検地を実施しました。そして正確な土地の規模を知り、その土地土地を知行国として部下に与え、支配を確立しました。その検地のスタイルは以前授業で行った差出検地ではありません。実際に役人が現地に派遣され、直接土地の状態や年貢額を調べたものでした。この検地は今までと違う、秀吉オリジナルだったので、**太閤検地**といいます。太閤って何？　太閤っていうのは、摂政や関白の職を譲った人のことをいいます。秀吉は検地を関白になる前の１５８２年の山崎の合戦終了後から行っておりますので、後の人が秀吉の検地に対して付けた呼び名ということになります。その別名が**天正の石直、文禄の石盛**です。

　では、具体的な内容はどうでしたでしょうか。最初は征服地ごとの検地でしたが、１５９４年以降は度量衡を統一し、全国に実施しました。広さを１段（反）＝３００歩＝９９１．７３５５ ㎡で統一しました。そして、全国の田畑を「誰がどれだけの土地を持っているか」で調査したのです。その中では**一地一作人の制**というのもありました。これは、田畑によっては地主と作物を作ってる人が違う場合があるんですね。太閤検地では、作ってる人をその土地の持ち主としたんです。だから、今まで土地を借りていた人はその土地が自分のものになったんですね。つまり、一つの土地に「持ち主は○○さんですが、使ってるのは△△さん」というような、２人の名義になるような土地を存在させないことにしたんです。そうやって田畑の広さと持ち主は、調査した村ごとに**検地帳**という帳面に記入されました。こうして、検地帳に登録された農民は田畑の耕作権が認められましたが、その代わりに年貢を納入することが義務付けられたのです。

　度量衡の統一では枡の統一も行っています。以前枡の統一をした人物がいましたね。誰でしたっけ？　その時から秀吉の時代までには、国の定めたものではない枡が出回ってしまい、統制されていない状態になっていたんです。ですので、そのころ京都で使われていた**京枡**を公定枡とし、１升は京枡１杯としました。

　それから、貫高制を廃止して**石高制**にしました。簡単に説明すると、貫高制とは

「収穫した米を銭(ぜに)にしていくらになるか。何貫目になるか」ということで、今でいったら「収穫した米をお金にしていくらになるか。何円になるか」ということです。石高制は「収穫した米は玄米にしてどのぐらいの量になるか。何石になるか」ということで、今でいったら「収穫した米は玄米にしてどのぐらいの量になるか。何kgになるか」ということになります。繰り返しますが、秀吉は石高制を用いるようにしたんです。

　なぜ貫高制を石高制に変えたのでしょうか。今まで説明したように、貫高制だと収穫高を銭(「換金したらいくら」)で表現するので、間接的な表現になってしまいます。石高制なら収穫量ですから大変簡単かつ明確になる、と考えたんです。全国統一で実施するのにははっきりわかる石高制が良かったのでしょうね。ちなみに1石は大人1人が1年間に消費する米の量に等しいと見なされていました。

　それでは、石高の計算はどうしたか説明します。まず、1段当りの標準収穫高を石盛(こくもり)といいました。土地の性質で石盛も違いますので、土地質を診て石盛を決定します。土地の質によって上田・中田・下田・下下田と分けられます。上田は1段当たり1．5石採れる。中田は1段当たり1．3石採れる。以下、下田、下下田と続きます。その石盛に面積(田の大きさ)を掛けると石高が決定するというわけです。

　一連の太閤検地によって、秀吉のところや大名のところに税が上がります。つまり、領主以外が税を取ることができなくなるのです。これによって、荘園領主の徴税権がなくなり、残存していた荘園公領制が消滅しました。

刀狩

　秀吉は全国に検地を実施しましたが、すべての人が快く従ったわけではありませんよ。1587年には肥後国で大規模な一揆が起きます。秀吉は「農民が武器を持っているから一揆が起きるのだ」ということで1588年、全国の農民から武器を取り上げる命令を出しました。これが**刀狩令**です。秀吉はこの時、方広寺の大仏造営を口実に武器を回収していますのでちょっと覚えておいてくださいね。

　1591年には身分統制令が出されました。三つの法令でしたので「三カ条の法令」ともいわれています。内容は、武家奉公人(武士も含め武士に使える者たち)

が百姓・町人になること、百姓が商人になることを禁止するというものでした。朝鮮出兵を控えて武家奉公人と年貢を確保する意図があったとされています。また、１５９２年には豊臣秀次（秀吉の甥で養子）の名前で**人掃令**という法令が出されています。村単位で家数、人数、男女、年齢、職業などを明記した書類を作成して提出しなさい、というものです。これは身分統制令と同じような目的で行われましたが、結果的には**兵農分離**の一因ともなりました。

Lesson65 豊臣政権の組織と対外政策

　今日は秀吉のつくった組織と最期をやっていきます。秀吉の最期はいかに。

豊臣政権の組織

　突然ですが豊臣秀吉の年収っていくらだと思いますか？　これがね、先生は今でいうと２０００億円と伺ってます。２０００億ってどうやって稼ぐのかなって思うじゃないですか。その収入の源になっていたのが２２０万石**蔵入地**と呼ばれる近畿を中心とした直轄領でした。その他にも金山銀山をたくさん所有していました。

　そんな秀吉は人というのは名誉や金や女で動く、と考えていたのでしょうね。以前の授業でも触れたように、秀吉がそれを与えるということで政（まつりごと）を進めたんです。そのためか、政治組織を充分に整備しなかったようです。やっと晩年になって、**五奉行**と**五大老**を設置しています。五奉行は行政・司法・財務を行うところで、メンバーは長束正家・石田三成・増田長盛・浅野長政・前田玄以。そして、五大老は政務処理の最高機関で、メンバーは徳川家康・前田利家・毛利輝元・宇喜多秀家・小早川景隆でした。それぞれの職務の違いがわかりにくいと思いますが、実際に内容はあやふやな部分が多かったようです。先生は、こういった政治組織の整備不十分が豊臣政権の最大の弱点だったと思います。

秀吉の対外政策

　１５８７年秀吉は九州の平定に行ってましたね。覚えてますか？　その時に秀吉は突然**バテレン追放令**を出しました。秀吉は信長のキリスト教政策を継承しておりましたので、キリスト教を黙認していました。しかし、この時からキリスト教に対

して規制を設けます。"突然"という言葉を使いましたが、この理由がはっきりしておりません。

　ルイス・フロイスの『日本史』の中には九州で女が欲しくなった秀吉が女を連れてくるように言うと、住民が「キリスト教徒なので宗教上ダメです」と拒んだのが原因だと書かれています。が、フロイスは反キリストの人には偏った見方をしており、信憑性（しんぴょうせい）がありません。もうひとつは、ある宣教師が「俺にはスペイン艦隊がついている。逆らう奴は・・・」というようなことを言ったのが原因との説もあります。教科書には大村純忠が長崎をイエズス会に寄進し、教会領になってしまっていることやポルトガル人の寺社の破壊、ポルトガル人の人身売買などを知って・・・、と書いてありますね。その他にも色々あるのですが、とにかくバテレン追放令を出しました。この後も秀吉、家康とキリスト教についてはお触れを出しますので、少し詳しく説明しておきます。

　この追放令は、「日本では布教はふさわしくないぞお」とか、「宣教師の連中は今から２０日以内に国外に出ろ」とか、「大名は領民を集団でキリスト教徒にするな」とかを定めたんですね。だから、この機に乗じて宣教師に危害を加えるようなことをしたら処罰すると言い渡しています。また、強制的にキリスト教への改宗をさせることは禁止していますが、個人が自分の意思でキリスト教を信仰することは規制していません。また、一定の領地を持つ大名がキリスト教の信者になるのも、秀吉の許可が必要とされましたが、禁止されてはいませんでした。そして大事なポイントはこの時点ではキリスト教そのものを禁止してもいないし、弾圧や迫害してもいないということです。それからもう一つ、秀吉は布教と貿易は分けまして、１５８８年にはわざわざ、海賊禁止令を出し倭寇を取り締まり、東アジア貿易を活発にしました。結果、追放令は徹底されない中途半端な法律でもあったようです。

　そのような中で１５９６年に、国内のキリスト教徒に大きな影響を与える事件が起きます。それが**サン＝フェリペ号事件**です。サン＝フェリペ号という船が土佐に漂着しました。漂着した船から積み荷が没収されました。その没収行為によって頭にきたスペイン人が「スペイン人はキリスト教を広めておいて、次には軍隊を入れて征服するんだ！　ただじゃおかないぞ！」と言ったといわれています。それに対して秀吉が激怒し、宣教師達２６人を石田三成に命じて捕縛し、耳を切り落として

引き回しの上、長崎で処刑しました。これが有名な**２６聖人殉教**です。(ちょっと言っておきますと、当時の日本では積み荷を没収することはなかったようで、この話の信憑性も疑わしいところのようです。)

朝鮮出兵

　サン＝フェリペ号事件は１５９６年でしたが、時代を巻き戻してもらって、１５９１年の話をします。１５９１年には秀吉のその後を大きく変えてしまう出来事がありました。まず、弟の秀長の病死です。秀長は秀吉の唯一の大切な貴重な相談相手でした。先生は秀長の死から秀吉の人生が暗転していったように思っています。さらには、やっと授かった子供の鶴丸も亡くしてしまいました。この悲しみのせいでしょうか、悲しみを振り切るためでしょうか、秀吉は明の征服に乗り出します。秀長が生きていればこれを止めたし、鶴丸が生きていれば秀吉も冷静に判断して明の征服なんて考えなかったと思うんですが・・・。

　秀吉は明征服の先駆けとして、朝鮮に「俺に従え」と言いますが、朝鮮が拒否しましたので、１５９２年に朝鮮へ侵略をかけます。秀吉は肥前(現佐賀県)の名護屋城に入り指揮を執ります。最初は日本軍が勝っているのですが、朝鮮の李舜臣などの活躍でだんだんと日本は劣勢に立たされます。そんな時、１５９３年、朝鮮にいる日本軍と明軍の間に休戦講和の話が持ち上がりました。この時秀吉の耳には日本の良い噂ばかりが入っていましたので、秀吉は勝ったつもりでいます。明も勝ったつもりでいます。ですから、お互いの使節が穏便に済ませられるようなやり取りで休戦したのです。

　１５９６年には明から使節がやって来ます。「明の国王が秀吉を日本国王に任命する」という内容でした。秀吉は明に対し激怒します。明の支配下に入った覚えはありませんからね。そして、再度１５９７年に朝鮮出兵を行ったのです。この２回の出兵を**文禄・慶長の役**といいます。朝鮮では**壬申・丁酉倭乱**と呼んでいます。１５９８年、２回目の出兵は秀吉の死で終了しました。

　秀吉には文禄の役の休戦講和の後に秀頼という子供が産まれていました。秀吉は五大老を呼び、「かえすがえすも秀頼のことをよろしく頼む」と言って、６２歳の生涯を閉じました。

つゆとおち　つゆときえにしわがみかな　なにはのことも　ゆめのまたゆめ
　　　　　　　　　　　　　　　　　　　　　　　　　豊臣秀吉辞世の句

Lesson６６ 安土桃山文化

さあ今日は久しぶりに文化についてやりましょう。

文化の特徴

　安土桃山文化は織田信長と豊臣秀吉の時代の文化です。それぞれの武将が活躍した居城のあった場所からネーミングされています。信長は安土でいいのですが、秀吉の桃山は何？　という話になりそうなので説明しますよ。秀吉は晩年に伏見城を中心に活躍しました。その伏見城には桃が植えられ、桃山と呼ばれたのです。ですから秀吉時代の文化は桃山文化なんですよ。

　では特徴ですが、戦国時代は力の時代です。力を表すことが文化の特徴となりました。その代表例は**城郭**です。お城は戦国武将が一番力を表現できるものですから、巨大なものができます。そうすると壁や襖が小さいわけはありませんので、それらもゴージャスになります。そして壁や襖をゴージャスに飾ったわけです。その桃山時代のゴージャスな**障壁画**が、**濃絵**と呼ばれました。濃絵の画家として、この時代以降活躍するのが**狩野派**です。狩野派の**狩野永徳**や**狩野山楽**が活躍したわけです。ちなみに濃絵というのは金箔のキャンパス（下地）に絵柄を彩色していく技法です。まさにゴージャスですね。獅子の絵がよく本には出ています。これは『**唐獅子図屏風**』という狩野永徳の作品です。狩野永徳の作品は少ないのですが、もう一つ有名なのが『**京都洛中洛外図屏風**』です。これは織田信長が永徳に描かせて、上杉謙信にプレゼントしたものです。信長は謙信を相当に恐れていたようで、この絵の中には謙信が京都の町で活躍するシーンが描かれています。濃絵では狩野派以外でも『**松林図屏風**』を描いた長谷川等伯なども有名です。

　お城の話に戻ります。戦国時代も後期になると防御の必要性が若干少なくなり、小高い丘程度の場所や平地に城を建てるようになりました。前者が平山城。後者が平城です。しかし、高くなくては威厳がありませんので**天守閣**を造りました。また、

防御が少なくなったとはいえ、防御の必要性がなくなったわけではありませんので、城の周りに濠を巡らせました。

　試験の時に「近世では山城から平城になって・・・」っていうような問題が出ることがあって、「近世」って何？　と思い、調べてみました。近世というのは織田信長の上洛した１５６８年から徳川慶喜が大政奉還した１８６７年までを指すことが一般的だそうです。近世といわれたらおおよそ、安土桃山から江戸時代までと考えてくださいね。

庶民の文化

　ゴージャス、ゴージャスと言いましたが、今度は庶民の文化について説明します。堺の町衆の千利休は秀吉の加護の下に**侘び茶**を完成しました。茶の湯はこのころから庶民の中に広まっていったのです。茶の湯には書院で豪華に行うものもありましたが、侘び茶は４畳半以下の部屋で行う簡素な茶の湯でした。秀吉と利休は大変仲が良かったのですが、前の授業でやったように秀長が死ぬと、どうも歯車が合わなくなって、とうとう利休は処刑されてしまうんです。秀吉の開いた１５８７年の北野の茶会（北野大茶会）や秀吉の所有した金の茶室などは豪華すぎて利休の考えと合わなかったんでしょうね。

　話は変わりますが、この当時、突拍子もない格好をすることを「かぶく」といっておりました。**出雲国出身の阿国**という女性は髪の毛を短くし、派手な色の衣装を着、男の様相で踊りを踊りました。この格好での踊りが当時としてはかなり突拍子もなく人々に映ったのでしょうね、**阿国歌舞伎**と呼ばれるようになりました。紆余曲折の末、この阿国歌舞伎が現在の歌舞伎の元になってるんです。

　先日の授業でも話したように、秀吉は貿易を奨励しておりましたので、琉球からも色々なものが入って来ました。その中に**三味線**も含まれておりました。この三味線に合わせて語るのが浄瑠璃です。やがて、浄瑠璃に合わせて人形を操るようになります。これが**人形浄瑠璃**です。

　服装では男女ともに**小袖**が流行しました。それまでは袖口が大きかったんですね。それに比べて小さいので小袖です。

小袖

(第1巻・完)

<主要参考文献>

◎宮地正人『新日本史B』　桐原出版
◎石井進　五味文彦　笹山晴生　高埜利彦『詳説　日本史B』　山川出版
◎全国歴史教育研究協議会編『日本史B　用語集』　山川出版
◎岩井渓　庄司としお『漫画版　日本の歴史(1)〜（6）』　集英社文庫
◎石ノ森章太郎『マンガ　日本の歴史1〜27』　中央公論社
◎神野正史『神野の世界史劇場』　旺文社

あとがき

　私は高校で地理歴史公民科の教員をしています。地理歴史公民科というとみなさんに馴染みのない言葉かもしれませんが、簡単に言うと社会科です。地理・日本史・世界史・倫理・現代社会・政治経済など複数の科目が存在します。

　地理歴史公民科（社会科）を教える教員もかつては高校生だったり、受験生だったりしましたので、そこには受験科目・専門科目が存在しました。ちなみに私は世界史の受験生でした。しかし、逆に言うと専門以外は勉強をしたことがありません。ややもすると授業すら受けたことがない科目もあるわけです。でも地理歴史科（社会科）の教員は学校の都合上、専門外の授業も担当しなければならないのです。専門外の授業の準備は結構大変です。そこは「どうしてこの事象の結果がこうなるのだろう」という疑問の宝庫です。私は日本史が専門外だからこそ、わからない部分を丁寧に調べ上げ、ノートにまとめていきました。結果、教科書の解説書のようなものができました。

　「これが少しでも高校生や受験生の役に立てばいいなあ〜」と思っていた矢先に、私の高校の先輩の橋本留美さんが『実話　病父を尋ねて三百里』を発行されました。その本を拝読させていただき、その素晴らしさに感動しました。そして、ずうずうしくも、この本の発行を橋本さんに相談した次第です。

　発行にあたり橋本さんにはたくさんの相談をさせていただきました。お忙しいのに笑顔で相談に乗っていただき、ありがとうございました。橋本さんには本を出すことの素晴らしさを教えていただきました。

　また、拙い本を「面白い本ですね」と励ましてくれた同志の川久保典昭先生・小松崎真先生・石川雅之先生、教え子の生徒、我が家の隣の女子高生岡見さんありがとうございました。展覧会への出展で忙しいにもかかわらず、挿絵協力いただいた日立商業高校美術部の増子先生ほか美術部の生徒たち、本当にありがとうございました。

　最後に、お忙しい中を快く本の監修をしていただいた我が恩師名越時照先生。感謝しております。先生のように生徒の心をつかみ、豊富な知識をわかりやすく生徒に伝え、一緒に学べるような教員になれるように、私も成長していきたいと思っております。先生は私の目標です。ありがとうございました。

　全国の高校生や受験生、専門外で日本史を教える先生方のお役に立てたならば幸いです。

―著者略歴―
齋藤功明（さいとうのりあき）

１９７０年、茨城県久慈郡生まれ。茨城県立太田第一高等学校、法政大学法学部政治学科卒業。１９９６年、茨城県の地理歴史科高等学校教員として採用される。専門は世界史。野球、特に高校野球をこよなく愛し、常に野球の研究をする。また、コーチングを修得しＮＬＰコーチとして日々生徒とともに人生を歩んでいる。モットーは『而今』『随喜功徳』。

［挿絵］
＜茨城県立日立商業高校　美術部＞　平野彩華　箭内恵　坂口瑞歩
日座知美　森島久美子　杉本みのり　飛田悠希　河西ひかる　柳沼歩
田口愛花　前島凪海　渡邊梨奈　黒澤萌　寺門美菜穂

［表紙イラスト］
＜茨城県立日立商業高校　美術部＞　大森美樹

君に日本史を贈ろう　第１巻（原始時代～安土桃山時代）
2012年5月25日　初版第1刷　発行

著　者　　齋藤功明
発行者　　橋本留美
発行所　　新日本文芸協会
　　　　　〒303-0043　茨城県常総市内守谷町きぬの里2-18-1
　　　　　TEL 050-3735-9135　FAX 029-721-4155
発売元　　株式会社星雲社
　　　　　〒112-0021　東京都文京区大塚3-21-10
　　　　　TEL 03-3947-1021　FAX 03-3947-1617
企画・編集　リュウメイズ企画
印刷・製本　株式会社きれい・ねっと

© Noriaki Saito 2012 Printed in Japan
ISBN 978-4-434-16619-8

乱丁・落丁本はお取り替えいたします。